国家社科基金西部项目"'一带一路'倡议与中国对南亚投资法律风险防控研究"(编号:17XFX014)阶段性研究成果之一

印度法研究

YINDUFA YANJIU

杨翠柏　张雪娇　刘昌威　吕瑞斌
李　雪　曾彩莲　申　玮　蔡志昌　○著

四川大学出版社

项目策划：李勇军
责任编辑：李勇军
责任校对：曾　鑫
封面设计：何东琳
责任印制：王　炜

图书在版编目（CIP）数据

印度法研究 / 杨翠柏等著． — 成都：四川大学出版社，2020.8
（"一带一路"沿线国家法律研究丛书 / 杨翠柏主编）
ISBN 978-7-5690-3373-1

Ⅰ．①印… Ⅱ．①杨… Ⅲ．①法律－研究－印度 Ⅳ．① D935.1

中国版本图书馆 CIP 数据核字（2020）第 162449 号

书名	印度法研究
著　者	杨翠柏　张雪娇　刘昌威　等
出　版	四川大学出版社
地　址	成都市一环路南一段 24 号（610065）
发　行	四川大学出版社
书　号	ISBN 978-7-5690-3373-1
印前制作	四川胜翔数码印务设计有限公司
印　刷	成都金龙印务有限责任公司
成品尺寸	148mm×210mm
印　张	8.5
字　数	239 千字
版　次	2020 年 11 月第 1 版
印　次	2020 年 11 月第 1 次印刷
定　价	45.00 元

扫码加入读者圈

■版权所有 ◆ 侵权必究

◆ 读者邮购本书，请与本社发行科联系。
　电话：(028)85408408/(028)85401670/
　(028)86408023　邮政编码：610065
◆ 本社图书如有印装质量问题，请寄回出版社调换。
◆ 网址：http://press.scu.edu.cn

四川大学出版社
微信公众号

序

长期以来，我国法学界对国外法律制度的研究集中在以欧美为代表的发达国家，相关研究对我国对外交往以及我国法律制度的完善有一定参考作用。但是，我国对发展中国家的法律制度的研究还为数不多。2013年9月和10月，中国国家主席习近平在出访中亚和东南亚国家期间，先后提出共建"丝绸之路经济带"和"21世纪海上丝绸之路"的重大倡议，得到国内外各界的高度关注。自此，一些学者的目光始转向东南亚、南亚、中亚等地区。我们相信，随着我国与"一带一路"沿线国家在各领域深入合作，对南亚一些国家法律制度的研究亦将取得丰硕成果。

整体而言，当前我国对"一带一路"沿线国家法律制度的研究不够深入，也不够全面；理论上缺乏足够的学术探讨，实践中也无法满足我国企业对外投资的法律需求，法学专家的智库功能也比较薄弱。因此，加强对"一带一路"沿线国家法律制度的研究投入甚有必要。本书的研究对象为印度法律制度，印度等发展中国家因经济发展突飞猛进，逐渐成为我国对外经贸合作的重要伙伴。同时，我国作为最大的发展中国家，研究印度等一些发展中国家的相关法律制度可为我国法律制度完善起到一定作用。

本书研究范围不求面面俱到，望能抛砖引玉，对我国企业在印度进行经济活动和学术界对印度法律制度的研究有所裨益。

本书由6章组成，分别为：

第一章，印度地理标志保护法律制度研究。印度在国际公约及国内立法［1999年《商品地理标志（注册与保护）法》］方面的地理标志保护制度，对我国有一定的启示。

第二章，印度传统知识的法律保护研究。从立法理论与实践角度对印度传统知识的法律保护制度进行介绍和评析，并提出印度传统知识法律保护对我国的启示。

第三章，印度电力法律制度研究。介绍了能源供需严重不匹配的印度电力管理法律与法规等，着重从其管理体系、节电用电规则等方面展开，对我国能源结构转型现状有所启迪。

第四章，印度环境诉讼研究。介绍了印度环境诉讼的解决机制、解决机制的运作等，印度环境诉讼的成功与失败经验希望能有所借鉴。

第五章，印度商事仲裁法律制度研究。以印度1996年《仲裁和调解法》为基础，较为全面、详细地介绍了印度商事仲裁法律制度，可为我国涉印仲裁实践提供初步参考。

第六章，市场准入制度研究。指出了全球贸易自由化背景下印度对外贸易所遭遇的市场准入壁垒，印度的应对策略同样对我国有所启发。

受英国普通法传统的影响，除成文立法外，印度最高法院的全部判例均具有法律约束力，且印度各高等法院判决也有相当的参考价值，因此本书在关注印度成文立法的同时，也注重对相关判例或判决的援引。

本书是国家社科基金西部项目"'一带一路'倡议与中国对南亚投资法律风险防控研究"（编号：17XFX014）阶段性研究成果之一，也是南亚国家法律研究方面的专著之一。随后陆续出版巴基斯坦、孟加拉国、尼泊尔、斯里兰卡、阿富汗等南亚国家法律研究著作。

本书的作者为杨翠柏、李雪、曾彩莲、申伟、吕瑞斌、张雪娇、刘昌威、蔡志昌，全书由杨翠柏、张雪娇统稿。

感谢本书中所引用和提到的中外著作与论文的作者们!
书中不足之处,敬请读者批评指正!

著者谨识

2018 年 6 月

目 录

第一章　印度地理标志保护法律制度研究……………………（ 1 ）
　第一节　印度地理标志保护概述………………………………（ 1 ）
　第二节　TRIPS 协议与印度地理标志保护 …………………（ 10 ）
　第三节　印度地理标志保护法律制度…………………………（ 15 ）
　第四节　印度地理标志保护实践………………………………（ 25 ）
　第五节　印度地理标志保护法律制度对我国的启示…………（ 40 ）

第二章　印度传统知识的法律保护研究……………………（ 51 ）
　第一节　传统知识概述…………………………………………（ 53 ）
　第二节　传统知识保护目标、原则和模式……………………（ 60 ）
　第三节　印度传统知识保护机制………………………………（ 67 ）
　第四节　印度传统知识保护对我国的启示……………………（ 82 ）

第三章　印度电力法律制度研究……………………………（ 87 ）
　第一节　印度电力概况…………………………………………（ 88 ）
　第二节　印度电力法律制度……………………………………（ 94 ）
　第三节　印度电力法律制度的评价与展望……………………（115）
　第四节　印度电力法律制度对我国的启示……………………（118）

第四章　印度环境诉讼研究…………………………………（128）
　第一节　印度环境诉讼机制的研究现状………………………（129）
　第二节　印度环境诉讼解决机制概述…………………………（132）
　第三节　印度环境诉讼解决机制的运行模式…………………（143）

第四节　印度环境诉讼的主要方式：群体性诉讼与环境公
　　　　　益诉讼……………………………………………（159）
　　第五节　印度环境诉讼机制与我国环境纠纷处理政策的
　　　　　比较………………………………………………（166）

第五章　印度商事仲裁法律制度研究………………………（180）
　　第一节　印度仲裁法律制度历史沿革……………………（181）
　　第二节　仲裁协议和仲裁庭的管辖权……………………（185）
　　第三节　仲裁员的选任……………………………………（188）
　　第四节　仲裁程序和法律适用……………………………（192）
　　第五节　仲裁裁决…………………………………………（198）
　　第六节　法院对仲裁的支持………………………………（200）
　　第七节　仲裁裁决的执行…………………………………（203）

第六章　市场准入制度研究
　　　　——以印度的应对为视角……………………………（214）
　　第一节　WTO体制下的市场准入…………………………（215）
　　第二节　发达国家市场准入制度…………………………（219）
　　第三节　国际市场准入制度对印度的影响及其原因………（229）
　　第四节　印度应对市场准入限制的对策…………………（241）

参考文献…………………………………………………………（252）

第一章 印度地理标志保护法律制度研究

《与贸易有关的知识产权协定》(简称 TRIPS 协议)将地理标志列为七种知识产权类型之一。印度于 1995 年加入世界贸易组织,为履行 TRIPS 协议的承诺,印度选择了对地理标志进行高水平的专门法保护模式。近年来印度对地理标志的保护举措的增强,不断促进其农业经济发展,推动其国际贸易增长,提升了印度地理标志商品在国际市场的竞争力。印度与我国均是发展中农业大国,但印度地理标志保护法律制度比我国起步早、水平高。

地理标志主要涉及农产品及手工艺产品。我国幅员辽阔、地大物博,地理标志资源十分丰富。但是这些资源尚未得到足够的重视和合理的利用。印度地理标志保护法律制度对我国地理标志保护具有重要借鉴意义。这不仅能加强我国在国际知识产权领域的竞争力,还能依靠中国特色的农产品促进农业及农村的发展。

第一节 印度地理标志保护概述

一、地理标志概念及功能

(一)地理标志的概念

《保护工业产权巴黎公约》(以下简称《巴黎公约》)第 1 条第 2 款规定:"工业产权的保护对象有专利、实用新型、外观设计、商标、服务标记、厂商名称、货源标记或原产地名称和制止不正当竞争。"《巴黎公约》只涉及"货源标记"及"原产地名称",没有对其概念进行具体界定。《保护原产地名称及其国际注册里斯本协定》第 2 条第 1 款对原产地名称定义为:"原产地名称系指一个国家、地区或地方的地理名称,用于指示一项产品来源于该地,其质量或特征完全或主要取决于地理环境,包括自然和人为因素。"

世界知识产权组织认为:"地理标志是一种用于具有特定地理来源的商品的标志,这些商品具有可主要归因于产地的品质、声誉或特征。"① TRIPS 协议第 22 条第 1 款规定:"本协议的地理标志,系指下列标志:其标示出某商品来源于某成员地域内,或来源于该地域中的某地区或某地方,该商品的特定质量、信誉或其他特征,主要与该地理来源相关联。"

印度《商品地理标志(注册和保护)法》规定,"地理标志"是用于识别商品(农产品、天然产品或制成品)来源于或制造于一国域内、某一地区或地点的标志,该商品的质量、声誉或其他特征实质上取决于其地理来源;如果是制成品,则按照具体情况,其生产、加工或准备环节发生在该国域内、某一地区或地点。需要阐明的是,任何非一国国名、一地区名或地点名的名称也被视为地理标志。按照具体情况,该名称涉及一个特定的地理区域,曾被用于原产于该国、某一地区或地点的特定的商品上。"商品"包括农产品、天然产品、制成品、手工艺品、工业产品和食品。"标志"包括地理表示、形象表示,或能表征其地理来源的地理表示与形象表示的组合。② 在 TRIPS 协议的基础上,将地理标志的范围细化为:农产品、天然产品或制成品。且对制成品地理标志的概念作了进一步规定,只要是生产、加工或准备任一环节发生在一国地域内即被视为是地理标志。例如大吉岭茶(Darjeeling Tea)、苏格兰威士忌

---

① 世界知识产权组织官网. http://www.wipo.int/geo_indications/zh/about.html. 2013 年 2 月 27 日访问。

② The Geographical Indications of Goods (Registration and Protection) Act, 1999, sec. 2 (1).

(Scotch Whisky)、干邑白兰地（Cognac）、纳帕谷红酒（Napa Valley）等均是在印度注册的为人熟知的地理标志。一般来讲，地理标志的构成主要有两种形式：一种是地理名称加商品名称，例如地理名称"苏格兰"加商品名称"威士忌"构成"苏格兰威士忌"（Scotch Whisky）；另一种直接由地理名称构成，例如干邑（Congac），它是法国西南部一个小镇名称，也是用干邑地区产的葡萄酿制白兰地的地理标志。

（二）地理标志的功能

对于特定地理区域的生产者来讲，地理标志是珍贵的无形财产。它主要具有以下三项功能：

1. 地理标志的区别功能

地理标志首先具有区别功能，即可区别性，它是一种区别商品来源的标志。地理标志能表明商品来源于特定的地域或地区。但地理标志的区别功能是抽象的，不能表明该商品的生产者系何人何厂，只能表明该商品来源于何地。例如印度喀拉拉邦（Kerala）的纳瓦拉大米（Navara Rice）地理标志"Navara Rice"只能表明大米产自喀拉拉邦的纳瓦拉，但不能表明生产者。

2. 地理标志的品质功能

地理标志的第二项功能是品质功能，即能够向消费者表明商品特定品质与地理来源之间的联系——商品产于此地。例如印度北方邦（Uttar Pradesh）的巴多伊手工地毯（Hand made Capet of Bhadohi）、喜马偕尔邦（Himachal Pradesh）的坎格拉茶（Kangra Tea），因为受该地域特殊的自然因素、人文因素影响，其品质与众不同，备受消费者青睐。

3. 地理标志的推广功能

地理标志在表明商品地理来源及特定品质的同时，也在向消费者推广特定的地理名称，这即是地理标志的推广功能。例如坎格拉茶（Kangra Tea）、戈莫拉布尔红香蕉（Kamalapur Red Banana）、布亚德吉红辣椒（Byadagi Chilli）等地理标志中坎格拉

(Kangra)、戈莫拉布尔（Kamalapur）、布亚德吉（Bayadagi）均是具体地理名称。消费者在选择商品的同时，来源地亦得到了推广的机会。

二、地理标志保护的特点

地理标志主要涉及种植业、养殖业和特定工艺产品加工业等，具有反应当地社会与生产者需求的特点。地理标志保护的是无形财产权利，它能给当地社会和生产者带来一定的经济利益。在国际贸易活动中，各国争相推出具有地方特色的地理标志商品，提升各国商品在国际市场的竞争力。

（一）地理标志的集体性

地理标志是基于集体传统和集体决策过程的。地理标志是集体性权利，其主体是若干单个主体的集合。"地理标志不应为某一个人或企业所垄断。"[①] 地理标志是以集体名义注册，供该集体成员在商事活动中使用的。非该集体成员不得使用地理标志，因为地理标志具有表明商品来源于特定地域的功能，因此非该地域集体成员不得使用。此外，地理标志具有表明商品特定品质的功能，因此即便为该地域集体成员，但其产品不符合特定的质量、声誉或其他特征的，该成员也不得使用地理标志。地理标志的注册基于集体传统，地理标志所蕴含的商品质量、声誉及其他特征与该地理区域的自然因素、人文因素即传统有关。地理标志能为何人所用，取决于集体决定是否接纳该个体为集体成员，因此地理标志又基于集体决策过程。

（二）地理标志的传统性与发展性

地理标志在褒奖传统的同时也鼓励发展。地理标志保护的最终

[①] 吴汉东：《知识产权基本问题研究（分论）》（第二版），北京：中国人民大学出版社，2009年，第482页。

目的就是要将现有的无形资源转化为经济利益。受地理标志保护的商品所具有的特性受该地理区域下自然环境、人文环境所影响，即该商品与该地域的传统紧密相关。消费者青睐地理标志商品，一方面是信任其商品质量、声誉等，另一方面该商品是该地域传统的一种表现形式。所以对地理标志的保护，也是对特定地域传统的宣传、褒奖和保护。当然，地理标志所保护的商品在激烈的市场竞争中不是一成不变的，在保证质量、声誉等特性的基础上，不断创新，追求发展，以取得更强的市场竞争力，赢得更多的市场占有率。地理标志是传统与发展的辩证统一的体现形式兼具传统与发展特性。

（三）地理标志强调地理综合因素

地理标志强调人力、文化、土地资源与环境之间的相互关系。受地理标志保护的商品是该地域的人力、文化、土地资源、环境等综合因素的共同作用而产生的。因此地理标志与特定地理来源密不可分，实质是该地理区域的人力、文化、土地资源、环境等综合因素作用的结果。地理标志所强调的地理来源实质是强调人力、文化、土地资源、环境等地理综合因素的作用。

（四）地理标志不能自由转让

地理标志虽然属于私权，但地理标志的权利主体是集体。地理标志注册人是集体，集体成员因基于成员身份而获得地理标志使用权，但其成员身份不可转让。以其身份关系为基础的地理标志也不得转让。由于地理标志与地理标志注册人、使用人之间的特定关系，地理标志不能从一个所有人自由转让给另一个所有人，因此地理标志具有不可转让性。

"地理标志集中反映了特定地理区域的传统、文化、人力、资源与环境等综合因素。"[1] 受保护的商品特质体现了该地理区域的

---

[1] VK Ahuja, Intellectual Property Rights in India, Gurgaon: LexisNexis India, 2009, p789.

自然因素与人文因素,并具有与其地理来源密切相关的质量,采用了传统工艺,该商品往往具有源远流长的历史,在国内外的消费者心中树立起了良好的声誉。保护地理标志能促进"经济增长、农村发展"[①]。

三、印度地理标志保护历史

(一)历史背景

印度虽然是 TRIPS 协议的成员国,但在 1999 年以前,印度没有可以充分保护生产者利益的地理标志保护的具体法律规定。直到 1999 年才制定出地理标志保护的相关法律。然而在此期间,印度司法部门一直在从事防止人们非法利用地理标志的相关工作,下文将以两个案例来说明。

第一个案件是 1979 年 Mohan Meakin 啤酒有限公司诉苏格兰威士忌协会[②]案,本案中上诉人 Mohan Meakin 啤酒有限公司不服德里高等法院原审判决遂向其提出了上诉。在原审案件中,原告 Mohan Meakin 请求:将有 Highland Chief 字样,和知名的苏格兰地理来源象征图案(即头部和肩部有独特设计的、身着羽毛帽子和镶有格子图案的格子花呢的苏格兰高地服装的绅士)的商标用于印度生产的威士忌上,但德里高等法院驳回了原告的请求。

上诉法院认为,上诉人在其生产的印度威士忌上使用"Highland Chief"字样和绅士图案商标,并在该商标标签底部用非常小的字体标注"Produce of India"(印度生产),在装瓶的地方用小型字体表明"Dyer Meakin Breweries Ltd."的行为,实质上是使用与苏格兰威士忌商品近似的包装、装潢以混淆消费者的不正

---

① 冯寿波:《论地理标志的国际法律保护:以 TRIPS 协议为视角》,北京:北京大学出版社,2008 年,第 88 页。

② 17(1980)DLT466,Mohan Meakin Breweries Ltd. vs The Scotch Whisky Association on 23 July,1979. http://www.indiankanoon.org/doc/1408319/. 2012 年 7 月 24 访问。

当竞争行为。德里高等法院驳回了上诉人 Mohan Meakin 啤酒有限公司的请求,判令其不得使用该引人误解的商标。

1991 年苏格兰威士忌协会诉 Pavara Sahakar Shakar Karkhana[①]案中,被告 Pavara Sahakar Shakar Karkhana 作为印度威士忌的制造商、酿酒商和经销商,销售带有苏格兰鼓手穿着苏格兰短裙图案及"Drum Beater"字样的"Blended with Scotch"商品,其实质是用印度威士忌故意冒充苏格兰"Blended with Scotch"威士忌。苏格兰威士忌协会遂向孟买高等法院提起诉讼,并得到法院支持,成功阻止被告销售假冒"Blended with Scotch"的印度威士忌。

第二个案件是印度香米案(Basmati Case)。1997 年 9 月 2 日,美国专利和商标局授予美国得克萨斯州阿尔文市的跨国公司 Ricetec 编号为 5663484 的"Basmati rice lines and grains"专利。Ricetec 公司声称新品种比原来的印度香米具有更好的特性,能成功生长于北美地区。此外,该公司开始将"Kasmati"和"Texmati"商标用于该专利商品,以树立 Basmati 香米品牌形象。[②]

几个世纪以来,Basmati 印度香米一直生长在印度及巴基斯坦次大陆地区的喜马拉雅山麓。其质地柔软厚实、味道鲜美、风味独

[①] AIR 1992 Bom 294. The Scotch Whisky Association … vs Pravara Sahakar Shakar Karkhana … on 18 July, 1991. http://www.indiankanoon.org/doc/287529/. 2012 年 7 月 24 日访问。

[②] Basmati rice lines and grains, Appl. No.: 08272353, USPTO PATENT FULL-TEXT AND IMAGE DATABASE, United States Patent. http://patft.uspto.gov/netacgi/nph-Parser?Sect2=PTO1&Sect2=HITOFF&p=1&u=/netahtml/PTO/search-bool.html&r=1&f=G&l=50&d=PALL&RefSrch=yes&Query=PN/5663484. 2012 年 7 月 24 日访问。Patent Assignment Abstract of Title, Patent #: 5663484, Application #: 08272353, United States Patent and Trademark Office. http://assignments.uspto.gov/assignments/q?db=pat&pat=5663484. 2012 年 7 月 24 日访问。BASMATI, TED (Trade & Environment Database) Case Studies. http://www1.american.edu/ted/basmati.htm. 2012 年 7 月 24 日访问。

特,被誉为"the queen of rice"(水稻女王)[①]。印度是最大的 Basmati 香米出口国,其生产的 Basmati 香米远销阿拉伯、荷兰、美国、加拿大等国。[②] 印度每年出口 40—50 万吨 Basmati 香米,仅 1996—1997 年间,印度就向欧洲出口了 52.3 万吨 Basmati 香米。[③] 若此项专利不被撤销,美国 Ricetec 公司便可以"Basmati"的品牌名称出售其生产的香米,且其价格低于印度和巴基斯坦的品种,如此一来则会大大削减印度和巴基斯坦生产的 Basmati 香米市场份额。

印度方面认为 Basmati 是一个地理标志,因为 Basmati 香米生长在印度和巴基斯坦,且数世纪以来,没有其他国家允许其国民使用这个标志。美国专利和商标局授予 Basmati rice 专利的行为违反了 TRIPS 协议有关地理标志的规定。众所周知,Basmati 香米是生长在喜马拉雅地区的传统作物,正如香槟是法国的,威士忌是苏格兰的,Basmati 则专指印度和巴基斯坦生产的香米。因此美国专利和商标局授予 Ricetec 公司专利的行为无效,该公司以印度的地理标志——"Basmati"为名营销其生产的香米的行为不应被允许。

Ricetec 公司的观点是,其专利涵盖对传统品种改善后的新 Basmati lines and grains,Basmati 只是香米的通用名称,并不专指原产于印度的特定品种。这个名称数十年来已经通用于其他来源地的同种香米,如美国香米、乌拉圭香米和泰国香米。经过两年半的艰苦努力,印度在 2000 年 4 月收集了数据,对 Ricetec 公司的专利

[①] The Times of India, Basmati is ours, say India, Pak. http://timesofindia. indiatimes. com/india/Basmati-is-ours-say-India-Pak/articleshow/625352603. cms?. 2012 年 7 月 25 日访问。

[②] Basmati Rice, APEDA (Agricultural & Processed Food Products Export Development Authority, ministry of commerce & Industry, Government of India), http://www. apeda. gov. in/apedawebsite/SubHead _ Products/Basmati _ Rice. htm. 2012 年 7 月 25 日访问。

[③] TED (Trade & Environment Database) Case Studies, BASMATI. http://www1. american. edu/ted/basmati. htm. 2012 年 7 月 26 日访问。

提出质疑。① 专利局官员表示，因为 Basmati 既不是商标名称，也不是地理标志，不像香槟和波特酒专指来源于特定地理区域，因此 Ricetec 公司可以使用 Basmati 名称。Basmati 香米如今生长在印度、巴基斯坦甚至泰国，Basmati 在印度也并非一个地理标志。除非印度制定新的法律，承认 Basmati 是一个地区，情况才会发生变化。②

此案的争议焦点在于 Basmati 是否属于 TRIPS 协议有关地理标志定义的范畴。Basmati 并非印度域内一地理名称，但其声誉却和来源地即印度次大陆紧密相关。Basmati 是否应该在 TRIPS 协议下得到保护。Ricetec 公司主张即使 Basmati 名称属于 TRIPS 协议有关地理标志定义的范畴，但是 Basmati 这个名称因缺乏国际保护已经进入公共领域，成为一个通用名称；况且其已经将其商标标签明确为美国香米"American type basmati rice"。但这种方法正是 TRIPS 协议下针对葡萄酒和烈酒的禁止规定。

Basmati 印度香米案为印度知识产权领域开启了崭新的视角，印度方面认识到地理标志保护的重要性，并于 1999 年 12 月 30 日制定了第一部规定地理标志注册和保护的法律《商品地理标志（注册和保护）法》。2004 年印度旁遮普邦与哈里亚纳邦向印度地理标志注册局提交"Basmati Rice"的地理标志注册申请，但被拒绝。主要是由于"Basmati Rice"已成为香米的通用名称。尽管商品名称涉及生产或加工的地理来源，但它已经失去指示地理来源的意义，变成了指示商品性质、品质等的通用名称。

---

① VK Ahuja, Intellectual Property Rights in India, Vol I, Nagpur: LexisNexis, Butterworth Wadhwa, 2009, p791.

② Chidandand Rajghatta, Patent only for 3 basmati strains: US, The Times of India, TNN Aug 21, 2001, 09.55pm IST. http://articles.timesofindia.indiatimes.com/2001-08-21/india-business/27237736_1_ricetec-basmati-patent-and-trademark-office. 2012 年 7 月 26 日访问。

（二）现行相关法律法规与管理机构

印度是 1948 年关税与贸易总协定的创始缔约方，也是世界贸易组织的创始成员国之一。印度于 1995 年加入世界贸易组织，为履行世界贸易组织的各项承诺，于 1999 年 12 月 30 日制定了《商品地理标志（注册和保护）法》，该"办法"于 2003 年 9 月 15 日生效。2002 年 3 月 8 日印度工业政策与促进部（Ministry of Commerce & Industry Department of Industrial Policy and Promotion）颁布《商品地理标志（注册和保护）办法》，该"办法"与前述立法同日生效。

为执行《商品地理标志（注册和保护）法》，印度政府在钦奈设立地理标志注册局，该局系保护和管理印度地理标志的专门机构。为更好地保护知识产权，印度政府在工业政策和促进部之下还专门设立了专利、设计、商标及地理标志管理总局（The Controller General of Patents, Designs & Trade Marks, CGPDTM），并下设专利局（The Patent Office）（包含设计局（The Design Office）、商标注册局（Office of the Registrar of Trade Marks, TMR）、地理标志注册局（Geographical Indications Registry, GIR）、专利信息服务中心（The Offices of The Patent Information System, PIS）和国家知识产权管理学院（National Institution of Intellectual Property Management, NIIPM）。

第二节　TRIPS 协议与印度地理标志保护

一、TRIPS 协议中保护地理标志的有关规定

TRIPS 协议第三节对地理标志的保护作了专门规定，主要包括地理标志的定义和基本保护、葡萄酒和烈酒的额外保护、地理标志保护例外。

（一）地理标志的定义和保护目标

TRIPS 协议第 22 条第 1 款规定，"本协议所称的地理标志，系指下列标志：其表示出某商品来源于某成员地域内，或来源于该地域中的某地区或某地方，该商品的特定质量、信誉或其他特征，主要与该地理来源相关联"。地理标志的来源地名包括某一成员国国名、成员国国内某一地区或地点的名称。

TRIPS 协议第 22 条第 2 款至第 4 款①规定了地理标志的保护目标，"旨在防止对不是原产于其真实原产地产品的错误描述，从而避免消费者对产品原产地方面产生混淆的误导性信息，进而防止由该误解所致的任何不正当竞争"。②

（二）对葡萄酒和烈酒的额外保护

"酒类商品在许多国家（不包括伊斯兰国家）都是利润较高的商品。而酒类商品的特征、质量等又往往和它的原产地关系特别密切。所以对这一类商品，地理标志的保护也就有特别重要的意义。"③ TRIPS 协议第 23 条对葡萄酒和烈酒的地理标志规定了更高水平的保护。

根据 TRIPS 协议第 22 条第 2 款，商品地理标志表示并非来源

---

① 第 2 款至第 4 款的规定为：2. 在地理标志方面，成员应提供法律措施以使利害关系人阻止下列行为：（a）不论以任何方式，在商品的称谓或表达上，明示或暗示有关商品来源于并非其真正来源地，并足以使公众对该商品来源误认的；（b）不论以任何使用方式，如依照巴黎公约 1967 年文本第 10 条第 2 款，则将构成不正当竞争的。3. 如果某商标中包含有或组合有商品的地理标志，而该商品并非来源于该标志所标示的地域，于是在该商标中使用该标志来标示商品，在该成员地域内即具有误导公众不去认明真正来源地的性质，则如果立法允许，该成员应依职权驳回或撤销该商标的注册，或者依一方利害关系人的请求驳回或撤销该商标的注册。4. 如果某地理标志虽然逐字真实指明商品之来源地域、地区或地方，但仍误导公众以为该商品来源于另一地域，则亦应适用本条以上三款。

② 冯寿波：《论地理标志的国际法律保护：以 TRIPS 协议为视角》，北京：北京大学出版社，2008 年，第 206 页。

③ 郑成思：《WTO 知识产权协议逐条讲解》，北京：中国方正出版社，2000 年，第 93 页。

于该标志所指地域的商品时，须满足使公众对该商品来源误认，或者构成不正当竞争的，方可为利害关系人提供法律措施。但针对葡萄酒和烈酒，误导公众或构成不正当竞争不是为利害关系人提供法律措施的必要条件。协议第 23 条第 1 款规定"各成员均应为利害关系人提供法律措施，以制止用地理标志去表示并非来源于该标志所指的地方的葡萄酒或烈酒，即使在这种场合也同时标出了商品的真正来源地，即使该地理标志使用的是翻译文字，或即使伴有某某'种'、某某'型'、某某'式'、某某'类'，或相同的表达方式，也均在制止之列"。

同时，第 23 条第 2 款规定了包含或组合有葡萄酒和烈酒地理标志的商标在注册方面的额外保护，第 3 款规定了同音字或同形字葡萄酒和烈酒地理标志的额外保护，第 4 款规定了葡萄酒地理标志通告及注册多边体系的谈判机制。① 此外第 24 条第 6 款规定了葡萄酒品种的惯用名称与其他成员地理标志相同时不要求适用第 24 条规定的例外情形。②

（三）地理标志保护例外

TRIPS 协议第 24 条规定了地理标志保护的例外情形。第 4 款规定，"如果某成员之国民或居民已连续在该成员地域内，于相同

---

① 第 2 款至第 4 款的规定为：2. 如果某某葡萄酒或烈酒的商标中包含有或组合有该酒的地理标志，则对于所标示者并非该酒之来源地的商标，如果域内立法允许，成员应依职权驳回或撤销该商标的注册，或者根据一方利害关系人的请求，驳回或撤销该商标的注册。3. 在遵守上述第二十二条第四款的前提下，如果诸多葡萄酒使用多音字或同形字的地理标志，则保护应及于每一标志。各成员均应顾及确保给有关生产者以平等待遇，而且不误导消费者的情况下，确定出将有关同音字或同形字地理标志之间区别开的实际条件。4. 为有利葡萄酒地理标志的保护，应在"与贸易有关的知识产权理事会"中举行谈判，以建立葡萄酒地理标志通告及注册的多边体系，使加入该体系的成员在保护地理标志方面可利用该体系。

② 该规定为：如果在《建立世界贸易组织协定》生效之日，某成员地域内已有的葡萄酒品种的惯用名称与其他成员葡萄酒产品之地理标志相同，则并不要求该成员适用本节之规定。

或有关的葡萄酒或白酒商品或服务上,使用了另一成员用于标示有关商品或服务的地理标志,同时,其于部长级会议结束乌拉圭回合谈判之前已使用至少 10 年,或在该日前系善意使用,则本节之任何规定均不应要求该成员制止其继续以同样方式使用。"此处"善意使用"指"在 1993 年 12 月 15 日之前,不是恶意的已经进行的使用"①。

第 24 条第 5 款规定了善意注册的例外:"如果在某成员适用下文第六部分规定之前或在有关地理标志于来源国获得保护之前,某商标已善意申请或获得注册,或已通过善意使用获商标权,则本节措施的实施不得因该商标与某地理标志相同或近似,而损害该商标注册的利益或效力,或损害该商标的使用权。"

第 24 条第 8 款规定了姓名和名称权的例外:"本节不得损害任何人在贸易活动中对其姓名或其继承之用营业名称的使用权,但若以误导公众的方式使用,则不在其列。"第 9 款规定了来源国不保护或已停用的例外:"对于在其来源国不受保护或中止保护的地理标志,或在来源国已废止使用的地理标志,依本协议无保护义务。"

此外,根据 TRIPS 协议第 2 条②有关"知识产权公约"的规定,其对地理标志的一般保护、额外保护、例外规定、执法规定、地理标志的获得与维持及有关当事人之间的程序规定等,均不得背离成员国依照《巴黎公约》已经承担的现有义务。

二、印度地理标志保护法律制度与 TRIPS 协议关系

TRIPS 协议"是世界贸易组织(WTO)法律体系中极其重要

---

① 郑成思:《WTO 知识产权协议逐条讲解》,北京:中国方正出版社,2000 年,第 95 页。

② 该条规定:1. 就本协议第二、第三及第四部分而言,全体成员均应符合巴黎公约 1967 年文本第 1 至第 12 条及第 19 条之规定。2. 本协议第一至第四部分之所有规定,均不得有损于成员之间依照巴黎公约、伯尔尼公约、罗马公约及集成电路知识产权条约已经承担的现有义务。

的组成部分,与该体系内的《关税与贸易总协定》(GATT)、《服务贸易总协定》(GATS)可谓'三足鼎立'。[1] 该协议由各方部长于 1994 年 4 月 15 日在乌拉圭回合谈判中签署。印度是 1948 年关税与贸易总协定的创始缔约方,也是世界贸易组织的创始成员之一,并于 1995 年加入世界贸易组织。

为履行世界贸易组织的各项承诺,印度于 1999 年 12 月 30 日制定了《商品地理标志(注册和保护)法》,并于 2003 年 9 月 15 日生效。2002 年 3 月 8 日印度工业政策与促进部颁布《商品地理标志(注册和保护)办法》,该办法与《商品地理标志(注册和保护)法》同日生效。

印度地理标志保护法律制度系以 TRIPS 协议为基准而制定的在该国适用的专门法律规定。《商品地理标志(注册和保护)法》在 TRIPS 协议的基础上,将地理标志的保护范围细化为:农产品、天然产品或制成品,且对制成品地理标志的概念作了进一步规定,只要是生产、加工或准备任一环节发生在一国地域内即被视为是地理标志。

在不违反 TRIPS 协议规定的前提下,《商品地理标志(注册和保护)法》和《商品地理标志(注册和保护)办法》进一步规定了地理标志注册申请程序、异议程序、侵权行为及救济程序等。同时,将 TRIPS 协议第 23 条关于葡萄酒与烈酒的特殊保护扩大到一些特定商品上。这些特定商品是基于个案或国家利益的商品,由印度中央政府决定,并予以公告。

---

[1] 张乃根:《TRIPS 协定:理论与实践》,上海:上海人民出版社,2005 年,第 1 页。

第三节　印度地理标志保护法律制度

一、印度地理标志保护立法模式

地理标志保护的是无形财产权利，其保护难度远非有形财产权利所及，地理标志保护立法模式主要有以下几种：

一是专门立法保护模式，是指制定专门法律，保护该国域内的地理标志的模式。专门立法保护模式是几种模式中保护强度最高的模式，它能为地理标志提供高水平的保护，有利于地理标志的保护与管理。

二是商标法保护模式，是指通过颁布实施商标法，将地理标志作为商标的一种进行保护的模式，即证明地理标志属于商标或集体商标。我国《商标法》即采用该模式。

三是反不正当竞争法保护模式，是指没有将地理标志纳入具体的法律中予以明文规定的情况下，当出现侵犯地理标志的情况时，通过反不正当竞争法予以救济。反不正当竞争法中亦没有规定地理标志的具体定义，仅规定在侵犯他人原产地名称权的情形下构成不正当竞争的行为以及相应的救济方式。例如瑞典便采用反不正当竞争法模式。

四是混合立法保护模式，是指通过多种途径来保护地理标志的模式。有些国家既通过证明商标的形式保护地理标志商标，又通过地理标志产品专用标志使用权的形式保护地理标志。混合立法保护模式下有可能出现涉及包含同一地理名称的地理标志的普通商标或者地理标志商标与地理专用标志同时存在的情形，导致地理标志权利与商标专用权冲突、地理标志保护和管理部门行政权力的冲突等混乱局面。

印度自1999年制定有关地理标志保护的相关法律以来，一直采用专门立法保护模式。专门立法保护模式具有保护强度高、保护水平高的特点。同时由于印度相当重视地理标志，除了不断建立健全地理标志的保护和管理制度外，还联合各邦各级政府、商会及高校举办研讨会，不断宣传地理标志，提高国民对地理标志的认识，挖掘更多潜在的地理标志。目前印度国内地理标志保护水平在国际知识产权界处于领先水平，保护强度与水平远高于许多发展中国家。

印度地理标志主要涉及农产品及手工品，"印度是一个人口众多而农业生产相对落后的发展中农业大国"[①]，并且许多农产品及手工品是由于印度独特的气候、土壤、水源等自然因素及国家历史、民族习俗、传统文化等人文因素，品质、声誉等特性独一无二。正是由于认识到地理标志能够促进本国农产品及手工品对外经济贸易，带动本国农业发展，印度才选择了高水平的专门立法保护模式。近年来印度对地理标志的保护举措不断促进其农业经济发展，提升了印度农产品及手工品在国际市场的竞争力。

二、地理标志注册法律规定

印度地理标志注册的一般程序：申请人提交申请——注册机构审查——公告——注册登记。但是在公告期间若有人对地理标志注册提出异议，可以向注册机构提出异议申请，地理标志注册将进入异议程序。地理标志授权使用人的注册一般程序与地理标志注册申请一样：申请人提交注册申请——注册机构审查——公告——注册。但是在公告期间对授权使用人注册申请有异议的，该一般程序亦进入异议程序。印度地理标志的注册机构系地理标志注册局，设于钦奈。地理标志注册局负责地理标志的相关注册事务，管理地理标志注册簿。地理标志的注册对象是特定商品和地域，地理标志注册的商品是按注册局划分的商品分类规定的商品，地域是特定的一

[①] 向元钧：《印度农业应对WTO：对策、成效及存在的问题》，《南亚研究季刊》2002年第2期，第14页。

国域内、某一地区或地点。同名地理标志（相同近似标志）在不误导消费者或者引起混淆、不会造成市场秩序混乱的情况下可以注册。

印度《商品地理标志（注册和保护）法》第 9 条规定下列情况不得作为地理标志或地理标志的组成部分注册地理标志："（1）其使用可能存在欺骗或会引起混淆；（2）其使用违反已生效法律的；（3）含有诽谤性或淫秽内容的；（4）含有任何可能会伤害印度任何阶层公民的宗教感情的内容；（5）无权受到法庭保护的；（6）被确定为通用名称或标志，或在商品来源国未保护、中断保护或已淘汰的商品标志；（7）虽然字面上一国域内、某地区或地点是真实的，但虚假表示商品来源于另一国域内、某一地区或地点的。"[①] 其中，引起混淆的地理标志主要是欺骗或者误导消费者商品的真实地理来源的地理标志。通用名称或标志虽然涉及商品生产或加工的地理来源，但已经失去了突出表明地理来源的功能，演变成表示具有同等特性的同类商品或服务的普通名称。这样的规定有利于保障生产者、销售者、消费者和公众利益。

（一）注册申请

根据印度法律规定，地理标志的申请人包括任何协会、组织或代表生产者利益的合法机构。申请人须提交书面申请并缴纳申请费。需要注意的是当所申请的地理标志与已注册的地理标志是同名地理标志（相同近似标志）时，"申请人须提交区别两种同名地理标志的材料和申请者采用的防止误导消费者和引起混淆的保护措施"。[②] 此外，《商品地理标志（注册与保护）办法》第 23 条第（6）项规定了具体申请条件："（1）地理标志的定义必须足够精确

---

① The Geographical Indications of Goods (Registration and Protection) Act, 1999, sec. 9.

② The Geographical Indications of Goods (registration and Protection) Rules 2002, art. 32 (6) (h).

以便确定地理标志侵权行为能获得救济；（2）图表必须能够代表地理标志无样本支持；（3）对于审查注册或阅读地理标志期刊的人具有切实可行、能理解地理标志图表；（4）除非注册申请有声明，三维地理标志注册申请不予考虑；（5）除非注册申请有特定颜色的声明，称为地理标志组成元素的颜色组合不予考虑。"同时，任何地理标志商品生产者可以作为申请人向地理标志注册局书面申请注册授权使用人，并缴纳费用。"授权使用人注册申请应由地理标志所有人和授权使用申请人共同作出，附上申请人系地理标志商品生产者的声明。"[1]

地理标志注册局收到地理标志注册申请后，根据注册流程，一般将注册申请分为六种状态：待审查（examination）、拒绝（refused）、撤销或放弃（withdrawn/abandon）、已公告（advertised）、有异议（opposition）、已注册（registered）。地理标志注册申请提交注册局后，注册局审查所申请的地理标志是否符合规定，符合规定的接受申请并予以公告。公告期间无任何人提出异议的予以注册登记，即申请人提交申请——注册局审查——公告——注册登记。审查中发现不符合规定的予以拒绝。已经接受申请但发现有错误的，撤销受理。公告有人提出异议的，进入异议程序。申请人在整个注册申请过程中可以放弃申请。

（二）撤销与异议程序

1. 撤销程序

地理标志注册局在收到地理标志注册申请后，审查该申请是否符合相关法律的规定。若符合规定便接受该申请并予以公告。考虑到审查过程中可能会出现失误，《商品地理标志（注册与保护）法》还规定了审查出现失误后的补救措施，即撤销制度。撤销制度适用期间是注册局接受注册申请之后至地理标志注册登记以前。撤销制

---

[1] The Geographical Indications of Goods (Registration and Protection) Rules 2002, art. 56 (1).

度适用于两种情况："(1) 接受申请是错误的;(2) 在具体情况下该地理标志不应该被注册,应该在限制条件范围以内注册,或者附有与已接受申请的限制条件不同的额外条件"。① 但是撤销制度并非在注册机构发现有上述任一情况便可立即适用,撤销制度适用还需考虑听证程序。注册局在发现有上述任一撤销情形的,必须书面告知申请人。"申请人在接到通知 30 日内修改了注册申请,且符合法律规定的注册条件的,则不予撤销注册申请。申请人在接到通知 30 日内通知注册局其要求听证的,注册局须在接到申请人听证通知 15 日内决定听证日期。申请人不愿听证的,需提交不愿听证的相关文件。注册局需对申请人充分听证或充分考虑申请人不听证文件后方可作出撤销受理的决定。"② 对于不服注册局决定的,地理标志申请人可以向申诉委员会申诉,其他任何机关(包括法院)对不服注册局撤销决定的申诉案件无管辖权。

2. 异议程序

对于未被撤销的地理标志注册申请,需要附条件的,注册局接受申请后要将所附条件与地理标志注册申请一并公告。无论是否附有条件,在公告之日起三个月内任何人均可向地理标志注册局就地理标志注册申请提出异议。"注册局收到异议通知后书面告知注册申请人。若注册申请人在收到通知两个月内未向注册局提交答辩状,说明申请依据,则视为注册申请人放弃申请。"③ 注册申请人提交答辩状后,注册局将答辩状副本送交异议人,双方向注册局提交相关证据。当事人要求听证的,注册局在听证后作出是否批准注册申请的裁定。当事人不服注册局异议裁定的,可以向申诉委员会

---

① The Geographical Indications of Goods (Registration and Protection) Act, 1999, sec. 12.

② The Geographical Indications of Goods (Registration and Protection) Rules 2002, art. 37 (2)(3)(4).

③ The Geographical Indications of Goods (Registration and Protection) Act, 1999, sec. 14 (2).

申诉，但是其他任何法院或机关对不服注册局异议裁定的申诉案件无管辖权。异议裁决结果有利于注册申请人的，注册局对所申请的地理标志予以注册。地理标志授权使用人申请撤销程序、异议程序与地理标志注册申请程序相同。

(三) 商标与地理标志冲突

1. 禁止将地理标志作为商标注册

地理标志与商标是不同类型的知识产权，若将地理标志作为商标注册会导致个人权利与公共利益的冲突，造成市场秩序混乱。因此印度《商品地理标志（注册和保护）法》禁止将地理标志作为商标注册。第 25 条规定了禁止将地理标志作为商标注册两种具体情况："(1) 含有的商品或商品分类不是来源于某地理标志的一国域内、某地区或地点，将该地理标志用于商品商标，造成混淆或误导。(2) 含有的商品或商品分类是中央政府公布在官方公报需特别保护的。这些商品和商品分类主要指任何非授权使用人将地理标志用于非来源于该地理标志区域的商品或商品分类上，或者把地理标志用于非来源于地理标志区域的商品或商品分类上，即使对商品或商品分类的真实来源已有说明，或该地理标志经翻译后使用，或有'种类'、'类型'、'仿制'等类似的其他表述方式都是侵犯已注册地理标志权利的。"[①]

2. 商标在先使用的保护

法律禁止将地理标志作为商标使用，但是这样会形成对含有地理标志商标的在先使用人的不公平待遇。因此为了平衡双方利益，《商品地理标志（注册和保护）法》第 26 条对含有地理标志的商标在先使用的情况作了相关规定："根据已生效的商标法，在本法生效前，或者根据本法递交地理标志申请之前，含有地理标志的商标已申请或善意注册的，或者善意取得该商标权利的，不得以商标与

---

① The Geographical Indications of Goods (Registration and Protection) Act, 1999, sec. 25 (a) (b).

地理标志相同或近似为由，损害注册资格、商标注册效力或商标使用权。"① 可能会出现在先使用的含有地理标志的注册商标与相同或近似的地理标志同时存在的情况，在这种情况下商标专用权与地理标志权冲突如何解决、消费者如何辨别商品系真正来源于地理标志所涉地域与商品并非来自地理标志来源地但使用了含有地理标志的商标，印度相关法律未对此作出规定。当地理标志与驰名商标冲突时地理标志能否注册，印度相关法律也未作出规定，这是印度地理标志保护法律制度的欠缺之处。

三、侵权与救济

（一）侵权

1. 一般侵权行为

实施地理标志侵权行为的主体一般是地理标志授权使用人以外的人。侵权行为主要通过假冒、虚假宣传等方式实施，具体表现在"（1）将该地理标志以任何方式用于商品名称或介绍，明示或暗示该商品来源于地理标志区域而非其真实来源地，使公众对该商品的地理来源形成错误认识；（2）以假冒的方式使用地理标志构成不正当竞争的行为；（3）在商品上使用另一个地理标志，虽然逐字真实指明来源于一国域内、地区或地点，但是虚假表示商品来源于与注册地理标志相关的一个域内、地区或地点。"②

2. 扩大对部分商品的特殊保护

"地理标志主要涉及农产品，但也包括工业产品"③，例如葡萄

---

① The Geographical Indications of Goods (Registration and Protection) Act, 1999, sec. 26 (1).

② The Geographical Indications of Goods (Registration and Protection) Act, 1999, sec. 22 (1).

③ Tushar Kanti Saha, Nalin Bharti, Beyond Wines and Spirits: Development Countries' GI Products and their Potential in WTO Regime with Special Reference to India, Journal of Intellectual Property Rights, Vol. 11, 2006, p90.

酒与烈酒。印度将 TRIPS 协议第 23 条关于葡萄酒与烈酒的特殊保护扩大到其他一些特定商品上。不仅禁止将地理标志用于非真正来源于地理标志所涉地域的商品上，而且禁止同样会引人误解的其他方式，即虽然对商品的真实地理来源做了说明，但使用了地理标志或者用种类、类型等易造成混淆或误解的表述。这些特定商品是基于个案或国家利益的商品，由印度中央政府决定，并予以公告。"除注册地理标志授权使用人外，任何人把其他地理标志用于不是来源于地理标志表明地域的官方公报公布的那些商品或商品分类上，即便对该商品或分类的真实来源已经说明，或该地理标志经翻译后使用，或伴有'种类'、'类型'、'仿制'等表述的，都是侵犯注册地理标志的行为"。[1] 地理标志是公共财产，任何注册地理标志的权利不得成为转让、移转、使用许可、保证、抵押或其他协议的标的。但是授权使用人死亡的，其合法继承人可以继承其注册地理标志相关权利。

（二）救济

地理标志的侵权诉讼只针对已注册地理标志，对于假冒未注册地理标志的行为可以采取普通法诉讼。与注册程序中的撤销、异议制度不同，地方法院对地理标志的侵权行为有司法管辖权，主要包括："（1）对注册地理标志的侵权行为；（2）有关注册地理标志的任何权利；（3）被告假冒使用的地理标志系与原告相同或类似的地理标志，无论其是否注册。"[2] 地理标志侵权的救济方式主要有民事救济、行政救济、刑事救济。

1. 民事救济

《商品地理标志（注册与保护）法》第 67 条规定，对注册地理

---

[1] The Geographical Indications of Goods (Registration and Protection) Act, 1999, sec. 22 (2) (3).

[2] The Geographical Indications of Goods (Registration and Protection) Act, 1999, sec. 66 (1).

标志侵权的民事救济方式有："禁止令、损害赔偿金或提交利润账目，交付侵权标签和标志。"[1] 在侵权诉讼中，被侵权人可以选择请求损害赔偿金或者提交利益账目，可以同时请求或单独请求交付侵权标签和标志。禁止令分为永久禁止令和临时禁止令、单方面禁止令和中间禁止令。禁止令主要用于诉讼期间禁止侵权人实施侵权行为，可以有效防止对被侵权人造成更大的损失。损害赔偿金和提交利润账目不能同时使用，被侵权人在诉前只能选择其中一种救济方式作为诉讼请求。侵权人交付侵权标签和标志后，由法院销毁和删除。

上述对注册地理标志侵权的救济措施均适用于假冒未注册地理标志的情况。在苏格兰威士忌协会诉 Golden Bottling 公司案中，原告当时未在印度注册地理标志，因被告制造、销售 "Red Scotch" 威士忌的假冒行为提起诉讼。原告诉称 "Scot" 或 "Scotch" 系 TRIPS 协议第 22 条规定的地理标志，用以识别产自苏格兰的威士忌。法院支持了原告的主张，认为应该禁止被告假冒产自苏格兰的 "Red Scotch" 威士忌。同时法院通过强制令禁止被告在其生产的威忌上使用 "Scot" 或类似文字。除了该永久性强制令，法院还判决被告支付原告损害赔偿金 500,000 卢比。[2]

2. 行政救济

印度于 2003 年 9 月 15 日设立知识产权申诉委员会，负责受理专利、商标、设计及地理标志等相关案件的申诉。例如当事人对地理标志注册局作出的异议裁决、撤销决定不服的，可以向申诉委员会申诉。"委员会成员包括主席、副主席及中央政府确定的其他成员。委员会任期五年。委员会在钦奈、艾哈迈德巴德、新德里、孟买、加尔各答等五地设有申诉庭，每个申诉庭由一位法官和一位技

---

[1] The Geographical Indications of Goods (Registration and Protection) Act, 1999, sec. 67 (1).

[2] 2006 (32) PTC 656 (Del), The Scotch Whisky Association, … Vs Golden Bottling Limited. http://www.indiankanoon.org/doc/1122965/. 2012 年 8 月 23 日访问。

术官员组成。"①

警察局是印度地理标志保护执法的重要力量。法律规定了警务人员搜查扣押的权力："无论在何地,任何不低于副警司或同级的警务人员,对于犯罪行为,可以在没有搜查令的情况下搜查、扣押商品、硬模、模具、机器或其他设备。扣押的材料应该尽快提供给地方司法官。但警务人员在搜查扣押之前应征求注册局长的意见,并遵守该意见。"② 由于这样的规定,"知识产权种类中,地理标志最为公众所知。通过警方参与,卡纳塔克邦已多次成功截获该邦知名地理标志产品迈索尔丝绸的盗版产品。"③

3. 刑事救济

刑事救济针对侵犯地理标志权的犯罪行为,包括：伪造地理标志、虚假使用地理标志、销售虚假使用地理标志商品、虚假表示地理标志、在地理标志注册簿登记事项上弄虚作假等行为。对于伪造地理标志、虚假使用地理标志的犯罪行为,"处以六个月至三年刑期,罚金50,000至200,000卢比。法院在审理中可根据充分和特殊理由,判处少于六个月有期徒刑或少于50,000卢比的罚金"。④ 对销售虚假使用地理标志商品的犯罪行为,"处以六个月至三年刑期,罚金50,000至200,000卢比。法院在审理中可根据充分和特殊理由,判处少于六个月有期徒刑或少于50,000卢比的罚金"。⑤ 对虚假表示地理标志的犯罪行为,"处以三年以下有期徒刑,或判

---

① 国务院发展研究中心"国家知识产权战略目标与发展阶段研究"课题组：《〈印度知识产权制度与保护体系〉调查研究报告》,第144号(总2990号),第13—14页。

② The Geographical Indications of Goods (Registration and Protection) Act, 1999, sec. 50 (4).

③ 何艳霞：《发展中的印度知识产权体系》。http://www.sipo.gov.cn/dtxx/gw/2007/200804/t20080401_353414.html. 2013年1月30日访问。

④ The Geographical Indications of Goods (Registration and Protection) Act, 1999, sec. 39.

⑤ The Geographical Indications of Goods (Registration and Protection) Act, 1999, sec. 40.

处罚金,或并罚"。① 对在注册簿登记事项弄虚作假的犯罪行为,"处以两年以下有期徒刑,或罚金,或并罚"。②

第四节 印度地理标志保护实践

一、印度地理标志注册相关情况

印度地理标志注册局位于钦奈,从 2003 年 9 月 15 日开始受理地理标志注册申请。根据印度专利、设计、商标及地理标志管理总局(CGPDTM)2001—2011 十个财年③年度报告显示:截至 2011 年 3 月 31 日,注册局共收到地理标志注册申请 232 件,地理标志授权使用人注册申请 215 件,已注册地理标志 149 件。地理标志注册局从 2001 年 8 月 25 日开始开展工作。由于印度地理标志注册局成立之初地理标志等概念还不为公众所熟知,因此地理标志注册局从 2001 年起开始组织相关地理标志研讨会 66 场,以增强公众对地理标志的了解和认识。④

---

① The Geographical Indications of Goods (Registration and Protection) Act, 1999, sec. 42 (2).

② The Geographical Indications of Goods (Registration and Protection) Act, 1999, sec. 44.

③ 每一财政年度为每年 4 月 1 日至次年 3 月 31 日。

④ 数据来源:ANNUAL REGORT OF THE OFFICE OF THE CONTROLLER GENERAL OF PATENTS, DESIGNS, TRADE MARKS AND GEOGRAPHICAL INDICATION, ANNUAL REPORT 2010−2011, ANNUAL REPORT 2009−2010, ANNUAL REPORT 2008−2009, ANNUAL REPORT 2007−2008, ANNUAL REPORT 2006−2007, ANNUAL REPORT 2005−2006, ANNUAL REPORT 2004−2005, ANNUAL REPORT 2003−2004, ANNUAL REPORT 2002−2003, ANNUAL REPORT 2001−2002Break up & Status of GI Applications filed before the GI Registry. http://ipindia.nic.in/girindia/GI_Status/status_10December2012.pdf. 2013 年 1 月 6 日访问。

(一) 已注册地理标志的商品类型分析

表1-1 已注册地理标志的商品类型数据（本国＋外国）（单位：件）①

商品	已注册地理标志数量
工艺品	116
农产品	43
制成品	14
食品	5
合计	178

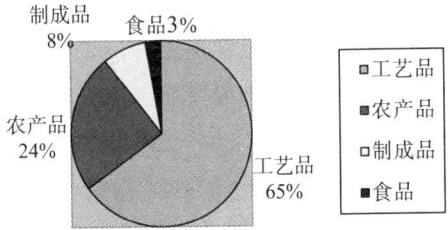

图1-1 已注册地理标志的商品类型数据（外国＋本国）

表1-2 印度本国已注册地理标志商品类型数据（单位：件）②

商品	已注册地理标志数量
工艺品	116
农产品	43

---

① 数据来源：ANNUAL REPORT 2010－2011，ANNUAL REGORT OF THE OFFICE OF THE CONTROLLER GENERAL OF PATENTS, DESIGNS, TRADE MARKS AND GEOGRAPHICAL INDICATION. http://ipindia.nic.in/girindia/. 2013年1月6日访问。

② 数据来源：STATE WISE REGISTRATION DETAILS OF G. I APPLICATIONS From 2003－till November 30, 2012. http://ipindia.nic.in/girindia/GI_Status/registration_StateWise_10December2012.pdf. 2013年1月6日访问。

第一章 印度地理标志保护法律制度研究

续表

商品	已注册地理标志数量
制成品	7
食品	4
合计	170

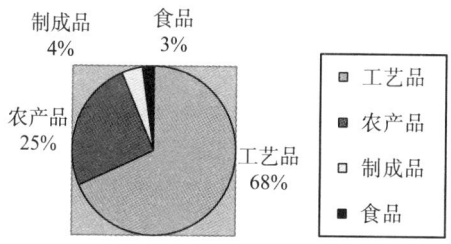

图 1-2 印度本国已注册地理标志商品类型数据

从表 1-1 可以看出截至 2012 年 11 月 30 日，印度已注册地理标志 178 件，其中 170 件系印度本国商品注册，8 件系外国商品在印度注册，分别是意大利的食品 1 件，葡萄牙、法国的制成品各 2 件，英国、美国、秘鲁的制成品各 1 件。印度本国已注册的地理标志商品中，工艺品占已注册地理标志商品总数的 2/3 以上，农产品占已注册地理标志商品总数的 1/4，制成品仅占注册地理标志商品总数的 1/25，食品仅占注册地理标志商品总数 1/50。印度国内已注册地理标志商品主要集中于手工业及农业，这与印度的经济、文化等有一定的关系。印度系发展中国家，规模化、精细化的加工、制造还处于发展阶段，同时印度也是宗教、民族文化浓厚的国家，其具有印度特色的工艺品深受消费者青睐，这就是商品受原产地人文因素影响的典型体现。

(二)地理标志保护与经济关系分析

表1-3 印度知识产权注册申请文件数量(单位:件)与GDP(单位:十亿美元)[2005常数(PPP)][①]

年	专利	商标	工业设计	地理标志	GDP
1997	2249	—	2203	—	1515.60
1998	2658	—	2637	—	1609.33
1999	2645	61637	2507	—	1745.53
2000	2919	69374	2737	—	1814.92
2001	3473	81489	2839	—	1904.65
2002	4204	90746	2618	—	1979.07
2003	5425	79515	3034	4	2136.29
2004	6708	67455	3465	15	2303.96
2005	8022	77907	3867	27	2517.88
2006	9444	93649	4075	32	2751.14
2007	10534	124,871	4756	42	3020.79
2008	11546	127976	4949	29	3138.33
2009	11939	143446	4608	45	3396.87
2010	14862	181540	5020	36	3721.37
2011	15717	186688	6463	143	3976.50

---

① 数据来源:IP Fillings (Resident + Abroad, Including Regional) and Economy, WIPO statistics database; last updated: 12/2012, Statistics Country Profiles India. http://www.wipo.int/ipstats/en/statistics/country_profile/countries/in.html#note. 2013年1月6日访问。数据来源:Break up & Status of GI Applications filed before the GI Registry. http://ipindia.nic.in/girindia/GI_Status/status_10December2012.pdf. 2013年1月6日访问。

第一章 印度地理标志保护法律制度研究

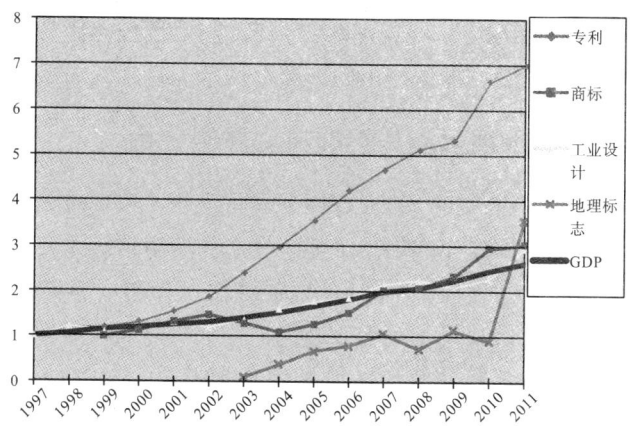

图 1-3　印度知识产权注册申请文件数量与 GDP（设初始数据为 1）

从以上图表可以看出印度知识产权注册申请文件数量与其经济增长呈正相关关系，就地理标志注册申请而言，印度从 2003 年 9 月 15 日开始受理地理标志申请，从 2004 年开始颁发注册地理标志证书。1997 年至 2002 年，印度 GDP 年平均增长 4.80%，2003 年至 2011 年，GDP 年平均增长 8.11%。自印度实施《商品地理标志（注册和保护）法》以来，GDP 年平均增长速度约为之前的 2 倍。印度对地理标志的保护明显地带动了印度经济增长。知识产权作为无形财产权，其制度"从建立之时就植根于商品化的基础上"①。知识产权保护与利用的意义就在于挖掘其财产属性，创造更大的经济价值。"当今世界正处于大发展、大变革、大调整之中，世界正进入创新集聚爆发和新兴产业加速成长时期，知识经济快速发展。知识产权制度在激励创新、推动经济发展和社会进步中的支撑作用日益凸显，知识产权日益成为国家发展的战略性资源和国际竞争力的核心要素。"②

---

①　吴汉东：知识产权基本问题研究（总论）（第二版）》，北京：中国人民大学出版社，2009 年，第 44 页。
②　田力普：《发展知识产权事业 促进经济社会发展》，《求是》，2011 年 01 期，第 49 页。

知识产权保护业已成为一国重要经济政策。地理标志作为知识产权中的一种，对其进行保护给不少国家都带来了巨大的经济利益。

二、印度地理标志保护的典型案例分析

印度西孟加拉邦出产的大吉岭茶享誉全球，大吉岭茶也是向印度地理标志注册局提交的第一个地理标志注册申请。大吉岭茶是印度本国商品，在地理标志保护方面做得较为成功，非常具有代表性。大吉岭茶不仅获得了地理标志保护，其商标权、著作权保护也同样得到重视。苏格兰威士忌是享誉全球的威士忌酒，是于2009年在印度申请并注册地理标志的外国商品。1979年印度就出现了涉及苏格兰威士忌地理来源的诉讼案件，此后几十年中也不断发生涉及苏格兰威士忌地理标志的诉讼案件。因此苏格兰威士忌是在印度注册地理标志的外国商品的典型代表。本节主要以印度本国地理标志商品——大吉岭茶和外国地理标志商品——苏格兰威士忌所涉问题来进一步分析印度地理标志保护法律制度。

（一）大吉岭茶

1. 大吉岭茶地理标志保护概况

1834年，印度大吉岭地区的坎贝尔博士试着在自家花园撒下茶种子。不久，当地人们便发现大吉岭为茶叶种植提供了得天独厚的地理条件：高降雨量、湿度、风速，平均每天2-4小时的日照，多雾、多云，高含碳量及矿物质的土壤，小叶茶树等。1852年英国茶业集团在大吉岭地区建立第一个茶园，茶园均位于海拔200-2000米、坡度60-70度的斜坡上。大吉岭茶在这一地区已种植数百年，当地有大量具备采茶技巧的工人，尤其是女性。完美的茶业种植地理条件与娴熟的采摘技术相融合，使得大吉岭地区产出了世界上最珍贵的红茶。如今大吉岭有87个茶园，共17400公顷，每年约产出1000万公斤的茶叶，占印度茶叶年产总量的1%。大吉岭茶业商是私营企业，大吉岭种植商协会成立于1892年，与印度

茶业协会（官方）密切合作。① 大吉岭茶独特的地理来源塑造出其质量和声誉，众多消费者只愿购买生长、加工于大吉岭地区的茶叶。

在法律上，印度茶业协会是大吉岭茶相关知识产权的所有人。首先，在商标权保护方面，1983 年茶业协会制作了"Darjeeling"的徽标（logo），徽标和文字"DARJEELING"现均按印度 1999 年《商标法》（以前为 1958 年《贸易和商标标志法》）注册商标。此外，该徽标作为商标、证明商标或集体商标在加拿大、埃及、一些欧洲国家、日本、黎巴嫩、英国、美国注册，并在马德里国际注册体系注册。文字"DARJEELING"在俄罗斯注册商标，在澳大利亚注册证明商标，在欧盟注册社团商标，在德国和日本注册集体商标。其次，在地理标志保护方面，徽标和文字均按印度 1999 年《商品地理标志（注册和保护）法》注册。如在某一司法管辖范围内注册商标尚未被接受，地理标志保护就显得至关重要。欧盟 2081/92 号条例规定，地理标志注册是获得商标互惠保护的必要条件。第三，在著作权保护方面，大吉岭徽标作为艺术作品按照印度 1957 年《著作权法》予以注册并获得著作权保护。

图 1-4　**大吉岭茶徽标**（logo）②

为了更好地保护大吉岭证明商标和地理标志，1998 年茶业协

---

① WIPO, Managing the Challenges of the Protection and Enforcement of Intellectual Property Rights, IP Advantages – Case studies on Intellectual Property. http://www.wipo.int/ipadvantage/en/details.jsp?id=2540. 2013 年 1 月 9 日访问。

② http://darjeelingtea.com/home.asp.htm. 2013 年 1 月 23 日访问。

会雇用了全球最大的商标查询服务公司康谱码科（CompuMark），监测未经授权使用或欲注册大吉岭茶的情况。2000年茶业协会根据印度1953年《茶法》的规定，对大吉岭茶的真实性实施强制认证。要求大吉岭茶经销商都必须经过认证并支付年费。认证涉及大吉岭茶的生产、加工、销售各环节。因此，共171家公司在茶业协会注册，其中74家系生产公司、97家系贸易出口公司。大吉岭茶从茶园产出便会签发原产地证书，并录入数据库。出口的大吉岭茶都会经过海关严格审查其原产地证书与商品的一致性，确保印度域外的进口商能买到货真价实的大吉岭茶。茶业协会曾在法国主张大吉岭作为注册的茶叶地理标志在先使用权和商誉，希望瑞士宝格丽香水商行主动撤回"大吉岭茶男士香水"的申请，最后瑞士宝格丽同意撤回申请。

以上是通过地理标志争取大吉岭茶权益的成功案例，但茶业协会未能依靠大吉岭茶地理标志争取到权益的情况也有许多，主要原因在于不同司法管辖范围下的法律规定不同。例如法国法不允许因将地理标志商品的相似商标或相同地理标志用于其他不相同的商品上而提出异议。地理标志所有人只能待该商品进入注册程序以后采取适当的法律措施。尽管印度方面不断抗议，但大吉岭还是被用作了衣服、鞋子、帽子等商品的商标。为此印度茶业协会一直在和法国各级商标主管机关谈判。在过去几年间，协会已支付约二十万美元的注册费和相关法律费用（海外侵权法律程序费用、聘请服务代理费用等）。尽管保护成本高，但协会一直努力做好大吉岭茶地理标志保护工作，以维护生产者和消费者的利益。

2. 大吉岭茶的相关案例

（1）印度茶业协会诉ITC公司案

原告印度茶业协会系根据1953年《茶法》成立的合法组织，并根据1999年《商品地理标志（注册和保护）法》及1999年《商标法》分别对"大吉岭"（Darjeeling）文字和徽标进行了注册。被告ITC公司系根据1956年《公司法》注册成立的公司，经营酒店和度假村等。2005年4月原告了解到被告提交了"大吉岭酒廊"（Darjeeling Lounge）商标注册申请，将其位于加尔各答的豪华桑纳酒店一酒廊命名为"大吉岭酒廊"（Darjeeling Lounge）并在商标杂志上公告。原告遂提出异议，但被告知该"大吉岭酒廊"注册已被放弃。但被告虽然放弃了商标注册，却一直没有停止使用该名称。①

原告认为：首先，被告将"大吉岭"（Darjeeling）用于酒廊，侵犯了原告"大吉岭"（Darjeeling）地理标志和证明商标的专属权。其次，这一行为属于假冒，导致原告"大吉岭"（Darjeeling）品牌的淡化。被告认为：原告的观点违背《商品地理标志（注册和保护）法》授予的权利被限制在注册商品上的规定，也就是《商品地理标志（注册和保护）法》保护取决于地理来源的品质、声誉或其他特性具有区别性的商品，允许所有人就该商品起诉任何人，但并没有扩展至就注册起诉任何人和服务。由于双方因"大吉岭"（Darjeeling）商标注册问题僵持不下，原告遂起诉至加尔各答高等法院，并请求中间性禁止令，即诉讼未决期间禁止被告继续使用"大吉岭酒廊"名称。

原告主张对"大吉岭"的独占和排他性，被告在未被许可的情况下不得使用。被告主张"大吉岭"的含义远远大于在该地区种植的茶。法院认为：关于被告主张原告对注册商标的权利仅限于商品而不能扩张至服务的观点，首先原告系地理标志注册所有人，根据《商品地理标志（注册和保护）法》规定仅限于商品②，原告不得对任何使用同一地理标志的服务采取法律行为。其次，若证明商标涉及任何商品，则侵权之诉针对其他任何商品或相关人；若证明商

---

① GA No. 3137 of 2010, GS No. 250 of 2010, Tea Board, India VS Itc Limited on 20 April, 2011. http://www.indiankanoon.org/doc/188457632/. 2013年1月21日访问。

② The Geographical Indications of Goods (Registration and Protection) Act, 1999, sec. 2 (1) (f).

标涉及任何服务,则侵权之诉针对任何其他服务或相关人。但是诉讼不得由商品的证明商标注册所有人针对任何服务或相关人提出,不得由服务的证明商标注册所有人针对任何侵权商品或服务提出。这表明地理标志和证明商标都不允许跨类诉讼。但如果不能跨类诉讼,法律将失去意义。跨类诉讼需要处理两种权利,以证明商标可在商品和服务两方面获得注册。包括证明商品来源、材料、制造方式或其他特性,以及证明服务的质量、准确度或其他特别功能。《商品地理标志(注册和保护)法》的重点在商品,没有明文规定将他人已注册的地理标志用于服务上是违法行为,因此对跨类诉讼形成了一定程度的阻却。

"大吉岭酒廊"于2003年1月启用,先于《商品地理标志(注册和保护)法》的生效之日——2003年9月15日。被告使用大吉岭并未涉及任何商品。《商品地理标志(注册和保护)法》规定:使用或假冒地理标志可能构成不正当竞争。[①] 商品或服务是否构成不正当竞争,取决于诸多因素:标志的特性、相似度、商品和服务的特性、商品和服务的相似度、商品和服务的形式、周围环境等。文字"大吉岭"(Darjeeling)专指大吉岭茶,被告的"大吉岭酒廊"仅对高端客户开放,即便在这里饮用大吉岭茶或其他酒水,也不会因"大吉岭"这个名字造成使消费者受到欺骗或造成消费者对商品或服务的混淆。《商品地理标志(注册和保护)法》生效前几十年,"大吉岭"已被广泛用于商业贸易中。因此法院不支持原告的主张。"大吉岭"已长期被用作商业名称,原告近年来对"大吉岭"的注册行为,不足以令原告享有其专属性权利。

此案的焦点在于:首先,茶业协会注册的大吉岭茶地理标志是关于商品——茶,而被告ITC公司将"大吉岭"名称用于服务。商品和服务是两类权利,是否可以跨类诉讼,是否构成不正当竞

---

① The Geographical Indications of Goods (Registration and Protection) Act, 1999, sec. 22 (1) (b).

争。其次在原告注册"大吉岭"前,"大吉岭"已被广泛用于各类商业活动,在此情况下地理标志注册人是否享有"大吉岭"排他性的专属权,"大吉岭"是否可以用于不同类的商品和服务上。加尔各答高等法院认为地理标志法未明文规定排斥跨类诉讼,因此不禁止跨类诉讼。但由于"大吉岭"在地理标志及证明商标注册之前几十年间已被广泛用于各类商业活动,因此原告不享有对"大吉岭"的专属权利。本案还涉及了商标淡化的问题,"大吉岭"专指茶叶,将"大吉岭"用在服务上,不会对消费者造成混淆。因此加尔各答高等法院判决原告茶业协会败诉,并驳回中间性禁止令请求。

(2) 印度茶业协会诉 ITC 公司上诉案

由于上诉人(原审原告)印度茶业协会不服加尔各答高等法院独任法官的原审判决,遂向该院提出上诉。上诉人主张原审独任法官没有领会到注册的权利以及假冒的范围,被上诉人的假冒行为和注册商标的行为已损害了上诉人的权利,原审法官应限制被上诉人将"大吉岭"用于酒廊,因此请求法院撤销原审判决,并在诉讼未决期间授予禁止令。被上诉人(原审被告)ITC公司辩称上诉人仅依地理标志注册和证明商标注册,无权限制被上诉人将酒廊命名为"大吉岭酒廊";上诉人没有从事任何以"大吉岭"命名的交易行为,注册权利仅涉及证明商标,不涉及侵权,原告无权起诉假冒;原审判决是在综合考虑了整个材料及法律作出的,且上诉人在知道大吉岭酒廊之日起六年都未提出诉讼,因此请求法院驳回上诉人的请求。[1]

法院认为,本案首先需要解决的争议是上诉人是否可以依据注册权利限制被上诉人使用"大吉岭酒廊"名称。《商标法》第29条[2]对商标的保护不涉及证明商标所有人,证明商标所有人的权利

---

[1] G. A. NO. 1631 of 2011, A. P. O. T. No. 245 of 2011, C. S. No. 250 of 2010, Tea Board, India VS Itc Limited on 20 April, 2011. http://www.indiankanoon.org/doc/967641/. 2013年1月21日访问。

[2] The Trade Marks Act, 1999, sec. 29.

授予他人的商品或服务使用该商标的专属权，因此不能支持上诉人有关被上诉人侵权的主张。其次，上诉人既不从事茶业贸易，也不从事酒店经营，系取得证明商标的法人，其仅对大吉岭地区茶叶进行认证。上诉人认为被上诉人使用"大吉岭酒廊"名称也需要认证的主张不成立，上诉人未对被上诉人的假冒行为举证。再次，《商品地理标志（注册和保护）法》赋予商品"茶"的注册权利，而不是"大吉岭"这个地理名称的注册权利。证明商标保护的是已注册的任何商品或服务，但上诉人没有就酒店经营注册"大吉岭"证明商标，同时《商品地理标志（注册和保护）法》的保护对象也如前所述。上诉人没有证据证明被上诉人违反《商标法》第75条[1]和《商品地理标志（注册和保护）法》第23条[2]的规定，侵犯其注册证明商标。因此驳回上诉人的诉讼请求，维持原判决。

本案与原审案件争议的焦点问题都在于原告印度茶业协会是否享有对"大吉岭"证明商标及地理标志的专属权利。地理标志是集体权利，不为某一特定的个人或单位所有，"在某一地域以内的任何单位和个人都可以享有某种地理标志权，这就给权利的保护带来了不便和困难"。[3] 原审法庭与二审法庭均认为茶业协会注册的"大吉岭茶"证明商标和地理标志仅限于"茶"这类商品，并未就其他服务进行注册。因此注册权利的重点在于"茶"，而不是"大吉岭"这个名称。也就是说茶业协会证明商标与地理标志注册权利仅限于大吉岭地区的具有特别品质的茶。茶业协会的授权也仅限于认证产自大吉岭地区的茶，无权限制他人将"大吉岭"这个名称用于酒店服务行业等，他人使用"大吉岭"名称于服务行业的行为不构成对原告权利的侵犯。

---

[1] The Trade Marks Act, 1999, sec. 75.
[2] The Geographical Indications of Goods (Registration and Protection) Act, 1999, sec. 23.
[3] 吴汉东：《知识产权基本问题研究（分论）（第二版）》，北京：中国人民大学出版社，2009年，第618页。

（二）苏格兰威士忌

1. 苏格兰威士忌在印度地理标志保护概况

苏格兰威士忌最早的蒸馏记录可追溯到 1494 年英国财政部的税务记录：生产了 1500 瓶"生命之水"。最初生产的威士忌主要取其药用价值：保持健康，延长寿命，缓解疼痛、麻痹乃至天花，后来才被用作饮用酒（麦芽威士忌）。1831 年科菲（Coffey）发明了谷物威士忌，为威士忌开辟了更广阔的市场。19 世纪 80 年代由于根瘤蚜（葡萄虫）席卷了法国的葡萄园，以至于白兰地和葡萄酒在几年内几乎消失。威士忌抓住时机，成为取代白兰地的首选烈酒。目前威士忌远销 200 多个国家和地区，每年出口额高达 40 亿英镑[①]。2009 年 1 月 5 日，苏格兰向印度地理标志注册局申请"苏格兰威士忌"（Scotch Whisky）地理标志。2009 年 6 月 3 日，印度地理标志注册局授予苏格兰威士忌注册地理标志。"这是防止在印度市场销售假冒伪劣产品，加强产品真实性的有效法律保护。"[②] 在 1999 年印度制定《商品地理标志（注册和保护）法》之前，就不断出现有人非法利用苏格兰威士忌地理标志的情况。

1979 年 Mohan Meakin 啤酒有限公司诉苏格兰威士忌协会[③]案中，上诉人 Mohan Meakin 啤酒有限公司在其生产的印度威士忌上使用"Highland Chief"字样和绅士图案商标，并在该商标标签底部用非常小的字体标注"Produce of India"（印度生产），在装瓶的地方用小型字体表明"Dyer Meakin Breweries Ltd."。法院认为上

---

① 参考 History of Scotch Whisky, Understanding Scotch, Scotch Whisky association. http://www.scotch-whisky.org.uk/understanding-scotch/history-of-scotch-whisky/. 2013 年 1 月 23 日访问。

② THE ECONOMIC TIMES, GI status gives Scotch Whisky new high in India http://articles.economictimes.indiatimes.com/2011-07-03/news/29733152_1_gi-status-scotch-whisky-scotch-whisky-association. 2013 年 1 月 23 日访问。

③ 17 (1980) DLT466, Mohan Meakin Breweries Ltd. vs The Scotch Whisky Association on 23 July, 1979. http://www.indiankanoon.org/doc/1408319/. 2012 年 7 月 24 日访问。

诉人的行为实质上是使用与苏格兰威士忌商品近似的包装、装潢以混淆消费者的不正当竞争行为，因此驳回了上诉人 Mohan Meakin 啤酒有限公司的请求，判决其不得使用该引人误解的商标。1991年苏格兰威士忌协会诉 Pavara Sahakar Shakar Karkhana[①] 案中，被告 Pavara Sahakar Shakar Karkhana 作为印度威士忌的制造商、酿酒商和经销商，销售带有苏格兰鼓手穿着苏格兰短裙图案及"Drum Beater"字样的"Blended with Scotch"商品，但该商品实质为印度威士忌，被告的行为故意冒充苏格兰"Blended with Scotch"威士忌，误导消费者，企图利用苏格兰威士忌的声誉获取商业利益。苏格兰威士忌协会遂向孟买高等法院提起诉讼，并得到法院支持，成功阻止被告销售假冒"Blended with Scotch"的印度威士忌。

2. 苏格兰威士忌协会诉 Golden Bottling 公司案

原告苏格兰威士忌协会知道被告 Golden Bottling 公司制造和销售"Red Scot"威士忌酒后，认为"Red Scot"威士忌能给人以苏格兰威士忌的印象，误导消费者，因此于 2000 年 9 月 30 日向被告发出了法律通知，建议其不要再将"Scot"字样用于其制造、销售威士忌上，被告收到通知后未作回应。于是原告在 2001 年 5 月 26 日再次发函被告，要求其不要用"Red Scot"威士忌假冒苏格兰威士忌，被告仍未作出回应。后来原告得知市场上没有再销售"Red Scot"威士忌，以为被告认识到将"Scot"字样用于其销售的威士忌上是不可取的。但是 2003 年 6 月，原告再次得知被告在市场上销售"Red Scot"威士忌，遂向法院提起了诉讼。2004 年 4 月 22 日法院发出传票，限制被告将"Scot"文字用于其生产的威士忌，但被告未出席诉讼。2004 年 12 月 10 日，该案成为单方诉

[①] AIR 1992 Bom 294. The Scotch Whisky Association … vs Pravara Sahakar Shakar Karkhana … on 18 July, 1991. http://www.indiankanoon.org/doc/287529/. 2012 年 7 月 24 日访问。

讼。2005 年 8 月 18 日原告向法院提交相关证据，并请求授予永久禁止令，以阻止被告以任何方式将"Red Scot"的名称或其他包含"Scot"文字或任何与之相似的文字用于其制造、销售的威士忌，以假冒苏格兰威士忌。最后，法院判决被告支付原告损害赔偿金 500,000 万卢比。[1]

原告主张"Scot"或"Scotch"系 TRIPS 协议第 22 条第 1 款[2]定义下的地理标志，专门用来识别产自苏格兰的威士忌。被告通过使用"Scot"字样来假冒苏格兰威士忌，让粗心的消费者以为这就是来自苏格兰的苏格兰威士忌。法院认为被告应该为其用"Red Scotch"威士忌假冒苏格兰威士忌的行为承担责任，通过禁止令阻止被告使用"Scot"字样，或使用任何与之相似的文字在其制造、销售的威士忌上，禁止被告以"Red Scotch"假冒产自苏格兰的威士忌。由于被告未出席，因此法院认为被告对不在其威士忌上使用"Scot"字样无异议。法院进一步认为，因被告在其制造的并非苏格兰威士忌的威士忌上使用"Scot"字样，致使苏格兰威士忌的声誉遭受不可挽回的损害，为了重申防止各方侵犯知识产权的必要性，根据《商品地理标志（注册和保护）法》第 67 条[3]，判决被告向原告支付 500,000 卢比的损害赔偿金。

本案是依据 TRIPS 协议及印度《商品地理标志（注册和保护）法》，通过永久禁止令形式成功阻止假冒地理标志商品的典型案件。"知识产权协议不仅不允许使用与商品的真正来源地不同的地理标

---

[1] 2006（32）PTC 656（Del），The Scotch Whisky Association，… Vs Golden Bottling Limited on 20 April, 2006, http://www.indiankanoon.org/doc/1122965/. 2013 年 1 月 23 日访问。

[2] Agreement on Trade-Related Aspects of Intellectual Property Rights（TRIPS Agreemet）(1994), a22.

[3] The Geographical Indications of Goods（Registration and Protection）Act, 1999, s67.

志来标示该商品，也不允许使用同样会使人误解的其他一些表达方式。"① 被告在其制造、销售的威士忌上使用"Scot"字样，极易使消费者误解该威士忌是产自苏格兰的威士忌，该行为构成了对苏格兰威士忌的假冒，侵犯了苏格兰威士忌注册地理标志权利。永久禁止令是对注册地理标志遭到侵犯的救济方式之一。由于本案中被告长期假冒苏格兰威士忌，给原告造成了不可挽回的损失，唯有通过永久禁止令的形式，才能杜绝被告假冒苏格兰威士忌的违法行为。

第五节　印度地理标志保护法律制度对我国的启示

一、我国地理标志保护法律制度历史和现状

（一）我国地理标志保护法律制度历史

我国地理标志保护法律制度历史分为三个阶段②：第一阶段从 1985 年 3 月 19 日加入《巴黎公约》至 1995 年 2 月，即《集体商标、证明商标注册和管理办法》实施之前，主要根据《巴黎公约》对原产地名称予以保护。第二阶段从 1995 年 3 月 1 日《集体商标、证明商标注册和管理办法》实施起至 2001 年 11 月，即第二次修正的《商标法》实施之前，主要依据行政法规、规章对原产地名称予以保护。第三阶段从 2001 年 12 月 1 日起至今，主要根据法律、行政法规以及规章对地理标志予以保护。2001 年 11 月 10 日我国加

---

① 郑成思：《WTO 知识产权协议逐条讲解》，北京：中国方正出版社，2000 年，第 93 页。

② 安青虎：《中国保护地理标志的法律制度及有关情况——国家工商行政管理总局商标局局长安青虎在世界地理标志大会上的演讲词》。http://www.saic.gov.cn/ywdt/gsyw/sjgz/200710/t20071017_40603.html. 2013 年 1 月 27 日访问。

入世界贸易组织，为了履行"入世"承诺，我国于2001年10月27日，第二次修改了《商标法》，该《商标法》于2001年12月1日起实施。其中第16条①对地理标志予以了专门规定。2012年10月31日国务院通过了《商标法修正案（草案）》。

此外，我国于1993年9月2日通过、1993年12月1日起实施的《反不正当竞争法》第5条②；2000年7月8日通过、2000年9月1日起实施的《产品质量法》第五条③；1993年10月31日通过、2009年8月27日修改并实施的《消费者权益保护法》第8条、第50条④等都对商品产地作了相关规定。1993年7月2日通过、2002年12月28日修订、2003年3月1日起实施的《农业法》第23条⑤对农产品地理标志予以了规定。

（二）我国地理标志保护法律制度现状

1995年3月至2011年12月31日，我国已注册和初步审定的

---

① 该条规定为："地理标志，是指商品来源于某地区，该商品的特定质量、信誉或者其他特征，主要由该地区的自然因素或者人文因素所决定的标志。"

② 该条规定为："经营者不得采用下列不正当手段从事市场交易，损害竞争对手：……（四）在商品上伪造或者冒用认证标志、名优标志等质量标志，伪造产地，对商品质量作引人误解的虚假表示。"

③ 该条规定为："禁止伪造或者冒用认证标志等质量标志；禁止伪造产品的产地，伪造或者冒用他人厂名、厂址；禁止在生产、销售的产品中掺杂、掺假，以假充真，以次充好。"

④ 该条8条第2款规定为："消费者有权根据商品或者服务的不同情况，要求经营者提供商品的价格、产地、生产者、用途、性能、规格、登记、主要成分、生产日期、有效期限、检验合格证明、使用方法说明、售后服务，或者服务的内容、规格、费用等情况。"第五十条："经营者有下列情势之一，《中华人民共和国产品质量法》和其他有关法律、法规对处罚机关和处罚方式有规定的，依照法律、法规的规定执行；法律法规未作规定的，由工商行政管理部门责令改止……（四）伪造商品的产地，伪造或者冒用他人的厂名、厂址，伪造或者冒用认证标志、名优标志等质量标志的。"

⑤ 该条第23条第2款规定为："符合国家标准的优质产品可以依照法律或者行政法规的规定申请使用有关的标志。符合规定产地及生产规范要求的农产品可以依照法律或者行政法规规定规定申请使用农产品地理标志。"

地理标志商标共计1381[①]件。其中我国国内注册人的地理标志商标1343件（涉及32个省、自治区和直辖市），约占总数的97.25%；国外注册人的地理标志商标38件（涉及8个国家，其中德国2件，美国11件，墨西哥2件，泰国5件，牙买加2件，意大利12件，英国3件，韩国1件）。我国已注册和初步审定的地理标志商标主要涉及的商品包括米、茶、梨、核桃、葡萄、柚子、橙、枣、板栗、辣椒、大蒜、醋、猪、鸡、鱼、虾、蟹等农副产品，约占96.87%；瓷器、玉雕、石雕、木雕、竹刻、笔、砚、编织物等手工艺品和烟花、爆竹等制成品约占3.13%，其中瓷器居多，约占手工艺品和制成品的38.10%，约占我国已注册和初步审定的地理标志商标的1.19%。外国已注册和初步审定的地理标志商标主要涉及的商品是葡萄酒、丝绸、咖啡、奶酪、刀、柑橘、火腿、龙舌兰酒、威士忌酒、米、牛奶、梨、马铃薯罐头等。

我国国内已注册和初步审定的地理标志商标所涉省（自治区、直辖市）的分布情况为：北京8件，天津9件，河北26件，山西19件，内蒙古16件，辽宁47件，吉林26件，黑龙江14件，上海11件，江苏53件，浙江144件，安徽34件，福建131件，江西35件，山东176件，河南25件，湖南52件，湖北57件，广东27件，广西26件，海南8件，重庆85件，四川87件，贵州31件，云南46件，陕西31件，甘肃39件，青海21件，宁夏11件，新疆43件，西藏4件，台湾1件。我国幅员辽阔，地大物博，其中山东省、浙江省、福建省所注册与初步审定的地理标志商标数量名列三甲，香港、澳门特别行政区暂未在国家市场监督管理总局商标局注册地理标志商标。

[①] 数据来源：国家市场监督管理总局商标局《中国已注册和初步审定地理标志商标名录（一）（截至2011.12.31）》《中国已注册和初步审定地理标志商标名录（二）（截至2011.12.31）》《中国已注册和初步审定地理标志商标名录（三）（截至2011.12.31）》《中国已注册和初步审定地理标志商标名录（四）（截至2011.12.31）》《中国已注册和初步审定地理标志商标名录（五）（截至2011.12.31）》。

第一章 印度地理标志保护法律制度研究

图 1-5 我国地理标志专用标志图①

我国已注册和初步审定的相关地理标志商标所涉及的商品主要是农副产品，不涉及葡萄酒，所涉及烈酒非常少，分别是舟山杨梅烧酒、高庙白酒、江津白酒、孝感米酒、绍兴老酒、嘉善老酒、嘉善黄酒各 1 件，绍兴黄酒 2 件，合计 9 件，占国内已注册和初步审定的地理标志商标数量的 0.67%。我国有着悠久的酿酒历史和精湛的酿酒方法，白酒是中国文化的一部分，尽管我国的白酒行业已相当发达，知名企业均注册了商标，但是已注册和初步审定的地理标志商标却较少。我国的葡萄酒、烈酒等商品的地理标志保护还亟须加强。对已注册的地理标志"中国都给予 TRTIPS 协定第 23 条水平的保护"。②

二、我国地理标志保护法律制度存在的问题

我国幅员辽阔、地大物博，农副产品和手工艺品产量丰富，品质较高，享誉中外。随着我国近年来经济的高速发展，以及加入世界贸易组织后知识产权法律制度的不断完善，地理标志保护从无到有，取得了一定成绩。但是地理标志的保护和管理还存在许多问题，保护和管理工作任重而道远。

---

① 国家工商行政管理总局地理标志产品专用标志. http://sbj.saic.gov.cn/dlbz/zsjt/201203/t20120313_124859.html. 2013 年 1 月 27 日访问。http://sbj.saic.gov.cn/dlbz/zsjt/201203/P020120313591844793612.jpg. 2013 年 1 月 27 日访问。

② 安青虎：《中国保护地理标志的法律制度及有关情况——国家工商行政管理总局商标局局长安青虎在世界地理标志大会上的演讲词》. http://www.saic.gov.cn/ywdt/gsyw/sjgz/200710/t20071017_40603.html. 2013 年 1 月 27 日访问。

43

(一) 商标法保护立法模式缺陷

我国目前的地理标志保护法律制度采用的是混合立法保护模式，即商标法保护立法模式与地理标志产品专用标志保护模式并行。商标法保护模式通过《商标法》规定地理标志可以作为证明商标或集体商标予以保护。地理标志产品专用标志保护模式通过《地理标志产品保护规定》规范地理标志产品名称和专用标志。两种模式无隶属关系，在这两种模式下注册的地理标志均合法有效。但是混合立法保护模式可能导致地理标志产品相关权利与商标专用权之间的冲突。

2019年4月23日修改，并于2019年11月1日起实施的《商标法》第16条第2款[①]专门对地理标志做了定义。2002年8月11日颁布，并于2014年5月1日起实施的《商标法实施条例》第4条[②]规定权利人可以通过注册证明商标或者注册集体商标的方式来保护地理标志。用商标法模式保护地理标志的优势在于，国家可以将地理标志纳入商标法保护范畴，商标法是已经制定并予以实施的，无须另外制定专门法律。此外，根据商标法的规定，已存在商标管理专门行政部门，将地理标志商标的管理纳入其中，无须再另外设定专门行政机构，可以节约立法、行政管理的成本和资源。再者，商标侵权的执法部门也是业已存在的，将地理标志纳入商标法保护模式体系中，无须再另外设定专门的执法行政机构，可以节省执法的行政成本。

但是我国对地理标志的商标法保护模式也存在下列一些缺陷：首先，2001年10月27日修改、并于2001年12月1日起实施的

[①] 第16条第2款规定："前款所称地理标志，是指标示其商品来源于某地区，该商品的特定质量、信誉或者其他特征，主要由该地区的自然因素或者人文因素所决定的标志。"

[②] 该条规定："商标法第十六条规定的地理标志，可以依照商标法和本条例的规定，作为证明商标或者集体商标申请注册。"

《商标法》第 10 条①不禁止县级以下地名作为商标。若某甲（自然人）以 A 镇地名"A"（县级以下地名）注册涉及茶叶的商标"A 茶"，而 A 镇出产的茶叶质量上佳，声誉远扬中外，其品质、声誉等特性主要由 A 镇的海拔、土壤、气候、水源、地形等自然因素以及先进的种植技术、采摘方法等人文因素所决定。甲因为注册商标获得"A 茶"排他性的专有权利，"A 茶"商标成为甲个人所有的专属商标，而非 A 镇其他种植户种植出由 A 镇自然因素、人文因素条件所决定的高品质茶叶均可申请使用的证明茶叶品质及地理来源的地理标志商标。这样县级以下地名作为商标后，有可能导致商标注册人垄断该地名。若某甲又与 B 镇乙公司签订商标使用许可合同，许可乙公司在 B 镇种植、加工的茶叶上使用"A 茶"商标。尽管乙公司在使用"A 茶"商标的商品说明上标明了产地系 B 镇，但是许多消费者在仔细阅读商品说明前，往往容易被"A 茶"商标所吸引，误以为该商品系来自 A 镇的茶叶而购买乙公司生产的茶叶。这样使用县级以下地名注册商标的商品有可能会导致消费者对该商品的真正的地理来源产生错误认识。

其次，该《商标法》第 10 条还规定县级以上行政区划的地名或者公众知晓的外国地名，具有其他含义或者作为集体商标、证明商标组成部分的，可以作为商标。若某丙（自然人）因 C 县地名具有其他含义而注册商标"C 大米"，而 C 县出产的大米质量上佳，闻名遐迩，其品质、声誉等特性主要由 C 县的土壤、气候、水源等自然因素所决定。后某丙与 D 县某丁签订商标使用许可合同，许可某丁在 D 县生产的大米上使用"C 大米"注册商标。尽管某丁在使用"C 大米"商标的商品说明上标明了产地系 D 县，但是许多消费者在仔细阅读商品说明前，往往容易被"C 大米"商标所

---

① 第 10 条第 2 款规定："县级以上行政区划的地名或者公众知晓的外国地名，不得作为商标。但是，地名具有其他含义或者作为集体商标、证明商标组成部分的除外；已经注册的使用地名的商标继续有效。"

吸引，误以为该商品系来自 C 县的大米而购买某丁的大米。在这种情况下许可他人使用注册商标，只需监督被许可人使用该注册商标的商品的质量，商品的地理来源则不在监督之列。这样便会阻隔商品质量、声誉及其他特征与地理来源的人文因素或自然因素之间的联系，导致消费者对该商品真正的地理来源形成错误认识，阻碍地理标志的发展。

最后，该《商标法》第 10 条规定已注册的地名商标继续有效。若 E 地区戊公司注册"E 木耳"商标，后来"E 木耳"获得国家质量监督检验检疫总局的原产地域产品保护。该地区己公司向国家质量监督检验检疫总局注册"E 木耳"原产地域产品专用标志。一时之间市场上出现了使用"E 木耳"注册商标的戊公司的木耳商品与使用"E 木耳"原产地域产品专用标志的己公司生产的木耳产品。但是根据该《商标法》的规定，戊公司已注册的地名商标"E 木耳"继续有效。"E 木耳"既是地理标志，也是注册商标，均符合我国相关法律，但是两者的同时存在必然会造成权利冲突，令消费者费解。浙江金华火腿案就是最好的证明。[①] "商标法的目标之一是防止造成商品来源的讹误、混淆和欺骗。"[②] 但商标法与地理标志产品专用的标志混合立法保护模式的缺陷恰恰阻碍了这一目标的实现。

（二）管理部门二元性的缺陷

我国对于地理标志的管理存在"管理部门的二元性"问题。"国家工商行政管理总局商标局依据《商标法》和《集体商标、证明商标和注册管理办法》通过登记注册地理标志商标的方式保护和管理地理标志，国家质量监督检验检疫总局通过《地理标志产品保

---

① 浙江省食品有限公司与上海市泰康食品有限公司、浙江永康四路火腿一厂商标侵权纠纷案，（2003）沪二中民五初字第 239 号。

② [美] Arthur R. Miller, Michael H. Davis 著，宋建华、郑小敏注，唐树梅校：《知识产权法——专利、商标和版权（第二版）》，北京：中国人民大学出版社，2004 年，第 151 页。

护规定》和《地理标志产品标准通用要求》，通过强制执行国家标准和注册地理标志产品专用标志的方式保护和管理地理标志。"①商标注册人的注册商标专用权与地理标志产品同样受到法律保护，这样的二元管理"可能出现同一产品、同一地理标志但权利人却不一致的现象，从而形成权利人之间的利益和权利冲突"②。但是《地理标志产品保护规定》未对含有地理标志的注册商标与地理标志产生的权利冲突作任何规定。

此外，《商标法》规定了商标权利的行政保护和司法保护。规定了对侵犯商标权利行为的行政处罚和刑事处罚，并规定了民事损害赔偿、责令停止有关行为、财产保全、证据保全等民事救济方式。其中，商标局对注册商标的撤销、异议等事项具有管辖权。而《地理标志产品保护规定》只规定了质量技术监督部门和出入境检验检疫部门对侵犯地理标志行为的查处权，未规定地理标志的撤销，也未规定当事人对异议裁定不服情况如何进行法律救济，"这与WTO规定的司法最终救济原则相悖"③。这必然导致权利被侵害后，权利人缺乏合法、合理的救济途径。综上，三部门均对侵犯地理标志的行为有行政管理权，这样极易导致管理部门间的权限冲突。

管理部门存在的问题导致我国地理标志保护在保护模式及管理过程中均存在缺陷，暴露出了一系列有关地理标志保护缺陷。而且生产者、销售者、消费者地理标志保护意识薄弱，假冒地理标志产品的行为猖獗，地理标志的管理又较为混乱。许多地理标志最初被恶意滥用在非地理标志来源地域的商品之上形成不正当竞争等。由

---

① 蒋和平：《原产地域产品保护制度的研究》，http://www.iae.org.cn/html/files/2012 3/30/20120330152800765269000.doc. 2013年1月27日访问。
② 何晓平：《论我国地理标志专门法保护制度》，《法学杂志》，2007年第6期，第18页。
③ 吕国强、吴登楼：《我国地理标志法律制度的完善》，《法学》，2006年第1期，第160页。

于侵犯地理标志的行为长期未得到解决,最终导致一些地理标志演变为商品通用名称,这与驰名商标淡化的情形相类似。

三、印度地理标志保护法律制度对我国的启示

印度非常重视地理标志的保护,与之相比,我国对地理标志的保护无论从意识、制度、管理还是法律救济层面均处于较为落后的状态。印度与我国同是发展中国家,但是印度对地理标志保护在国际知识产权竞争中处于领先地位,印度地理标志保护法律制度对我国地理标志保护法律制度的完善具有借鉴意义。

(一)地理标志保护立法模式选择

地理标志保护模式究竟如何选择,这主要由一个国家的国情决定。我国幅员辽阔,地大物博,自然资源丰富;受到封建社会重农抑商的影响,尽管新中国成立以来大力发展工业,经济形势有了突飞猛进的改变,努力将自己转变为工业强国,但目前我国仍然是农业大国。因此我国农副产品及具有地方民族特色的手工艺品产量丰富,这些地理标志资源是我国在国际市场中具有竞争优势的产业。"地理标志是我国的强项,对其进行专门法制度的保护"[1] 符合我国的国情。

目前,我国证明商标或集体商标权利人以外的人可以向国家质量监督检验检疫总局申请使用地理标志产品专用标志,也可以向工商局申请注册县级以下地名商标。这样证明商标或集体商标与地理标志共存,导致地理标志管理混乱,地理标志权利与商标专用权冲突。与之相比,印度的专门法保护模式对地理标志的保护力度要强许多,印度的地理标志专门法保护模式非常具有借鉴价值。印度《商品地理标志(注册和保护)法》第25条禁止将地理标志作为商

---

[1] 何晓平:《论我国地理标志专门法保护制度》,《法学杂志》,2007年第6期,第15页。

标注册。① 专门法保护模式与其他保护模式相比，能为地理标志提供更高水平、更高强度的保护。我国的地理标志保护法律制度的完善与模式选择不能简单移植发达国家的相关制度与保护模式，也不能只考虑节省立法成本、节约行政资源等因素，必须与我国的具体情况相结合，探索出一种最适合我国国情，能将利益最大化的地理标志保护模式。

（二）建立保护和管理地理标志的专门机构

地理标志权、商标权、版权、专利权均属于知识产权，它们之间无隶属关系。我国目前形成国家工商行政管理部门、质量监督部门都在管理地理标志的现象，且彼此间无隶属关系，容易造成商标权利与地理标志权利的冲突，导致相关知识产权权属混乱。此外，部门间的保护内容存在交叉，不仅不能节约地理标志保护和管理的行政成本，反而造成地理标志保护不规范、不统一的混乱局面。若我国地理标志不能得到有效的高强度保护，长此以往，地理标志权利与商标权利之间的冲突，管理部门二元性之间的冲突都会对正常的市场经济秩序造成不利影响，削弱我国地理标志在国际市场的竞争力。

印度为更好地保护知识产权，政府专门在工业政策与促进部下设立了专利、设计、商标及地理标志管理总局，并下设专利局（包含设计局）、商标注册局、地理标志注册局、专利信息服务中心和国家知识产权管理学院。地理标志注册局是保护和管理地理标志的专门机构。印度地理标志注册局负责审查地理标志注册的行政程序，包括审查注册申请、处理异议申请、撤销地理标志、注销地理标志等。印度的地理标志统一由地理标志注册局专门管理，这样避免了多个部门多管齐下导致的权力冲突与部门利益冲突。我国可以借鉴印度地理标志保护和管理的机构设置，建立一个保护和管理地理标志的专门机构，结束当前管理机构二元性缺陷造成的混乱局

---

① The Geographical Indications of Goods (Registration and Protection) Act, 1999, sec. 25.

面。当前，有三种设置方式可供考虑：一是在工商行政监督管理总局之下设立与商标局同级的地理标志局，二是在质量监督检验检疫总局之下设立地理标志局，三是在知识产权局之下设立地理标志局。

此外我国还需完善与地理标志相关的申请程序、注册程序、异议程序、撤销制度、行政保护与司法保护等。借鉴印度地理标志推广方式，地理标志保护和管理部门可与各地各级政府、商会及高等院校合作，举办研讨会，增强国民地理标志意识。大力宣传地理标志常识，提高国民对地理标志保护的经济价值的认识，挖掘更多潜在的地理标志，将地理标志商品做好做强，满足我国地理标志商品对外贸易的需要，提高我国地理标志商品在国际市场的竞争力。

本章小结

印度是一个人口众多的发展中农业国家，许多农产品及手工艺品是由于印度独特的气候、土壤、水源等自然因素及国家历史、民族习俗、传统文化等人文因素，才拥有独一无二的品质、声誉等特性。地理标志保护的对象主要涉及农产品及手工艺品。印度非常重视地理标志的保护，其起步早、保护水平高。近年来印度对地理标志的保护举措"促进了特定地理区域产品的出口和经济繁荣"[1]。

我国地理标志的保护无论从意识、制度、管理还是法律救济层面还处于落后状态。我国地大物博，有着丰富的地理标志资源，地理标志就是我国在国际知识产权竞争中的优势。但这些资源没有得到足够的重视和合理的利用。印度对地理标志保护法律制度在国际知识产权竞争中处于领先地位，保护水平高于许多发展中国家。因此对我国地理标志保护的完善具有借鉴意义。完善我国对地理标志的保护有利于提升我国的知识产权国际竞争力，有利于更好解决我国的"三农"问题，有利于促进我国知识产权经济的发展，有利于增强我国的综合国力。

---

[1] 王笑冰：《印度对地理标志的保护》，《中华商标》，2004 年第 4 期，第 43 页。

第二章 印度传统知识的法律保护研究

传统知识是在漫长的历史发展过程中，人类不断积累、不断创新、不断发展的智力成果，是人类文明的瑰宝，对于人类社会的继续前行和发展有着重要的作用。同为人类智力成果，与现代知识相比，传统知识有着自己的特点，它是人们利用自然和改造自然的经验和方法的积累，是由传统族群的人们世世代代口口相传而延续和发展至今，是传统族群的集体智慧结晶，为一定共享传统知识的族群所熟知。正是因为传统知识的这些特点，长期以来，传统知识被认为是一种可以自由获取和利用的公共领域的知识。但是，随着社会经济的飞速发展以及科学技术的不断进步，传统知识的内在潜力逐渐被挖掘出来，其商业价值越来越突出，传统知识的商业化利用也随之不断扩大。发达国家利用其先进的技术将传统知识稍行加工即成为商品，获取高额的利润，而作为传统知识拥有者的发展中国家却很难因此而获得利益，这样不平等的利益分配，以及传统知识的开发利用引发的生物多样性和文化多样性不断消失的问题，让传统知识保护问题为世界各国所广泛关注。

目前，国际社会对传统知识保护问题的规定散见在一些国际条约和宣言之中，主要包括：1989年《国际劳工组织关于独立国家土著和部落民族的第169号公约》、1992年《生物多样性公约》、2001年《粮食和农业植物遗传资源国际条约》、2002年《关于获取遗传资源并公正和公平分享通过其利用所产生惠益的波恩准则》、2002年《观点相同的生物多样性特别丰富国家关于遗传资源获取、传统知识和知识产权的库斯宣言》、2003年《保护非物质文化遗产公约》、2006年《联合国土著民族权力宣言》。① 以上国际条约和宣言并未在传统知识保护的问题上达成一致意见，国际社会也没有专门的国际条约对传统知识进行保护。因此，各国对知识产权的保护存在着不同意见，以美国为首的发达国家希望通过签订多边或诸边国际条约解决传统知识保护问题，而多数的发展中国家则主张建立国际统一的传统知识保护制度，希望在 TRIPS 协定下对传统知识进行保护。但从目前 WTO 的工作来看，传统知识保护尚未成为一项专门议题被纳入谈判日程中。相较于 WTO，世界知识产权组织（WIPO）则早在1998年就开始着手研究传统知识的国际保护机制，并于2000年成立专门的"知识产权与传统知识、遗传资源、民间文艺政府间委员会"（WIPO-IGC），并积极召开会议讨论传统知识保护的相关问题，但至今尚停留于讨论交流阶段，尚未形成实质性的约束文件。

由于统一的传统知识国际保护机制的建立尚未有实质性的进展，许多拥有丰富的传统知识的发展中国家只能另谋出路，一些发展中国家率先在国内制定和出台了综合性或专门性的传统知识保护法律，或者缔结了一些区域性的立法或自愿性指南。在此过程中，一些发展中国家在与发达国家合作开发传统知识的实践中也形成了很多较好的利益分享模式，如埃及、菲律宾、印度、秘鲁等国。

我国是世界四大文明古国之一，拥有五千年的光辉历史，在这漫长的历史岁月里，中华儿女利用自己的智慧创造了灿烂的文明，这些文明中就包含了大量的传统知识，比如中医药等，这些传统知识蕴含着非凡的文化和经济价值，是中华民族全面发展的"源泉"所在。但是，令人遗憾的是，我国却没有对传统知识进行比较有效的保护措施。相比之下，我们的邻国印度，在这方面有着一定的建树，对我国颇具借鉴意义。首先，在众多的发展中国家中，印度的

---

① 丁丽瑛：《传统知识保护的权利设计与制度构建——以知识产权为中心》，北京：法律出版社，2009年，第3页。

传统知识保护制度较为完善且保护效果较好；其次，同样是发展中国家、世界文明古国和拥有大量传统知识的国家，印度有着与我国相似的基本国情，基于此，印度是我国在传统知识保护方面最好的借鉴对象。

第一节 传统知识概述

一、传统知识的概念及特征

"传统知识"由英文"traditional knowledge"翻译而来，近年来频繁在国际国内诸多场合被提及，而传统知识的保护也成为近来学者研究的热点问题。那么何谓传统知识呢？从语言学角度，我们可以将"传统知识"分为"传统"和"知识"两个组成部分。其中"传统"是与"现代"相对的，指的是那些从过去延续传承至今的东西，是包含了文化、思想、道德、制度等社会因素特点的人类社会过去所创造的一切，是人类智慧的产物。它包括历史上遗留下来的"各种建筑、纪念碑、景观、雕塑、绘画、书籍、工具、风俗、信仰等"以及"保存在人类的记忆和语言之中的各种象征符号和体系等"[1]也在此列。而"知识"就是指人类在漫长的历史时期内，在利用自然和改造自然的过程中，所获取和积累下来的所有认知和经验的总和。由此可以得出基本结论：传统知识就是人类从过去传承至今的，在长期的利用和改造自然的过程中所获取和积累的，具有某种社会因素特点的，经过人类主观意识加工的认知和经验的总和。

（一）传统知识的概念

虽然从语义上理解，我们可以得出传统知识的基本含义，但是

---

[1] 周方：《传统知识法律保护研究》，北京：知识产权出版社，2010年，第22页。

若要对传统知识进行法律或是制度保护，则必须对其内涵和外延都加以明确界定。尽管目前一些国际组织和国家的立法都试图对传统知识进行定义，但纵观国际社会，无论是学术研究还是立法文本，都未能给传统知识作出全面准确的界定。

1992年6月5日在里约热内卢召开的联合国环境和发展大会上签署的国际条约《生物多样性公约》（CBD）首次提出了传统知识的概念。该公约第8条第j款将传统知识表述为"土著和地方社区体现传统生活方式而与生物多样性的保护和持续相关的知识、创新和做法"。可见，受该公约保护的传统知识应该具备四个方面的要素：一是要关乎生物多样性保护及其持续利用；二是须为土著和地方社区所有；三是须体现传统生活方式，四是表现形式须是知识、创新和做法。此后，在CBD框架下，关于传统知识的概念的定义和解释不断地出现，在此过程中，传统知识的定义和解释也在相继得到完善。但是，由于CBD所要达到的目标是"保护生物多样性；促成对多样性生物资源的可持续利用；促使生物多样性资源的商业利用或其他方式利用所带来的利益得到公平合理的分配"（CBD第1条），据此，生物的多样性才是其直接保护的对象，其对传统知识的保护只是在保护生物多样性时附带的。所以CBD虽然首先提出了传统知识的概念，但却没有对其进行较为详细的解释和界定。

世界知识产权组织（WIPO）最初在定义传统知识的时候，采用了实质条件加列举的方式，认为"传统知识是基于传统而产生的文学、艺术和科学作品、表演、发明、科学发现、外观设计、商标、商号及标记、未公开的信息，以及其他一切来自产业、科学、文学或艺术领域内的智力活动、革新和创造"，其中"基于传统"是指"主要是代代相传的知识体系、创造、革新和文化表达；一般被视为与特定的族群或地域相关；以一种非系统的方式获得发展，并根据环境的变化而不断演进"。① 这样的定义方式是参照了WIPO对于知识产权对象范围的定义，但该定义又以"基于传统"，表现出了传统知识与一般知识的最实质性的区别。这种定义方式体现出了传统知识与一般知识产权的区别和联系，也体现出了WIPO对于传统知识的狭义理解的倾向。后来，WIPO在2000年成立的专门机构"知识产权与传统知识、遗传资源、民间文艺政府间委员会"以及2004年11月WIPO-IGC提交的《传统知识的政策保护目标及核心原则》中，都沿用了这种对传统知识的狭义理解方式。其中《传统知识的政策保护目标及核心原则》认为：传统知识指的是"传统背景下作为智力活动成果和见识的知识的内容或实质，包括作为传统知识系统组成部分的专有技术、技能、革新、实践和学问，并包括体现某社区或其居民传统生活方式的知识，或者包含在编辑成典、世代相传的知识系统中的知识"。但显然，WIPO的定义还是没有进一步明确传统知识的内涵和外延。

除此之外，一些国家国内立法上也试图对传统知识进行概念界定，但都未见全面清楚、科学准确的界定。目前，对于传统知识概念，国际社会尚没有一个准确且被广泛接受的定义，但WIPO采用的实质条件加列举的定义方式已被各界普遍使用。

综上所述，传统知识可被定义为：人类世代传承的，在长期的利用和改造社会的过程中提取和积累下来的，随着社会发展不断更新进步的，体现社会某特定区域或族群特性的，文学的、艺术的以及科技的知识、经验和技术的总和。

（二）传统知识的特征

作为人类利用自然和改造自然过程中所获取的知识，传统知识

---

① WIPO, Intellecyual Propety Needs and Expecyations of Traditional Knowledge Holders, WIPO Report on Fact—Finding Missions on Intellectual Property and Traditional Knowledge (1998 - 1999). http：//www. wipo. int/globalissues/tk/report/final/html. 2013年6月16日访问。

和现代知识一样，也是一种智力成果，拥有知识的共性，但较之现代知识，传统知识又有其自有的个性。这些自有的个性主要表现为：

1. "基于传统"的创新性

所谓"基于传统"的创新性指的是传统知识"基于传统"而生，但却又有异于传统，主要表现在传统知识的获得和利用的过程上。传统知识是在传统的底蕴和背景中产生、保存和传递的，经历了从创造者到现今的若干代人的传承和发展，其与产生和发展的传统社区有着突出的无法分割的联系，并且随着社区环境和文化的改变而不断调整。虽然传统知识是在漫长的历史时期内，人们在自己所处的自然和人文环境的基础上，根据自身的生存和发展的需要，在利用和改造自然的过程中，所获取和积累的有关自身生存的，或有关发现、利用和改造自然资源的，或有关适应环境的所有知识和经验的总和，但这并不是说传统知识就是古老的、落后的、一成不变，传统知识之所以能够传承至今就是因为其具有创新性，能够根据具体客观情况而改变，在原有知识的基础上不断修正和创新。

2. 主体的模糊性和社群性

在传统知识的形成与发展过程中，群体的智慧至关重要。从传统知识的产生来看，传统知识是在特定的地理环境和特定的人文环境之下产生的，一般仅凭个人的力量是不足以创造的，它集结了当地民族共同的智慧；从传统知识的传承来看，传统知识或许原本由个人创造，但是在漫长的历史发展过程之中，人们又对其进行了新的创造和发展，或者原本的起源和原创者慢慢被人们所淡忘，故而逐渐成为全民族的财富。因此，传统知识的主体不可能是确定的某个人或某几个人，其主体具有模糊性，是不能准确确定的，它是特定群体共同创造、共同掌握、共同拥有的，其具有社群性。"可以说，传统知识实际上就是产生于相关社群的生产生活实践，并随之不断发展更新的一种知识体系。"①

3. 特定的区域性

传统知识的产生与特定的族群密切相关，而族群特殊性的形成则与特定的区域紧密相关。特定的区域环境使得群体形成了特定的文化背景、宗教信仰、道德观念等，正是这些特定的自然环境和人文环境的综合作用，造就了具有区域或民族特色的传统文化，虽然一些外来因素也会或多或少地影响到当地文化，但是当地的文化精髓已经根植于其历史文化体系之中，不会轻易改变。因此，传统知识是某一特定区域的特定的综合环境的产物，若离开那个特定区域则难以维系。

4. 相对公开性

传统知识是特定民族以世代相传的形式共同开发、共同传承、共同创新的，其在本民族和地区范围内可以说是众所周知的，并未被当作一种知识秘密加以保护。当然，也有一些影响较为广泛的传统知识甚至已经为本民族或地区以外的其他人所广泛知悉和利用，但这样的公开性是具有一定范围的，并非世界范围内公开的，因此区别于那些放之世界皆一致的人人知晓、人人会用的基本生活常识。也就是说，传统知识的公开是一种相对范围内的公开。

5. 整体性

与现代知识相比，传统知识具有整体性的特点。首先，某一区域传统知识虽然涉及面广，表现形式丰富，但是其都是同根的，基于同一民族或同一地域而形成的传统知识必然是相互交融的，共同构成某一社群传统知识的整体，具有鲜明的特色。比如中国古代"太极"理论，就被广泛融于医学、艺术、哲学等各个领域。其次，就单个传统知识来说，也多是由多种知识组合而成的整体。比如，传统医药知识中不仅包含了诊断方法、治疗方法、药方等，还会反映出社群的哲学思想、风俗习惯等。

---

① 周方：《传统知识法律保护研究》，北京：知识产权出版社，2010年，第27页。

二、传统知识的存在方式

作为一种特殊的智力成果,传统知识存在的形式也具有相当的特殊性。

(一) 传统知识存在形式的非物质性

传统知识虽然有异于一般的知识产权,但是其本质上仍然是一种智力成果,其拥有一般知识产权的共性,即"无体性"或"非物质性"。虽然传统知识通常以一定的"物质性形式"存在被我们感知,但传统知识的保护对象仍然是"有形"表现背后的"无形"知识。就以技术性传统知识为例,它的存在通常以技术性产品为载体,但技术性产品却并不是传统知识保护的对象,而制作这种产品的技术性方案才是;民间文学艺术则以一定物质为载体表达出来,但这种表达本身也仍然是非物质性的;传统标记也是一样,虽然其表现于外的是一种有形的物理空间的占有,但是不管是平面标记还是立体标记,其标记的意义都在于一种识别性,而这种识别性即是一种无体的。

(二) 传统知识存在范围的广泛性

根据 WIPO 的观点,传统知识广泛存在,没有特定领域的限制,其可以是农业的、医学的、科学的、环境的知识,也可以是音乐的、舞蹈的、手工艺术的等民间文学艺术相关的表达,还可以是名称、外观设计、地理标记或者标志等文化财产。但是,那些并非产业、科学或文学艺术领域内的智力活动的范围之内的,诸如人类遗体、使用语言以及广义上的"遗产"等都不被认为是传统知识。

目前关于传统知识的范围,学界尚无一个定论,学者们对于传统知识范围的描述和解释也是五花八门,但是综合各方观点,可得出下列有关传统知识范围的结论:首先,传统知识并不仅仅包括特定专业领域之内的知识;其次,传统知识包括了人类认识自然和认识社会过程中的各种非物质性的智力成果,但诸如文物等以静态物品形式存在的文化遗产则不在传统知识保护范围之列；再次，是否属于传统知识的保护对象，应该在具体的实践中根据传统知识的法律特征来认定，而不是事先圈定范围。

三、传统知识的分类

传统知识是由多种表现形式不同的知识构成的复杂知识体系，根据其所包含的主要要素的不同，可被分为三类：一是艺术类传统知识，二是科技类传统知识，三是习惯类传统知识。

（一）艺术类传统知识

主要体现艺术性要素的传统知识可以被称为艺术类传统知识。但值得注意的是，这并不意味着其不包含技术性或习惯性要素，只是其中艺术性要素占了主要地位，而其他要素相应的处于次要地位而已。主要包括以下三类：一是民间文学类，这类传统知识表现为语言文字形类，包括各种各样的民间神话、寓言、传说、史诗等；二是艺体类，这类传统知识表现为人的声音、动作，包括曲艺、戏曲、杂技、体育、武术、音乐、舞蹈等；三是手工艺术类，这类传统知识主要表现为手工艺品，包括雕刻、雕塑、刺绣、编织等。

（二）科技类传统知识

主要体现科技要素的传统知识可以被称为科技类传统知识。当然，科技类传统知识并不是只包含了科技性的传统知识，其只是科技类的传统知识在各要素中占了主要地位。科技类传统知识主要表现为以下形式：一是科学，即某一国家、民族或地区的人们在长期的生产生活过程中逐渐提炼和积累下来的自然规律、社会规律和思想规律等的总称。比如中国汉族的节气，即是对季节和气候变化规律的总结，适应了农业生产的需要。二是技术，即某一国家、民族或地区的人们在长期的生产生活过程中总结和积累下来的利用和改造自然的经验和知识，包括传统医药、农林牧副渔等领域的技术等。比如中国的中医药即是长期以来，中国人在与疾病作斗争的过程中总结和积累下来的诊疗方法的总和。

（三）习惯类传统知识

主要体现传统风俗习惯要素的传统知识可以被称为习惯类传统知识。这类传统知识也不是只包含了传统风俗习惯一个要素，而是在众多的要素中传统风俗习惯占了主要的地位。习惯类传统知识主要表现为以下两种形式：一是宗教信仰，即指某一国家、民族或地区的人们所信仰的与宗教有关的时间、地点、人物、动物以及物品等，比如中国人信仰的佛教、道教等，那么与其有关的佛经、寺庙、道观等都包含在内。二是风俗习惯，即指某一国家、民族或地区的人们在长期生产和生活中所养成的生产和生活习惯、风俗等，比如传统节日的习俗、婚嫁的习俗、丧葬的习俗、饮食的习俗等。

第二节 传统知识保护目标、原则和模式

一、传统知识保护的理念

（一）传统知识保护的政策目标

传统知识国际保护的政策目标是传统知识国际立法的宗旨和任务，也是各国在进行国内立法保护传统知识过程中所要希望达到的目标。综合分析近年来 WIPO-ICG 的历次会议文件所列的目标以及各国传统知识保护的国内立法的目标，可以发现，国际社会对于传统知识的保护目标主要包括：

1. 承认传统知识的固有价值

承认传统知识的固有价值，是对传统知识进行保护的前提条件。传统知识作为一种人类智力成果，其在社会、文化、科技、经济、生态等诸多方面都有其固有的价值，其应该在受到尊重的基础上被保护，并得以传承、利用和发展。传统知识还是构成现代知识体系的重要组成部分，是现代知识取之不尽用之不竭的源泉。因此

承认传统知识的固有价值就是要承认传统知识拥有者的权利,保证传统知识的开发利用能够在法治的环境下、在公平合理的利益分配体系之中得以进行。

2. 遏制传统知识的不当利用

目前,传统知识保护所面临的最大的问题就是不当利用,虽然历史自然环境的改变、社会经济发展以及科学技术的进步给传统知识的传承和发展带来了较大威胁但最大的威胁还是来自对传统知识的不当利用。因此,对传统知识进行保护,遏制不当利用,促进传统知识的合理开发利用,成为传统知识保护的重要目标。

3. 承认和保护传统知识拥有者的权利

在经济全球化的环境下,人们在开发利用传统知识的过程中获得了巨大的利益,但令人遗憾的是,传统知识的拥有者却很难在传统知识的利用过程中分享利益,这就造成了极大的不公平和不合理,这也将会影响传统知识的传承和发展。因此,对传统知识进行保护就必须承认和保护传统知识拥有者的权利,保证他们能够在传统知识的利用中获得公平合理的利益分配。

(二) 传统知识国际保护的原则

传统知识国际保护的原则是贯穿整个传统知识国际法律保护各个文件的总领性的、精神性的准则,是传统知识法律保护总的立法指导。综合分析 WIPO-ICG 近年来的各种相关传统知识保护文件,如《传统文化表达、民间文学艺术表达保护的目标和原则》《传统知识保护的目标和原则》等,可以看出以下传统知识保护原则:

1. 尊重资源国家的主权原则

根据 WIPO-ICG 的精神,传统知识的保护应该尊重资源国家的主权,即赋予传统知识相当于自然资源的地位,确认传统知识在国家、地方和民族政治、经济、文化等方面的资源作用,国家对此享有主权权利。① 也就是说，即使已经缔结了相关的国际条约或采纳了相关的示范性规则，在遵守相关国际保护要求的前提下，也给予传统知识拥有国充分的自由，让他们可以根据自身国情自主制定相关保护的法律和制度。这一基本原则，源于1992年的《生物多样性公约》，该公约第15条规定："确认各国对其自然资源拥有的主权权利，因而可否取得遗传资源的决定权属于国家政府，并依照国家法律行使。"虽然签订这一公约的主要目的是保护遗传资源，其适用范围仅仅是与遗传资源有关的传统知识，但是其所确立的这一原则对于其他的传统知识的保护仍然具有相当的参考意义。

2. 全面灵活保护原则

全面灵活保护原则，又被称为"综合保护原则"，是《传统文化表达、民间文学艺术表达保护的目标和原则》和《传统知识保护的目标和原则》中所提出的一般性指导原则。② 根据 WIPO－ICG 文件的解释，国家可以采用各种各样的法律机制对传统知识进行有效和适当的保护，没有必要拘泥于原则性的基本保护措施。确立这一保护原则，一方面是由于传统知识的保护对象具有多元化特征，而不同的对象具有各不相同的特点，另一方面是因为不同的国家有着不同的文化背景和法律环境。另外，传统知识的多元化保护目标也决定了传统知识保护应该因国而异，不能千篇一律。

3. 与现有其他规范相协调原则

传统知识保护的法律制度必须要与国际或者国内的法律体系相协调，才能够发挥其最大的保护功能，也才能够保证国际或国内法律体系的正常运行。这就要求：首先，传统知识的保护必须与其他相关的国际或地区性文件相协调，WIPO－ICG 文件中，特别申明了这一点，其强调保护传统知识不应该损害国际法所保护的其他的

---

① 丁丽瑛：《传统知识保护的权利设计与制度构建——以知识产权为中心》，北京：法律出版社，2009年，第157页。

② 张耕：《民间文学艺术的知识产权保护研究》，北京：法律出版社，2007年，第147页。

权利,这就要求传统知识的保护不应该与现行的国际法律相冲突,包括有关人权的国际公约,如《世界人权宣言》《公民权利和政治权利国际公约》《经济社会、文化权利社会公约》《土著居民权利宣言》等;有关知识产权的国际公约,如《保护文学艺术作品的伯尔尼公约》《保护工业产权的巴黎公约》《与贸易有关的知识产权协定》《专利合作公约》等;以及其他国际公约,如《生物多样性公约》《保护物质文化遗产公约》等。其次,传统知识保护必须与现有知识产权保护制度保持协调,也就是说,不能够和现有的知识产权保护法律制度出现冲突。再次,针对不同的对象传统知识保护制度之间要协调,即传统知识不同保护对象的保护制度之间的保护目标、原则以及基本规范上是相通的。最后,传统知识的保护要与传统习惯保持协调性,传统知识与传统习惯之间联系紧密,这就决定了传统知识的保护不能够与传统习惯相背离,而是在尊重传统习惯的前提下进行。

4. 合理分配利益原则

所谓合理分配利益指的就是在传统知识的保护制度中,需要建立合理公平的利益分配体系,让传统知识利用过程中的创造者、持有者和发展者都可以从传统知识的利用中获得公平合理的利益,特别是要保证传统知识拥有者可以在这之中得到公平合理的利益。

二、传统知识的保护模式

根据目前传统知识的保护理论和传统知识保护的国际国内实践,可以把传统知识保护分为两种模式:一是防御性保护模式;二是积极性保护模式。

(一)防御性保护模式

所谓防御性保护模式,就是指目的在于防止传统知识持有人以外的其他人就传统知识获取知识产权的传统知识保护方式。其主要的做法有:

1. 设立来源披露或事前同意制度

这一制度的设立主要是为了让在后的知识在获取和行使知识产权时能够受到在先知识的约束。知识产权制度创设的目的就是为了保护人们的智力成果不被他人窃取或者无偿利用，因此知识产权权利获取的最基本要求就是该知识需要较之于之前的知识具有明显的新颖性、创造性或独创性。而这里的在先知识就是指申请获得知识产权的知识产生之前的所有知识，其不仅包括那些可以在文献记载中查找到的知识，还包括了一些不能在文献中查找到的传统知识，不仅包括法律所确认和保护的专有权利，还包括了事实存在的在先知识。由于传统知识往往都是口口相传的，其文献化很低，且往往年代久远、归属模糊，但是这并不影响其作为在先知识而存在，因此应该受到法律的保护。所以规定来源披露和事前同意制度，可以让知识产权的权利申请人在申请权利之时将申请权利的知识来源公开出来，当申请权利的知识是基于在先知识，审查人员可以发现这一问题或者其他利害关系人可以向知识产权部门提出异议，从而不对其授予知识产权或者和在先权利人分享利益的前提下被授予知识产权。

目前这一制度在不少国家的立法中都有所尝试，但其在具体方案上又有所不同。以专利法为例，各国关于这一制度的规定可被分为倡导披露、必须披露和披露加同意三种方案。其一是倡导披露方案，即是指法律规定披露来源只是一种倡导性的而并非强制性的，没有披露并不会影响专利权的获取。采用这一方案的代表是1998年《欧盟生物技术发明保护指令》第27条；其二是必须披露方案，即是指法律规定披露来源是义务性的、必需的，专利申请人在申请专利时必须要将发明所依据的技术或者发明所使用的材料来源进行公开，以便专利部门审查其是否具有新颖性和创造性，如果发现专利申请人没有披露，那么已经授予的专利将被撤销或被宣告无效。采用这一方案的代表是印度2002年《生物多样性法》第6条、2004年《生物多样性细则》和《专利法》第25条。其三是披露加同意方案，即是指法律规定专利申请人在申请专利时，在披露发明依据来源的同时，还必须出示来源地知情同意或者是许可使用的文件，否则，其专利申请就会被驳回，或者已经授予的专利就会被宣告无效。采用这种方案的代表有1998年哥斯达黎加的《生物多样性法》第63条等。

2. 建立传统知识数据库

由于传统知识大都是通过口口相传的，因而鲜有文献记载，这样的情况下，如果有人在未得到持有人许可之前，就以该传统知识申请知识产权，由于没有文献可查，专利审查人员就难以判断该申请的发明是否不具有新颖性或者创造性，那么传统知识的持有人的利益就有可能因此而受到损害。虽然传统知识持有人也可以在专利权授予的过程中或者在专利权授予之后，依据国家法律的规定，对专利权提出异议，但是这需要付出很高的成本，最后的效果也可能不尽人意。因此，将传统知识进行文献化，建立传统知识数据库，让专利审查人员在审查专利申请的时候，可以对照相应的数据库判断提交申请的发明是否具有新颖性和创造性，如果没有，就可以及时驳回该项专利申请。这样就大大降低了传统知识持有人维护自己权益的成本。当然，传统知识的文献化也会带来一个问题，即将传统知识本身排除在专利之外，虽然他人不能以传统知识获得专利权，但可以在专利权之外获得并使用。由此可见，即便是将传统知识进行文献化管理，并建立了传统知识数据库，这样的数据库也必须是保密的、不公开的，否则也就背离了传统知识保护的初衷。2005年南亚区域合作组织的成员国建立的传统知识数据库也是以不公开的形式提供给全球的专利部门的。

（二）积极性保护模式

所谓积极性保护模式，是相对于防御性保护模式而言的，其包含了多种形式，比如：直接利用现行的知识产权制度，对现行知识产权制度进行丰富、拓展或改造，根据传统知识的特点建立新的专门保护制度，或者创设一种单纯关于传统知识报偿、激励和分享的制度。

1. 改造现有知识产权制度

这种方案即是指将现行的著作权法、商标法、专利法等知识产权保护制度加以拓展或改造，然后直接将其用于保护传统知识。例如，著作权法中的表演者权，能够被用于保护民间艺术类传统知识；专利法中的发明专利权，能够被用于保护科技类传统知识；植物新品种权，能够被用于保护传统知识持有人培育的植物品种或者是对植物多样性原生态物种的改进品种；专利法中的外观设计权，能够被用于保护传统社群设计的手工艺类传统知识；商标法中的商标权和商号权，能够被用于保护传统社群的技艺类传统知识；商标法中的地理标记，能够被用于保护来源地是传统社群的产品。

2. 创设新的专门制度

虽然同为人类智力成果，传统知识与现代知识相比还是有许多独有的特征，因此传统知识不可能完全相容于现有的知识产权体系之中，另外，传统知识与现代知识在知识体系和基本观念上都有着很大不同，单纯依靠拓展或改造现有的知识产权制度来对传统知识进行保护具有相当的局限性，不能够为传统知识提供全面充分的保护。因此，有学者提出跳出现有知识产权制度的围城，根据传统知识的特点，创设一个新的专门制度对传统知识进行保护。具体方案有二：一是建立有关传统知识保护各个方面的综合性制度，即所谓的"社区权""社区知识产权"或"传统资源权"制度，对土著文化社区的传统知识给予保护；二是对传统知识中易界定的部分，尤其是民间艺术创作和传统医药，先行给予专门保护。① 对此，已有国家或地区进行尝试，具有代表性的有：非洲于1998年统一制定的《非洲保护当地社区、农民和育种者权利的示范法和获取生物资源的规则》；印度于2002年通过的《生物多样性法》；葡萄牙于

---

① 吴汉东：《后TRIPS时代知识产权制度的变革与中国的应对方略》，《法商研究》2005年第5期，第6页。

2002年制定的《关于建立植物土著原料的登记、保存和法定传承制度的法令》；巴拿马于2000年颁布的《关于为土著人注册集体性权利以保护和防卫其文化身份和传统知识以及实施其他条款的特别制度的法律》等。

第三节 印度传统知识保护机制

印度是世界四大文明古国之一，历史文化源远流长，因而有着丰富的传统知识，传统知识保护对于印度的重要性也可想而知。近年来出现的诸多传统知识剽窃事件也让印度政府对传统知识保护给予了高度的重视，无论是从法律上还是制度上，都下足了功夫，也取得了不菲的成绩。

一、印度传统知识保护概述

（一）印度传统知识保护背景

印度在几千年的发展历程中留下了许多宝贵的文化财富，拥有着丰富的传统知识资源。然而，长期以来印度并没有认识到传统知识保护的重要性，没有给予传统知识足够的保护，以至于大量传统知识被别国"仿制"甚至直接引进，造成了印度经济文化的巨大损失。特别是近些年来，凭借先进的科学技术以及完善的知识产权制度，发达国家窃取、盗用或者以不合理的低价利用发展中国家遗传资源和传统知识的现象时有发生。为了充分保护民族利益，扭转困境，确保传统文化的完整传承和继续发展，印度政府出台了一系列措施，为传统知识提供更加强有力的保护，这些措施也使印度的传统知识保护颇具成效。

（二）印度传统知识保护现状

目前，印度的传统知识保护已形成一个全方位的、多层次的、较完善的体系，其由不断完善和更新的法律体系为基础，以司法行政部门、民间团体的互动配合为保障。首先是立法保障，印度通过修改现行法律和出台新的法律等措施，逐步建立了完善的法律体系；其次，印度政府从中央到地方都一致采取了强有力的行政保护手段；再次，印度致力于传统知识的收集归档，创造性地建立了"蜜蜂数据库"和传统知识数字图书馆，以防止剽窃。

二、印度传统知识保护的具体措施

具体而言，印度传统知识保护措施可分为三个方面：一是建立传统知识数据库；二是完善法律制度；三是加强行政保护力度。

（一）建立传统知识数据库

传统知识的一大特征就是其多非文字传承，因此其很少会有文献记载。如果一个人在没有经过传统知识拥有者同意的情况下，以该传统知识申请知识产权，因为没有文献可查，专利审查人很难找到根据去质疑申请专利的新颖性和创造性。在这种情况下，传统知识拥有者要想维护自己的权益，就只能在专利授予的过程中或者专利授予后，根据国家法律规定，对此提出异议。但是，这样的程序对于传统知识的保护是相当有限的，即便是对那些基于传统知识的在后获取的知识产权的监视和防范也相当困难，且花费成本很高。为解决这一问题，印度首先建立起了传统知识数据库，收集、归纳和整理大量已经进入公共领域的传统知识，将其进行数字化处理，让这些传统知识在专利文献检索中有合法的地位，从而使专利审查人在审查专利申请时可以检索到与此项申请专利有关的传统知识，进而防止其被授予专利。

目前，印度已有的传统知识数据库主要有：

1. 蜜蜂数据库（HoneyBee database）

蜜蜂数据库是由印度持久研究和倡导学会以及国家创新基金等非政府组织主导建立的一个网络数据库，旨在让发明人注册其发明，主要涉及搜集和记录包括传统草药知识、健康实践和发明创新方面的信息。在这个数据库里"人们不仅可以查看到相关的发明信息,还能对这些发明进行改良,还能与相关发明人和传统知识提供者进行利益分享"①,这样,数据库有效地将传统知识提供者和创新者联系起来,让他们可以相互交流、相互合作,共同促进传统知识发扬光大,促进更加合理的利益分配。

2. 传统知识数字图书馆(Traditional Knowledge Digital Library,TKDL)

根据专利法原理,一般而言,一项技术或产品如果不具有"新颖性"、没能超出"现有行业知识"的范围,是不会被授予专利的。但是,包括印度在内的许多历史悠久的发展中国家,许多知识其实早已有之,只是它们以传统知识的形式存在,不能被外人检索和引用,或是因口口相传,不为外人所知晓,因此,当其他国家获取了这些知识,并以此申请专利时,这些传统知识拥有国可谓是有苦难言、束手无策。印度的传统知识数字图书馆就是为解决这一难题而创设的。

传统知识数字图书馆就是利用现代信息技术将传统知识进行数字信息化处理,建立一个虚拟的图书馆,以方便人们随时随地查阅检索。传统知识数字图书馆的创设是由一个案例而引发的:"两个印度人在美国以传统的姜黄疗法申请了专利并获批准,而这项专利在印度却因为显而易见和缺乏新颖性而被宣告无效。"这一案件让印度政府认识到保护传统知识免受侵害的重要性和紧迫性。印度传统知识多数都是以口传心授的方式世代传承的,或者以梵文的形式记载于古籍之中,外人很难获知。印度政府认为,要想阻止国外个人、机构或者公司以印度的传统知识申请专利,就必须将传统知识进行收集、整理、归档和注册。于是,1999 年印度国家科学交流和信息资源研究院院长、印度国家信息中心前高级技术总工程师 Shriv. V. K. Gupta 发起了建立传统知识数字图书馆的项目,同

---

① 臧小丽:《传统知识的法律保护问题研究》,北京:中央民族大学出版社,2006年,第13页。

年印度医药健康部成立特别工作组，开始为此项目起草报告。2001年，印度经济事务内阁委员会审核批准了该项目，印度科技部、国家科学交流和信息资源研究院、健康与家庭事务部、印度医药健康司以及工商部工业政策和促进司开始对此项目进行合作开发。所谓传统知识数字图书馆，实际上就是将印度的草医药学从带有原始图像的古籍中翻译过来，整合了尤那尼、悉达、瑜伽和自然疗法等，再把包括印度草医学在内的可以在公共领域获取的传统知识，从现有的文献记载转变为数字化数据，并将其以合理的方式分门别类地存储起来，以便检索查阅。目前该数据库已经完成了以英、法、德、西班牙和日语5种语言记录的印度数千种传统草药品种和配方信息，数据库还采用传统知识资源分类法，该方法以国际专利分类法为基础，将传统知识按照部、大类、小类、主组、分组进行分类归置，以便专利审核人员查询检索。按照计划，印度还将把数据库的信息发送给美国、欧盟等诸多国家的专利部门，让他们能够在审查专利申请时轻松检索查阅，以避免剽窃。

时至今日，印度已经在100多项专利纠纷中胜诉，而胜诉的关键就在于传统知识图书馆。比如，印度与国际商业巨头"雀巢公司"的知识产权纠纷，雀巢公司以旗下某款奶制品可以治疗便秘为由，在欧洲申请一项专利，但是牛奶可帮助治疗便秘在印度已是流传千百年的常识，是印度传统医药知识，为保护这一传统知识，印度将这场官司打到了欧洲专利办公室（EPO），因该项知识被印度传统知识图书馆收录，印度提供了传统知识的有力证明，最终该项专利申请因该产品为"先有知识"而被驳回。

（二）完善法律制度

印度曾是英国的殖民地，因此其法律体系的结构框架基本上源于英国，当然知识产权法律体系也不例外。但自WTO成立以来，尤其是印度的涉外知识产权纠纷屡屡被诉至WTO之后，印度政府开始根据WTO规则修改现行知识产权法律，以和WTO的各种知识产权规则接轨，从而逐步减少在作品版权和医药专利问题上和外国产生纠纷。在完善知识产权制度使其与 TRIPS 协定接轨的同时，印度还特别注意本国利益保护，在修改现行知识产权法时仍有所保留，并积极设立新法保护本国的遗传资源、民间文艺和传统知识，并对国外侵害本国传统知识的各种行为予以监视，更设立专门机构对此采取措施。

1. 设立专门法

印度是公认的"全球 12 个生物多样性最为丰富的国家之一，已经确认的动物、植物和微生物多达 12.7 万种，而据专家估计，尚有 40 万种生物等待确认"[①]。印度的生物遗传资源相当丰富，在长期的保护和利用自然资源的过程中，印度人不断地探索与实践，将自身可用的自然资源用于生产生活各个方面，因此在生活方式、医药卫生和农业耕种等方面形成了自己的体系，并形成了与遗传资源有关的传统知识。但是近年来，如苦楝树事件、姜黄案等，掠夺印度与生物资源利用有关的传统知识的事件时有发生，这些事件让印度开始觉醒，开始致力于生物多样性政策和法律的制定。印度《生物多样性法》于 2002 年通过并实施，其基本理念是"保证本国的生物资源在本国人不能分享利益的情况下不为外国人所用"[②]，印度制定该法也是为了履行其在加入《生物多样性公约》时所承诺的义务。"总的来说，印度在生物资源的获取以及相关利益的分享上，展现出了相当严格的管制立场。"[③]《生物多样性法》以法律的形式确立了印度在遗传资源的获取和利益分配上的各项制度，其中包括了管制范围、管制体制、管制程序规则和管理实体规范以及知识产权管理制度等。而《生物多样性细则》主要是一些程序性规范，它的制定主要是为保证《生物多样性法》能够有效施行。

[①] 秦天宝：《遗传资源获取与惠益分享的立法典范——印度 2002 年〈生物多样性法〉评价》，2007 年第 2 期，第 9 页。

[②] 朱洪云：《印度的生物遗传资源立法》，《世界农业》，2011 年第 5 期，第 48 页。

[③] 秦天宝：《遗传资源获取与惠益分享的立法典范——印度 2002 年〈生物多样性法〉评价》，2007 年第 2 期，第 10 页。

虽然《生物多样性法》主要是为保护遗传资源而制定的，但是其中也有条款涉及传统知识的保护，当然这里的传统知识必须要与遗传资源的保护有关。关于传统知识保护的规则主要规定在《生物多样性法》的第II章和第V章。主要内容有：第一，设立专门主管机构。根据该法规定，印度设立了一个全新的部门，即国家生物多样性总局，作为管理印度生物遗传资源的获取和利益分享的主管部门。该部门直属于印度联邦政府，是具有独立的名称、拥有独立财产、可以独立负责的法人，负责管理和批准境外个人、机构或公司以学术研究、商业用途、生物勘查或利用为目的而获取印度生物资源或传统知识的事项，管理和批准与对外转让研究成果相关的事项，管理和批准以印度生物资源研究信息为基础而生的发明在国内外申请知识产权的事项；另外，该部门在批准上述各项活动时，还有权要求各方达成公平合理的利益分享条款或条件。第二，规定了知识产权申请的事先批准制度。该法第6条第1款规定，"未经国家生物多样性总局事先批准，任何人不得就基于在印度获得的生物资源的任何研究或信息而产生的任何发明，以任何名义在印度国内外申请知识产权"。若有人申请专利，国家生物多样性总局的批准必须在专利申请被受理后，获得专利之前获取。根据该法规定，无论何人，只要其发明创造是基于在印度获得的生物资源的研究和信息而产生的，那么申请知识产权就必须取得国家生物多样性总局的事先批准。另外，该法还特别规定了专利局在接受专利申请之后授予专利之前，必须要得到国家生物多样性总局的批准。第三，规定了利益分享制度。根据该法第6条第2款规定，"国家生物多样性总局在批准同意的同时，可强制实施利益分享费、税或者两者皆有或者强制实施包括对源于该权利利用的财产利益进行分享在内的条件"。第21条规定："国家生物多样性总局在批准申请人获得生物资源或者传统知识时，应规定确保利益公平分享的条款和条件。"也就是说，国家生物多样性总局，在批准前述申请时，有权审查和强制施行相关利益分享条款和条件，以保证申请者、相关地方机构和惠益主张者能够从传统知识的利用中获得公平与合理的利益分享。第四，规定了基于传统知识所生的知识产权对外转让批准制度。根据该法规定，无论是为了营利目的还是其他目的，只要是将印度生物资源的研究成果转让给非印度公民或法人，都必须事先得到国家生物多样性总局的批准。第五，确定了国家生物多样性总局为海外维权的代表机构。根据该法规定，任何人在印度获取的生物资源或者以印度生物资源的相关研究或信息为基础所产生的发明创造在外国申请知识产权，无论是已经发生的，还是具有发生可能性的，国家生物多样性总局都拥有权力代表印度中央政府采取一切必要措施，阻止该项发明创造被授予知识产权。

《生物多样性法细则》所作的规定多是为保证《生物多样性法》的实施，其第18条对在知识产权保护申请之前的预先核准程序作了详细规定，其中（1）规定"专利申请人或其他基于得自于印度生物材料和知识研究申请知识产权的人，应使用申请表"，即在申请知识产权时，只要是其申请的发明创造是基于来自印度的生物材料和知识而产生，申请人都需要向主管部门递交申请表。而第（4）款则规定"申请者满足所有必需的要求，主管部门可同意批准对符合此期限和条件的专利或任何其他知识产权的申请"，也就是说，如果符合所有必需要求，则该项申请可以在法定期限和条件内获得批准。第20条则具体界定了《生物多样性法》第21条所规定的"利益公平"的标准，其中第4款规定，"当同意批准任何人对研究成果的获取或转让、专利和知识产权的申请或者对第三方就所获得的生物资源与相关知识的转让时，主管部门可规定期限和条件以确保所获得的生物资源与相关知识转让所产生利益的公平分享"。即为确保生物资源及相关知识转让所得的利益可以公平分享，任何人想获取或转让与遗传资源相关的研究成果，或者是就此成果申请知识产权，抑或是将所获取的与生物资源有关的知识转让给第三方时，作为主管部门的生物多样性总局都有权对此作出时间和条件的限定。

2. 修改现有专利法

印度第一部专利法于 1970 年通过，该法只承认两种形式的专利，即产品专利和公益专利。加入 WTO 以后，根据 TRIPS 协定的要求，印度分别在 1999 年、2002 年和 2004 年对《1970 年专利法》做了大规模的修改，这些修改涉及很多方面的内容，其中在 2002 年修正案中，体现出了遗传资源和传统知识保护的要求。涉及内容包括以下几点：

第一，规定申请专利时必须披露发明的技术信息和生物材料的来源信息。印度专利法 2002 年修正案第 8 条规定，在《1970 年专利法》第 10 条"专利申请文件内容"第 4 款第（c）项之后，增加一项（d），要求在摘要中提供发明的技术信息，其中明确要求"如果在发明中使用了生物材料，则应该在说明书中公开该生物材料的来源和原产地"。这一修改使得申请人在申请专利时，必须在其专利申请文件中披露申请专利的发明所依赖的技术和生物材料的来源信息，这样，如果发明的技术是基于印度的传统知识，或者发明所依赖的生物材料是来源于印度所有的遗传资源，那么专利部门的审查人员将发现这一问题，专利将因为缺乏新颖性而不被授予专利，或者因为使用了遗传资源而不被《生物多样性法》规定的国家生物多样性总局批准而不被授予专利，或者即便是获得批准被授予专利，也必须分享其因此专利而获得的利益。可见，这一修改可以从源头上有效杜绝剽窃遗传资源或者传统知识的行为的发生。

第二，规定了利害关系人的异议权。印度 2002 年专利法修正案第 18 条规定，在《1970 年专利法》第 25 条第 1 款第（i）项之后增加（j）、（k）两项。其中，第（j）项与遗传资源有关，规定"若是专利申请人在专利申请文件中没有对该项发明所使用的生物材料的来源或者是原产地进行公开，或者是进行了虚假或错误的说明，那么在专利法规定的期限之内，任何利害关系人都可以向专利部门提出异议"。第（k）项则与传统知识有关，规定"若是申请专利的发明所依赖的技术是可以从印度或者是其他地方的当地或者社区获取的口头技术信息或者是通过其他知识可以推知的技术信息,那么任何利害关系人都可以在专利法所规定的期限内向专利部门提出异议"。这两项修改赋予了利害关系人相应的异议权,当专利部门审查人员在审查过程中未能发现剽窃遗传资源或者传统知识的专利申请时,可以由知道内情的利害关系人向专利部门提出异议,促使专利部门及时发现和追查,避免那些隐瞒真实情况、不公开或错误公开遗传资源来源和原产地的发明或者是依赖传统知识而创造的发明,被不当授予专利或者是被授予了专利却没有与遗传资源或传统知识的持有人分享利益的情形发生。

第三,规定了专利无效或被撤销的情形。按照印度《1970年专利法》第64条第(1)款规定,对于一项专利,如果满足法定的十五项条件中的其中一项,那么利害关系人或中央政府就可以提出无效请求,或者基于一项与之相抵触的专利侵权诉讼,该专利就可以被高等法院撤销。印度2002年修正案第31条在《1970年专利法》第64条第(1)款第(o)项之后又增加(p)、(q)两项,这两项即是前面提及的"没有公开或者隐瞒或错误说明申请专利的发明所使用的生物材料的来源或者原产地的"以及"申请专利的发明所依赖的技术是可以从印度或者是其他地方的当地或者社区获取的口头技术信息或者是通过其他知识可以推知的技术信息的"两种情形。应该注意的是,以上所说的有关剽窃遗传资源和传统知识的专利被撤销的条款是有溯及力的,换言之,无论是2002年修正案生效前的专利,还是生效后的专利,都可以根据这些条件被撤销。根据修正案的规定,可知那些剽窃遗传资源或者是传统知识的发明,即便被授予了专利,一旦被发现具有因剽窃遗传资源或者传统知识的情形,依然可以根据专利法的规定,依据法定程序被宣告无效或者被撤销。这是一种事后救济的方式。

(三)加强行政保护力度

加入WTO以后,印度政府将知识产权保护放在了重要的战略地位,不仅按照TRIPS协定的要求修改和完善知识产权法,还积极采取各种行之有效的行政措施促进和保证知识产权相关法律制度的有效实施。首先，提高执法官员的专业素养。印度中央政府和地方政府定期组织知识产权法的研讨会、知识产权法论坛等，以各种各样形式培训相关执法官员，提高执法官员的法律素养，从而保证执法官员的执法质量。其次，进行知识产权执法监督。印度政府定期组织专业人员对知识产权保护的执法工作进行检查，以此对执法工作进行监督，从而督促执法工作公正有序地进行并及时发现执法工作中的问题，及时改进。再次，加强知识产权理论研究。印度政府投入大量人力、物力、财力，对知识产权保护的理论研究提供支持和帮助，鼓励各级教育系统加大相关的理论学习和研究的力度。最后，提供必要的物质支持。为支持知识产权保护，印度政府通过加大对知识产权保护的资金投入力度，支持知识产权执法部门及时进行执法设施和装备的更新以及其他方面的现代化建设，以保证达到最好的执法效果。这些行政措施的施行对于印度传统知识的保护起到了较为积极的作用。

三、印度传统知识保护机制评析

印度对于传统知识的保护主要依靠三个方面的措施，这些措施互为补充，共同作用于印度传统知识保护。综合分析这三个方面的措施，不难发现，印度传统知识保护的模式还是主要集中在消极的防御层面。不管是从法律规定上来看，还是从传统知识数据库的建立上来看，抑或是从一系列的保障执法的行政措施上看，这些保护手段的着力点都在于一个"堵"，在一定程度上防止了传统知识被不当占有或不当利用以及不当获得。但需要注意的是，面对各种各样的侵权行为，如果仅仅靠"堵"的方式，是不可能从根本上解决问题的。对于传统知识的保护，如果单单是消极的防御，而不对传统知识的持有人进行法律激励并积极争取在传统知识利用过程中的主动掌控权和利益的公平分享，传统知识仍然难以摆脱被现代文明

"边缘化"的命运。①

(一)印度传统知识保护的进步之处

总体来说印度在传统知识保护方面采取的各种措施是比较得当的,对传统知识起到了相当的保护作用,可以有效防止那些以印度传统知识为基础而创造发明的人在没有经过印度有关部门的同意并共享相应收益情况下取得知识产权,从而让传统知识持有者的权利得到了保障。这主要体现在以下方面:

1. 建立了与遗传资源有关的传统知识保护典范立法

印度生物遗传资源丰富,人们在长期的资源利用过程中产生了许多与之有关的传统知识,印度对遗传资源的保护也涉及与之有关的传统知识。"印度《生物多样性法》可以被称作是各国生物多样性保护的典范立法,它的立法经验,可以为许多同样面临着遗传资源获取与惠益分享问题的国家提供一定的借鉴。"② 首先,专门机构集权管理。依据《生物多样性法》,生物多样性总局是国家设立的全新的专门的单一机构,它负责对遗传资源获取和惠益分享进行集权管理,一切有关遗传资源获取和惠益的事项(包括相关传统知识利用的事项)都由国家生物多样性总局负责,例如:境外个人、机构或公司获取印度生物资源或传统知识用以学术研究、商业用途、生物勘查或利用的事项;对外转让研究成果相关的事项;在印度生物资源研究信息基础之上的发明在国内外申请知识产权的事项等。另外,批准上述事项的同时,国家生物多样性总局还有权要求各方达成公平合理的利益分享条款和条件。这样权力集中的制度设置,不仅保证了国家整体利益,还表现出了印度政府对涉外活动严格管制的态度;而专门单一的机构管理一方面可以保持意见的更大

---

① 周方:《传统知识法律保护研究》,北京:知识产权出版社,2010年,第154页。

② 秦天宝:《遗传资源获取与惠益分享的立法典范——印度2002年〈生物多样性法〉评介》,2007年第2期,第12页。

一致性和可预见性,实现组织、财政、人员等资源的集中和优化,保证管理的效率和效果;另一方面,也利于申请者准确估算申请成本,减少"误入他门"的成本负担。其次,印度生物多样性立法采取了"综合立法+实施条例"的方式,先由《生物多样性法》对生物遗传资源的保护作出总领性、原则性规定,再由《生物多样性法实施细则》对其中的程序性问题进行详细补充,这样利于法的稳定性的保持以及法的与时俱进。最后,设立专家委员会。遗传资源保护问题对专业知识和专业技术具有极高要求,而这些知识是普通行政官员所不可能具备的。因此,印度《生物多样性法》作出规定,要求组建专家委员会,其成员由在相关领域具有深厚理论功底和丰富实践经验的专家学者组成,其工作职责包括"初步筛选、审查相关申请和计划,并对该项申请和计划进行技术分析,以此为基础向国家有关管理部门就该项申请或计划的关键性问题(诸如是否得当、可有替代方案以及能否批准等)提出专业意见,供其在决策时参考"。[①] 这样的机构设置可以保证执法的科学性和合理性。虽然《生物多样性法》中涉及与之有关的传统知识保护的内容只有两章,但该法所设置的典型制度对相关传统知识的保护具有重要意义和重大参考价值,可以说,该法是与遗传资源有关的传统知识保护的一部典型立法。

2. 基于传统知识而生的新技术或新产品无所遁形

传统知识侵权行为之所以猖獗,很大程度是因为传统知识口口相传的特性和它的地域性特点,使得其文献化比较低且知晓范围比较窄,故而难以被识别,这主要表现在知识产权申请的审查阶段,而印度各种传统知识保护措施正好破解了传统知识保护的这一难题。首先,印度建立的传统知识数据库,将印度相关传统知识全部收录在案,并以信息数据库形式加以分门别类,发送给世界各国的

[①] 秦天宝:《遗传资源获取与惠益分享的立法典范——印度2002年〈生物多样性法〉评介》,2007年第2期,第26页。

知识产权管理部门，于是但凡是有人对基于印度传统知识而生的创造和发明申请知识产权，知识产权审查部门都很容易在传统知识数据库中找到其本源，从而对该申请专利的新技术或新产品的新颖性提出质疑。其次，印度《专利法》修正案所规定的来源披露制度，要求专利申请人在申请专利时披露发明的技术信息和生物材料的来源信息，以供专利审查部门审查。再次，印度《专利法》修正案了利害关系人对隐瞒或虚假披露来源信息的异议权，对于那些在申请专利时应当说明来源信息却没有说明或者虚假说明的，利害关系人可以向专利主管部门提出异议，让专利审查人员在审查时及时发现问题。最后，印度《专利法》修正案增加了专利被宣告无效和撤销的情形，根据新增条款规定，如果已经授予了专利的发明创造，但被发现具有"没有公开或者隐瞒或错误说明申请专利的发明所使用的生物材料的来源或者原产地的"以及"申请专利的发明所依赖的技术是可以从印度或者是其他地方的当地或者社区获取的口头技术信息或者是通过其他知识可以推知的技术信息的"两种情形，那么专利主管部门就可依法宣告这个已经授予的专利无效或者将其依法撤销。这样就在专利申请过程中建立了一道严密的防护网，使得那些企图剽窃或盗用印度传统知识的行为无所遁形。

3. 综合利用多方力量

印度传统知识保护之所以能够有较好的效果，从宏观角度而言是因为其集多方力量为一体，包括了官方力量和民间力量，其中，行政力量是坚强后盾，民间力量是重要补充。由于前期传统知识权利遭到侵犯导致严重后果，印度政府传统知识保护意识逐渐增强，开始在这方面下大力气，制定了详细的长远的传统知识发展战略，并据此战略逐步开展工作。无论中央政府还是地方政府，都采取了各种强有力的行政措施，确保传统知识保护的法律制度得到有效实施，与此同时，印度努力提高执法人员的专业素养，确保传统知识保护的执法工作能够得以公正、合法和有效的开展，确保传统知识得到有效的保护。除此之外，印度传统知识保护的成效也离不开民间力量。传统知识的特点决定了其更多的存在于民间，而要将其进行记录归档并建成数据库必然离不开民间力量，印度目前已初具规模的蜜蜂数据库和传统知识数字图书馆的建立就依靠了不少的民间力量，民间力量为印度传统知识数据库的建立做了很大的贡献。值得一提的是，为创建一个针对发明的国家登记体系，印度还设立了专门的投资基金会，负责"调整和完善知识产权保护体系以为传统知识提供保护，创立孵化器以促进发明创造可以进行商业性转化，并积极在全国范围内进行传统知识的推广"。①

（二）印度传统知识保护的不足之处

印度传统知识保护措施虽然对印度的传统知识保护起到了重要作用，但也存在较多的问题，主要表现在以下方面：

1. 消极保护模式不能给予传统知识完整的保护

正如前文所言，印度的传统知识保护措施主要致力于"堵"住传统知识的不当占有或利用以及不当获得知识产权的行为，这些措施仍然停留在消极的防御层面。也就是说在现有的知识产权制度不变的前提下，要利用现行的知识产权制度保护传统知识，就必须符合现行的知识产权法框架体系。对传统知识来说，这样"削足适履"的保护方式，只会出现两种结果：一种是传统知识难以得到现行知识产权制度的保护，另一种是经过努力，传统知识中的某一种因符合了现行知识产权制度的保护要求而受到某一方面的保护。这样，不但传统知识整体性保护的目标难以达到，反而会使得真正意义上的传统知识及其所承载的文化逐渐走向消亡。另外，现有知识产权并不能对传统知识的各个方面都给予充分的保护。以专利制度为例，专利申请程序耗费时间长且成本极高，具有很高的新颖性要求，保护期限短，且一项发明创造一旦申请专利，就将被置于公共领域，这对于尚未公开的传统知识来说是十分不利的。由此可见，

---

① 张华敏、唐丹丽、高红杰：《印度传统知识保护现状及其启示》，《中国医药导报》，2008年第32期，第52页。

以现行知识产权制度保护传统知识可能存在以下障碍：一是因为传统知识的特殊性，其难以达到现行的知识产权保护要求，传统知识即被排除在知识产权保护范围之外；二是为了适应现行的知识产权种类，传统知识被迫分割，难以得到整体性的保护；三是现行的知识产权种类仍存在传统知识保护盲点，难以对传统知识全面保护。

2. 防御性保护存在明显负面作用

虽然防御性保护理念的核心就是让传统知识能够避免现代知识产权制度，尤其是专利制度要求的干扰，但是在很多情况下防御的效果似乎不如人意，具体表现为如下方面：首先，强制申请人向专利主管部门披露其使用的传统知识或提供相关批转文件的做法可操作性不强；其次，申请人在申请专利时公开其所用的传统知识会使传统知识的获知范围更广，使传统知识更容易被滥用；最后，强制披露来源信息实际上是给专利的授予增加了一个前提条件，强制公开所使用的传统知识或者提供相应批准文件的做法，严格意义上说，违背了TRIPS等相关知识产权协定的规定，也不符合世界大多数国家的通行做法。

3. 仅仅对传统知识申请专利进行限制，没有涉及其他领域

印度传统知识保护措施中，无论传统知识数据库的建立，还是《专利法》的修改，抑或是专门法《生物多样性法》的制定，其有关传统知识保护的内容都是致力于防止人们直接将传统知识用于申请专利，或者是防止那些未经专门机关允许和合理分配利益即将基于传统知识而生的发明创造申请专利的行为。虽然印度近年来对《版权法》和《专利法》进行修改，使其与TRIPS协定相接轨，其中也不乏有利于传统知识保护的条款，但终究还是没有针对传统知识保护的专门立法。

4. 范围有限，未能涵盖所有形式的传统知识

正如前面所述，传统知识可被划分为艺术类传统知识、科技类传统知识和习惯类传统知识三种类别。印度传统知识保护并没有将所有的传统知识类别涵盖在内，其保护的只是与传统技术和生物多

样性有关的科技类传统知识，其他类别的传统知识则并没有被提及。由此可见，印度传统知识保护措施没能将所有的传统知识类别涵盖在内，不能够对所有传统知识进行有效的保护。

第四节　印度传统知识保护对我国的启示

在经济全球化背景之下，知识和技术成为了赢得竞争的重要砝码，作为四大文明古国之一的我国，同样有着丰富的传统知识，也就决定了我国与印度一样需要加强对传统知识保护。然而，我国除了面临传统知识被盗用、滥用的问题之外，还面临传统知识相关产业开发利用不足的问题。目前，我国传统知识保护方式大致有三种类别：一是利用现有知识产权立法对传统知识提供保护，如商标法制度中的注册商标、集体商标、证明商标以及地理标志可以对传统标记提供保护，著作权相关制度可以在一定程度上保护民间文学艺术，而商业秘密的保护规则可用以保护技术性的传统知识；二是对传统知识及相关事项的保护进行专门规定，如国务院颁布保护传统工艺美术的《传统工艺美术保护条例》，国务院颁布的保护传统医药的《野生药材资源保护管理条例》和《中医药条例》，以及一些保护民族民间传统文化或非物质文化遗产的地方性立法等；三是与传统知识保护有一定关联的立法，如《植物新品种条例》《文物保护法》等。虽然这些法律、法规等对传统知识的保护起到了一定积极作用，但也存在不少问题：首先，我国对于传统知识的保护没有清晰的概念和原则，现有的保护多是一些地方立法和行政法规，立法零散、位阶较低；其次，现有的规定多为倡导性的原则性规定，可操作性差；最后，未能紧扣传统知识的非物质性特征，保护措施不具有针对性。由此可见，我国的传统知识保护的工作尚有很长的路要走。印度在传统知识保护方面的经验教训可为我国传统知识保护制度的完善提供诸多启示。

一、综合利用多方力量

印度传统知识保护能取得如此大的成就,各方力量的综合运用是一重要原因,其中包括了政府和民间的力量。

(一) 重视政府力量

印度传统知识保护之所以能够取得较好的成果,很大原因在于政府的大力推动。传统知识的集体性特征决定了传统知识的保护不可能是个人力量可以办到的事,必须要集全国之力和全民族之力,这就使得政府在传统知识保护中具有不可或缺的地位。具体而言,无论传统知识保护总领性基本战略的制定,还是传统知识保护具体法律法规的制定和施行,都是需要政府花大力气去做的。因此对我国而言,如果要想在传统知识保护领域有所作为,切实保护我国传统知识,那么政府的作用是不容忽视的。当然从我国的传统知识保护现状来看,我国政府已经充分认识到了这一点,按照《国家知识产权战略纲要》,我国政府已经将传统知识保护领域的立法工作提上日程。

(二) 重视民间力量

印度传统知识保护的显著成就带给我们的另一个重要启示是要重视民间力量,因为传统知识的特点就决定了传统知识更多的存在于民间,只有充分挖掘民间力量,善于利用民间力量,才能更好地实现传统知识保护的目标。印度传统知识数据库的建立和发展以及一些传统知识保护的民间组织的建立都是印度对民间力量的充分挖掘。对我国而言,要想对传统知识给予很好的保护,也应当同印度一样建立传统知识数据库,而要完成这一任务,民间力量便不容忽视,这既是因为传统知识多为民间掌握,也因为我国历史悠久、幅员辽阔、民族众多,要把所有的传统知识收集整理归纳入库必然是一个浩大的工程,这样浩大的工程必然需要发动全国人民之力,共同完成。

二、消极保护模式和积极保护模式相结合

如前所述，目前世界范围内对传统知识的保护模式主要分为积极和消极两种模式，而从印度传统知识保护的经验来看，单纯的消极防御模式虽然能够起到一定的积极作用，但是也存在着不少问题，其最终可能难以达到理想的保护效果。因此，我国在选取传统知识保护模式上，需要结合我国国情，吸取印度经验，不单纯依靠"堵"的方式进行传统知识的保护，而是应该将防御性保护措施与积极性保护措施有机结合起来，不仅要以防御性保护措施避免传统知识被盗用、滥用等，保持传统知识应有的价值和内涵，保证我国文化多样性的健康发展，还要以积极性的保护措施为传统知识提供私权保护，保证传统知识所有者可以依法享有获取经济利益的权利，保证传统知识能够实现其应有价值。

怎样才能实现防御性保护和积极性保护相结合呢，总的来说，就是要"取之精华，补之不足"。具体来说，就是要学习印度现行知识产权保护制度优点的同时，针对传统知识的独有特点，创设特别权利保护制度。

（一）利用和改造现行知识产权制度

我国现行的知识产权制度包括了专利法、著作权法、商标法、反不正当竞争法以及植物新品种权保护法，利用和改造现行传统知识制度就是要从这些法律制度入手，结合传统知识的独有特点，适当调整上述法律制度。比如专利法，虽然专利制度对于传统知识保护而言，可利用空间比较小，特别是很难对传统知识提供积极保护，但是通过借印度模式对专利制度进行适当改进，还是可以为传统知识保护进行服务的，比如，设置来源披露制度和事前知情同意制度。

（二）建立特别权保护制度

传统知识保护的核心目标之一是维护利益平衡，最大限度实现

社会利益。而现行的知识产权制度主要是为了保护"正规的创新成果",因而现有知识产权制度虽然可以在一定程度上为传统知识提供保护,但是这样的保护更多停留在防御层面,不能够全面充分的保护传统知识,不能从根本上实现利益平衡。面对这样的困境,就要求我们在现有知识产权之外寻找新的突破,根据传统知识的特点创立新的特别权,以全新的思维方式和制度构架为传统知识提供更为直接的、充分的和积极的保护。目前,学术领域已经对这种立法思路进行了肯定,并也有人开始研究和进行实践尝试,按照这样的保护思路,已经有学者提出了许多新的概念,如"传统资源权""传统文化权""社区知识权""文化特征权"等,这些思路和想法都可为我国传统知识保护特别权的创设提供一些启发。

本章小结

传统知识的保护问题已成为当前国际社会关注的焦点问题,国际社会和众多发展中国家已经对此问题展开了大量研究并进行实践尝试,取得了一定的成绩。目前,国际上还没有形成被广泛认可的传统知识保护制度和实践,甚至于在一些基本理论问题上,如传统知识的概念范围、保护的理论依据以及保护的模式等,都尚未达成共识。虽然诸如 WIPO、CBD 等国际组织正努力研究传统知识保护问题,并试图建立一个国际性保护规则体系对传统知识进行保护,但是进展却相当缓慢。

作为拥有丰富传统知识的国家,由于近年来饱受传统知识被剽窃之苦,印度在传统知识保护问题上可谓是下了大功夫。总的来说,印度传统知识保护措施有三:一是完善法律制度,为保护传统知识,印度对其专利法进行了修改,对基于传统知识而生的发明创造申请专利进行了严格限制,与此同时印度还颁布了《生物多样性法》和《生物多样性法实施细则》,对与遗传资源有关的传统知识进行了特别法保护;二是建立了传统知识数据库,印度集全国之力力图将所有的传统知识收集整理、归纳入库,以便专利审查部门在审查专利申请时使用，目前印度已经建成了蜜蜂数据库和传统知识数字图书馆，并且将这些资料翻译成多国文字发送给其他国家的专利部门；三是行政手段，印度政府大力支持传统知识保护，不仅投入大量资金，还采取各种措施，如加强执法人员培训等，以保证传统知识保护的各种制度得以落实。印度的这些保护措施在很大程度上对传统知识保护起到了积极作用，并取得了显著成绩，但也存在着许多不足，这主要表现在四个方面：一是就其保护模式而言，印度的传统知识保护措施总的来说还是基本靠"堵"，停留在消极的防御层面，这样的保护模式不能够给予传统知识全面周到的保护；二是印度传统知识防御性保护还存在着一些负面作用，比如强制申请人披露信息的制度操作性不强，披露信息有可能使传统知识进入公共领域，披露的前置程序违背 TRIPS 协定规范等；三是印度传统知识保护仅对基于传统而生的新技术新发明作出了专门规定，而在商标和版权领域却没能作出专门规定；四是印度传统知识保护涉及范围有限，没能涵盖所有类别。

结合我国传统知识的保护现状以及对印度传统知识保护的分析，我们可以得出一些经验教训：首先，印度传统知识保护所取得的成就是与印度政府的大力支持分不开的，无论是传统知识保护研究，还是相关法律体系完善，抑或是传统知识保护执法，政府都积极主导和提供支持；其次，印度传统知识保护的消极防御模式存在诸多不足，不可能为传统知识提供充分的保护，因此我国应该将消极防御模式和积极模式相结合，在利用和改造现有知识产权制度的基础上，积极探索新的权利模式，建立新的特别权保护制度，以弥补现有知识产权制度保护的不足。最后，印度传统知识保护之所以能取得相当的积极效果，一个重要原因是其集合了全民族的力量，其传统知识数据库的建立和传统知识保护民间组织的建立，都是对民间力量的挖掘，对于我国这样历史悠久、幅员辽阔、民族众多的国家来说，这一点更为重要。

第三章 印度电力法律制度研究

在印度经济高速发展的当下，电力供应不足仍是印度经济发展面临的重大问题。印度的大城市中，停电是家常便饭，各种家用电器由于电压不稳而受损。而印度的农村地区，仍有占全国一半的人口还没有用上电。电力供应的不足已经成为阻碍印度经济发展的一大难题。据印度计划委员会的数字，印度全国约10亿人口中，有大约6亿人至今仍未用上电。与此同时，电力不足也限制了印度人的用电量，印度人均每年消费大约600个能源单位，只相当于美国人的五分之一。

面对电力供应不足的危机，印度政府采取了多项措施，例如鼓励私人投资，国家公用事业与私人事业的分类计价，批发价格自由化以及政府投资等。无论这些措施如何细化，如何实施，其落实的可能性必须在法律法规上有所体现，使之成为法律法规所规范的内容，赋予其国家强制力，以保证各项措施的实施。本章旨在对印度的电力法制进行研究，分析其历史、现状、趋势，明晰其电力相关法制建设的过程，研究其具体实际的各项电力相关制度，了解法制规范对电力发展的保障与促进效果，从而与我国情况进行联系，为我国电力建设中的制度建设提供有益启发，寻求更适合我国的电力法制建设道路。

在电力领域内，印度电力供应不足是印度经济和社会发展的短板，但自1991年开始的电力产业改革显示出一定的成果，宽松的准入政策以及市场化的深入运作刺激了电力的大幅增长。而我国与印度同为发展中国家，在国土面积、人口数量、资源概况等各方面都有着相似之处。在经济增长的需求下，尽管我国是电力供应大国，但每年面临巨大的电力缺口，这一矛盾与印度不无相似。因此希望通过对印度电力法制建设的研究，探索有益于我国借鉴的有效方法。

在电力法制建设过程中，印度从独立前到独立后，由中央电力监管委员会及各邦电力监管委员会颁布了多项电力法案及其修正案，其内容丰富，涵盖广泛，相比我国仅有的一部《电力法》和其他多项条例、办法来说，显示出印度在电力立法上的力度与强度，这一点值得我国学习。此外，其各项法案中独有的一些制度，如鼓励私人投资等，为印度电力产业的资金提供了保障。这些制度产生于印度国情的环境中，是否适合我国借鉴也是值得思考并研究的。

第一节　印度电力概况

一、印度电力现状简述

印度的电力构成主要有火电、水电、核电和可再生能源发电。其中，火电主要依靠煤炭、石油、天然气作为燃料；可再生能源主要包括：小水电项目、生物质气化、生物质能、城市和工业废料。印度的电力网络包括五个区域：北部、东北部、东部、西部和南部。每个网络都通过高压站与邻邦相连，并实现有限的区际互联。中央政府和邦政府均对电力负有责任。

整体而言，印度电力主要是依靠火力发电厂。根据国际能源署的调查显示，来自煤和天然气发电厂的装机容量在很大程度上集中在该国人口较稠密的西部地区，特别是在马哈拉施特拉邦和古吉拉特邦。例如，马哈拉施特拉邦是印度国内生产总值（GDP）最大的邦（其首府是孟买，印度最大的城市），包含了全国发电量的13%。水电作为印度电力的第二大来源，到2011年，占装机容量的近20%、发电量的15%左右。很明显，水火电的比例非常不均衡，过分依靠火电的局面使印度不得不考虑传统化石能源巨大消耗所带来的环境与能源安全问题。

印度一直遭受着严重的电力短缺问题。根据 IHS（Information Handling Services）公司旗下的全球殷赛公司的统计，由于燃料供应不足，自 2004 年以来印度的发电厂使用率一直在稳步下降。此外，印度国土上很大一部分地区没有用上电。《2005 年印度人类发展调查报告》显示，印度的整体家居电气化率达到 70%，而其中城镇居民家庭 94% 有电，农村家庭只有 60% 的人可以用上电。印度政府于 2005 年开始实施一项名为 "Rajiv Gandhi Grameen Vidyutikaran Yojana" 的计划，希望在 5 年内通过对农村电气化大量的投资实现为乡村提供电力。虽然该方案已成功使许多农村地区通电，但电力供应仍旧不可靠，频繁停电将持续下去。

二、印度电力结构分析

（一）火电发展状况分析

印度的火力发电，其燃料大多来自煤炭，其余为石油和天然气等。根据印度中央电力管理局（CEA）的统计，其发电比例超过国内总发电量的 80%。燃煤电厂主宰着印度的发电部门，其装机容量占到 50% 以上。

印度是世界第三大煤炭生产国，2009 年已经生产了六亿一千三百四十万吨的煤炭，尽管预测的意见有分歧，但普遍的共识是印度未来煤炭使用量还会增加。[1] 根据政府计划委员会的估计，2011-2012 年，煤炭的总需求会增长至六亿七千万吨，用于发电的部分将会跃升至五亿吨。计划委员会估计煤炭在印度各种能源中的份额将在 2031-2032 年增长至二十亿吨，到那时甚至在那以后，

---

[1] 时宏远：《试析印度的能源政策》，《国际论坛》，2011 年第 1 期，第 65-72，81 页。

煤炭都将是印度最重要的能源。① 国际能源署（IEA）预计到2035年印度的煤炭消耗将会是2008年水平的两倍。

考虑到印度政府在电力增长上所树立的宏伟目标，煤炭在电力增长中的作用就显得很关键。由于其在国内发电中的压倒性优势，煤炭行业就要承受2012年向全部居民实现供电的目标的压力——根据政府第11个五年目标，实现这个目标要增加78000兆瓦的发电量（印度2010年10月的总装机容量达到164000兆瓦）。

化石燃料不能得到稳定供应是印度停电的主要原因。BP（British Petroleum）报告指出，以印度2009年的生产速度，煤炭储量还可以支持105年。2006年综合能源政策报告指出按照5%的生产增速，可开采的煤炭资源将会在45年内耗尽。报告还指出只有45%的潜在含煤区通过区域勘测可以被覆盖，还有大量的动力煤和炼焦煤被发现存在于森林和部落地区，而这些地区的政府因各种原因并不愿意进行开采。

除了储量的不确定，印度还亟须私人企业的投资和技术专家，其他的很多因素也使得国内煤炭生产需求一直存在短缺。大约26%的采矿收入要支付给受煤矿影响的社区，这使得印度市场不适于外国投资者运营。贾坎德邦、比哈尔邦、西孟加拉邦煤矿工人之间的冲突提高了交易成本，降低了生产率。因此，尽管有大量未开发的煤炭储量，印度的发电和工业生产越来越依赖煤炭进口。根据美国能源信息管理局的数据，2009年，印度生产了约61300万吨的煤炭，却消耗了68100万吨。国际能源署预计，到2030年，印度进口的煤炭将占主要煤炭需求的37%，而2009年，这个比例仅仅为10%。

尽管印度不存在国内供需不平衡问题，进口煤炭在印度西部和南部沿海地区也具有价格优势，主要原因是印度煤炭物流系统陈

---

① 方匡：《印度的能源政策与能源安全》，《国际关系学院学报》，2011年第3期，第36页。

旧，及时把煤炭运到终端市场是很困难的。印度大部分的煤炭储备位于北部和东部，远离西部和南部的电力负荷中心。由于陆上运输和电厂位置的花费，电厂通常在港口附近而不是煤矿附近，电厂认为从港口到工厂的模式是最高效的。有时，褐煤质量的低劣会导致自燃，煤炭到达市场前还有大量的损耗。

根据印度中央电力管理局（CEA）的调查，基于煤炭供应短缺，以及电厂无法为需求中心输送电能（例如设备故障）的状况，2011年里被迫停运期间损失的发电量使得实际发电量减少了11%以上。总约60%的单位被迫停运长达24小时之久，有些甚至已经持续了25天以上。

显然，传统火力发电对于发电燃料的依赖性极高，一旦出现燃料供应不足，电力生产也将受到极大的影响。同时，传统的化石能源属于不可再生能源，其储量有限，供应量是随时间而减少的，这就必须要求改变历史形成的火电比例过高的发电结构，大力发展水电、可再生能源发电等新能源发电方式。

（二）水电发展状况分析

印度历史上第一座发电项目是1897年建于大吉岭河上的水电项目，目前仍在运作。到2010年，印度已是世界第七大水电生产国，水电生产达1130亿千瓦，约占世界总量的3%。根据印度电力部统计数字显示，2012年水电的总装机容量为39300兆瓦（MW）。印度水电的潜在装机容量被评估为148701MW，如果负荷因素为60%，那么在经济上可行且有效的装机容量约为84000MW。此外，由小、微型水力发电计划评估了大约6780兆瓦的装机容量。同时，总装机容量在94000兆瓦的56个抽水蓄能电站计划已经确定。然而到目前为止，只有19.9%的潜力被开发利用，显然还有很大的潜力可以挖掘。

水力发电的可再生性具有环境上的优势，且发电、运营和维护成本较其他能源低，在初始安装后不需考虑通货膨胀，因为其成本随时间的增加而降低。从技术上来说，水电站具备快速启动或停止、瞬时负载被接受或拒绝的能力,这使得它更适合满足峰值需求,从而提高系统的可靠性与稳定性。水电项目的蓄水功能还具有灌溉、防洪、养鱼、旅游等相关益处,其建设通常位于较偏远地区,进而可以带动当地的基础建设,创造就业机会,使之摆脱贫困。此外,水力发电装机容量所占比例的提高对一个国家来说也是一项技术考验。目前印度的水电火电之比为2∶8,而优化比率为4∶6,这表明印度在发展水电的道路上还需要走很远。[1]

印度得益于其热带气候,这使得该国水电潜力大大增加。特别是印度各邦内有着显著的河流系统,如喜马偕尔邦、查谟-克什米尔和北阿坎德邦受益于季风期的能量盈余。然而,火力发电与水力发电装机容量成反比相关,例如在弱季风季节,水力发电的利用率下降,这时火电厂将产生更多的电力,以弥补不足。另外,印度国内的水资源分布不均,水电资源集中在印度的东北部,而这一地区并不缺电,相反,在印度的北部、西部和南部对电力需求极大,这就需要远程输电线路将东北部的电力资源输送到缺电地区,这对印度电力部门和政府来说都是不小的挑战。

(三)核电发展状况分析

印度拥有20座正在运营中的核反应堆,共六家核电厂,其发电容量为4.4万千瓦(电)。截至2012年9月,七座核反应堆,共计5.3万千瓦(电)正在建设中,预计在2016年投产。随着印度电力需求持续增长,政府已表示,计划将在长期规划中逐渐增加核电在总电力生产中的份额,从2011年的约4%增长为25%。

2008年9月,印度加入核供应国集团,通过签署多项合作协议,打开了获得核技术和专业知识的通道。印度政府已与包括美国、俄罗斯、法国和英国在内的几个国家签署了一系列协议。此外,通过这些协议,印度得以从其他国家获得反应堆部件和燃料。

---

[1] 潘大庆,Y. Prasa, S. K. Mittal, G. Kumar:《第三届世界水论坛国家报告—印度》,《小水电》,2004年第2期,第8—17页。

继日本福岛核泄漏事故发生后，印度民众普遍抗议核电站的建设，印度政府通过组织对现有核反应堆进行安全审查来安抚大众。印度原子能管理委员会（AERB）已对所有核电厂进行了压力测试。印度政府已经宣布了"三阶段核发展计划"，该计划旨在将具有天然铀反应堆的发电厂逐渐向如钍一样积累的其他裂变材料转变。相比印度历史上在核领域对铀的获取十分有限，其丰富的钍储量可以驱动更复杂的反应堆。印度对钍燃料循环利用的承诺使之区别于大多数国家的核电计划。

（四）生物质能与废料发电

由于印度农村地区无法获得其他能源的供应，这些地区往往依靠传统的生物质（包括薪柴、动物粪便和农业废弃物）做饭、取暖和照明。这些生物废料可以直接燃烧以产生热量和电力。

印度大部分地区依靠生物质为主要炊用燃料。根据2011年印度人口普查，62.5%的农村家庭使用木柴作为主要炊用燃料，12.3%使用作物秸秆作为主要炊用燃料，以及10.9%使用动物粪便。相比之下，不到2%的城市家庭使用作物秸秆或动物粪便，只有20%的家庭使用木柴作为烹饪的主要燃料来源。一旦农作物的收获不稳定时，这些废料的使用可能会导致健康问题、作物浪费和污染等环境问题。

印度在电力部门中也利用生物质能进行发电。根据新能源和可再生能源部统计，印度有288个生物质发电厂，热电联产电厂共有2.7吉瓦的装机容量，还具有18吉瓦潜在的生物质发电能力。大量用于发电的生物质来自甘蔗（甘蔗或高粱秸秆粉碎），它可以用于内燃动力发电机。在印度，生物柴油和其他液体生物燃料的消耗是相当低的，大约为5%乙醇的混合汽油。

第二节 印度电力法律制度

一、印度电力产业立法进程

(一)独立前时期:能源殖民期

1880年,随着位于西孟加拉邦内大吉岭河上的一个130千瓦水电站的调试成功,印度历史上第一次电力供应开始了。1897年,一座以煤为基础的火力发电厂在加尔各答成功建成。随后的1902年,在卡纳塔克(Karnataka)邦内的锡沃瑟穆德勒姆(Sivasamudram)瀑布群上的一座水力发电站进行了调试。直到印度独立之时,电力供应的主要范围也局限于在城市中心,而其用途主要是为了照明,而且当时几乎所有的初始投资都是来自民间资本。这些民间资本绝大多数是英国人拥有和运作的私有公司,这一部分商业能源主要是煤炭、石油和水电,而且绝大多数的商业能源用于工业生产,这些工业通常都拥有自己独立的发电装置。相比较而言,大规模的民用发配电装置发展缓慢,除了1899年于加尔各答、1902年于迈索尔和马哈拉施特拉邦建立的大规模电厂外,极少有如此大规模的电厂建设。这一时期尚无专门的电力立法。

(二)后独立时期:国有化时期

印度独立之后,电力的分布程度很低。印度人均年消耗仅为英国的1%(印度人均年耗能14千瓦·时,而英国为1100千瓦·时),三分之二的能源都用于工业领域。而1910年颁布的《印度电力法》主要用于保障印度电力部门和基础设施发展。随后,开国总理贾瓦哈拉尔·尼赫鲁通过1948年和1956年的工业政策改革(IPRs)和1948年的电气化法案建立了公共和私人参与行业的参考标准。这项政策改革使印度朝着国有控制的行业政策转变,也表明了印度领导层对于外国资本注入的反感,部分出于对资本主义的质疑，部分出于印度独立后要独立处理金融事务的想法。尼赫鲁认为保护印度脆弱的经济应该通过克服冷战影响的努力实现，通过不结盟的外交政策，促进国内产业发展和投资的增加。为了实现这个目标，避免国外的影响，工业发展只能选择通过国内私人企业和国有企业的方式实现。而在印度独立前国内的私人企业处于社会的边缘，无力支持强劲的工业化进程。能源工业发展的责任就自然落到了国有企业的身上。

第一部工业政策改革（IPR）法案将核电、铁路运输和兵工制造国有化。1956年的工业政策改革（IPR）法案扩展了政府的权力，将其他一些具有战略重要性的行业划归国有控制，这些所谓的优先方案部门就包含石油、煤炭和电力行业。电力一直以来都完全由政府运行。国有控制通过1948年的印度电力法案实施，成立了中央电力管理局（CEA）来落实相关电力政策，且成立了邦电力局（SEBs），以各个邦为单位整合了发电和配电。该电力法案还概括了收购和新建电厂的批准程序。这些措施使得国有企业发电份额由1951年的42%上升到十年后的65%。

1964年尼赫鲁去世后，印度继续推进国有化进程，电力部门被政府控制，1965到1966财政年国有企业占发电总量的79%。国有化进程对能源部门的影响持续了二十多年，直到1991年通过对《印度电力法（1910）》和《电力（供应）法（1948）》两部法律的修订，才再一次允许私营部门参与电力行业。而关于私营部门参与的具体政策，由政府通过公报通知宣布，并最终在《印度电力法（2003）》中颁布。

（三）20世纪80年代和90年代：推动改革时期

到20世纪80年代中期，印度的电力部门已经变得效率非常低下，而且没有什么利润空间了。1985年，印度的热电厂平均只有23.5%效率，是当时亚洲最低水平（甚至孟加拉国这样电能效率低下的国家都可以达到25%以上的水平）。而到1990年，邦电力局部分解除了对负责发电、输电和配电的国有机构的管制，并欠下国有发电企业国家热电公司（NTPC）80亿卢比的债务。拉吉夫·甘地致力于推行更自由、更实用的经济政策和谨慎的自由化项目，这使得引入私营企业显得很有必要。然而这一改革并没有产生直接的效果，这使得一些人认为他的自由化努力是徒劳的。但拉吉夫·甘地治下的适度价格调整措施为印度后来在纳拉辛哈·拉奥总理和曼莫汉·辛格总理治下的快速自由化奠定了良好的基础。

1992年在第八个五年计划（1992－1997年）开始初期，印度规划委员会号召建设发电设施，到1997年要使发电量增加30000兆瓦，其中3000兆瓦要由私营部门来实现。为实现这个目标，对现有的电力政策框架要进行大量修改，包括在电力部门引入私人资本的政策，修改印度电力法以给予区域调度中心更大的权限和自主。然而改革并没有达到政府的目标，这个时期只增加了16400兆瓦的发电量，其中只有1430兆瓦来自私企。但这些改革还是为后期更大的市场自由化奠定了基础。

1996年，政府实行针对发电行业的全国行动计划，号召建立在中央政府监管下的中央电力监管委员会。该委员会依据《电力监管委员会法（1998）》，致力于使电力价格合理化，颁布透明的补贴政策，促进高效与环境安全的电力政策，以及调控各邦之间的电力传输和供应。行动计划中其他的重大改革措施是对邦电力部门的整合，授权它们按商业基础自主运营，在配电领域允许私营部门的投资。在1998年《印度电力法（修正案）》后印度国家电网公司转变为全国性的输电单位。

印度政府积极鼓励私营部门进入电力行业，而且在第九个五年计划（1997－2002年）里产能增量的主要部分预计将来自私营部门。这项政策的主要目的是鼓励私营部门参与，以调动更多的资源用于发电、输电和配电。1991年采取的政策措施提倡从国内外市场促进资本的筹集，而且提供了更加宽松的、资金充足的、法律健全的环境，并允许私人投资者建立发电厂，或作为被许可方/配电公司来运营管理，这一状态直到邦电力局（SEBs）或公共部门垄断电力事业为止。然而，外国投资的流入一直没有给电力部门的改革进程带来所期许的水平，但《电力监管委员会法（1998）》的制定却是电力改革迈出了一大步的表现。如今，《电力监管委员会法（1998）》《印度电力法（1910）》和《电力（供应）法（1948）》已经随着《印度电力法（2003）》的颁布而被废止，新法更加契合重组与私有化的持续政策。

1947 年印度独立之时，电力生产只有 4.1 十亿单位，而在 2001-2002 年间，这一数字增长到 515.3 十亿单位。尽管电力生产的成就显著，但印度的电力部门仍一直被严重的供应短缺、邦电力局（SEBs）的财政危机、输配电损耗和低电价等问题困扰。电力部门这些弊病的主要原因是邦电力局（SEBs）享有垄断，他们组织上的限制和政治上的考虑使得其在制定重大决策，例如电价的固定等方面增加了权重。印度电力工业的问题需要通过打破邦电力局（SEBs）的垄断来实现整个系统的重组，这样一来，竞争可以引进，所有权模式将有所改变，而且一个有效的监管体系也可以在邦内建立。如果消费价格切合实际，即能够收回资金成本，以及一些有效安排能够适当地保持这一价格，那么电力部门内的私人参与者将会十分感兴趣。只有在传统的审批过程加快节奏，调整到即期需要和政策透明的情况下时，私人融资项目的成本才会有所降低。

二、部门组织

印度能源部门的特点是庞大的行政网络、咨询机构和管理部门，且分中央与邦两级。到 1992 年，全国能源设备都在能源部的管理下运行。接下来的部门重组中形成了电力部（主要负责电力）、石油与天然气部、煤炭部、新能源和可再生能源部（之前是非传统能源部）。在着手分析印度电力现状前，对印度电力核心部门和国有公司的了解是必要的。

（一）中央级部门组织

1. 电力部

电力部于1992年成立，属于印度政府的内阁级机构，主要负责规划和执行电力部门的全国性政策，包括火电、水电的发电，输电和配电。该部门还负责中央电力管理局的管理工作和印度电力部门立法的执行工作，例如其负责对《能源节约法（2001）》和《印度电力法（2003）》的修订。除了监管中央电力管理局（CEA），电力部还负责国家热电公司、国家水电公司、农村电气化公司，其中农村电气化公司为农村和农业提供财政帮助，致力于开发印度东北部的水电和天然气资源的东北电力有限公司，电力财务公司（PFC）以及印度国家电网公司（POWER-GRID）。

2. 中央电力管理局

中央电力管理局（CEA）是能源部的附属机构，根据《印度电力法（2003）》第70节的内容，其代表中央政府负责电力规划与调控方面的工作，以保证国家电力政策的健全与统一。主要内容有电力相关项目的技术合作和监管，还负责制定印度国家电力计划，管理国家电力基础设施关键设备的技术标准，包括电厂、输电线和测量装置的技术标准。

3. 中央电力监管委员会

中央电力监管委员会（CERC）是印度主要的电力管理部门，最早是依据《电力监管委员会法（1998）》，于1998年7月24日成立的一个永久性的法人团体，如今则依据《印度电力法（2003）》继续履行职责。该委员会的主要职责是确定政府运营的电力企业和在多个邦运营的私人企业的电力税费标准。中央电力监管委员会还负责各个邦之间的电力传输、输电许可和电网建设标准的制定。

（二）邦级部门组织

1. 邦输电管理局或邦电力局

邦输电管理局或邦电力局（SEBs），是邦政府主管电力事务的部门，是根据《电力（供应）法（1948）》的规定所组成的。该部门具有发放牌照、解释条款或撤销牌照等一系列的监管职能，也在控制发电、配电业务方面行使相关的权力。邦政府与 SEBs 共同对需要由中央电力局批准的自备发电机组的许可享有建议权。SEBs 与各发电公司共同协调安排供电不足或不通电区域的电力供应及输配电事宜。

SEBs 的最初目的是作为独立的机构来运行，但是，由于政治和非商业的考虑，对于导致财政崩溃的外部干扰，他们不能采取独立的决定。目前 SEBs 的财务状况及其经营业绩的恢复是印度电力部门的主要关注点。大多数的 SEBs 都存在财政危机，其原因主要有人为的低上网电价、运行效率低下，以及因盗窃和其他非商业因素导致的损耗。

由于《电力（供应）法（1948）》已被废止，SEBs 已根据新的《印度电力法（2003）》视作邦输电公共事业的被许可方。根据该法第 172 条第 c 款 SEBs 的职责应在指定日期届满后一年或经过由中央和邦政府双方同意决定的额外周期后，按照该法的第十三部分转移。同时，第 131 条第 2 款第 132 条按方案进行转移的任何财产、财产利益，以及 SEBs 的权利和责任应当属于邦政府，而邦政府可以重新将其归属于国有公司或其他公司。这些转移方案，可能会形成各类子公司、合资公司或其他部门，带来兼并、重组或推动实体的盈利能力和生存能力的有益安排，保证经济效率，鼓励竞争和保障消费者权益。

2. 邦电力监管委员会（SERC）

《电力监管委员会法（1998）》授权邦政府建立邦电力监管委员会作为一个法人团体永久延续，该委员会行使权力的法律依据为《印度电力法（2003）》第 82 条。目前印度有 22 个邦设立了该委员会，包括奥利萨邦和哈里亚纳邦，并且期待在其他各邦都能效仿这两个邦设立电力监管委员会。邦电力监管委员会（SERC）的主要职责有确定批发、散装及零售的电价；确定使用输电设备应付的资费；规范电力采购和分销授权的采购过程；促进电力产业中各项活动有序竞争、高效、经济以及根据《印度电力法（2003）》执行其他分配给邦电力监管委员会的职能。

（三）其他组织

1. 国家热电公司

国家热电公司（NTPC），作为印度最大的发电公司占全国发电能力的19%，占总发电量的29%（以上数据之间的不符是因其关注的是效率）。国家热电公司还负责建设服务于多个邦的发电设施。该公司已经实现了"Maharatna"① 状态，这给予印度四个核心国营部门（PSUs）一定的投资决策自主权，而小型的国企没有这个权利。

2. 印度国家电网

印度国家电网公司，简称国家电网（POWERGRID），是国有的输电单位，自我声称的任务是"建设和运行地区和全国电网，以健全的商业原则促进区域间电能交换的可靠性、安全性和经济性"。印度国家电网公司输送占印度电力总量45%的电力，还负责国内一系列大型配电中心。需要注意的是，政府建立的印度电网公司（POWERGRID）负责五个区域电网的运营，各邦输电设施（有一些私营部门参与）则运行大多数的输电和配电领域。因此尽管由中央政府资助的电力发展计划为坐落在各邦政府的客户提供电力，更高效的邦，如马哈拉施特拉邦，往往有更好的电力供应。

3. 电力财务公司

电力财务公司（PFC），为电力部门的项目提供周期性融资，并作为海外投资的一个渠道。客户包括邦电力部门以及国有和私人

---

① 指印度中央公共部门企业在达到Navratna状态后，过去3年内平均年营业额超过2500亿卢比、平均年净值超过1500亿卢比、平均税后年净利润超过500亿卢比，并在印度股市上市的，拥有一定国际影响力的状态。Navratna状态是比Maharatna状态低一级别的标准。

共建的电力单位。电力财务公司被电力部指定为负责印度超大型工程发展的子机构,需要建立 5 个特殊目标投资公司(SPVs)或控股公司。

印度电力交易公司(PTC),是 1991 年成立的公私合营机构,其通过促进邦际电力交易和快速应对供应过剩和短缺来提高印度电力市场的效率。

印度目前的电力监管框架来源于 2003 年的《印度电力法》,它试图改革国家电力委员会,开放输配电网络的接入限制,并建立邦电力监管委员会(SERCs),以实现在区域的基础上管理电力。目前,政府还没有完全落实该法的许多细节,这使得印度的电力部门将继续面临配电和获取足够燃料以保障发电所带来的挑战。为了减少由如石油一类的能源对高价格的波动反应所产生的供应风险,印度政府致力于鼓励更多来自可再生能源的发电,例如水电和太阳能。另外,不同的邦也有不同的能源结构。例如,古吉拉特邦靠近主要的天然气田及液化天然气接收站,这使得区域发电厂使用天然气的比例较大。

三、法律制度结构

(一)宪法与电力

电力是在宪法的并发列表中所规定的,因此,无论是中央和各邦均有权进行相关立法,进而规范电力部门。但是,整体的国家政策和立法由中央政府控制和决定,而邦政府的权力仍然被限制在各自邦领域内。《印度电力法(1910)》是第一部电力立法,通过其条款支持和规范,电力部门的政策已落实到位。印度独立后不久,《电力(供应)法(1948)》颁布,这为在联邦内建立各邦电力局铺平了道路。现今,上述两项法案和《电力监管委员会法(1998)》均已被废除,并由《印度电力法(2003)》所取代。印度与电相关的法律和其他重要的规范性文件主要有:《能源节约法(2001)》《印度电力法(2003)》,国家电力方针、计划和电价政策,1956 年印度电力规则，1977 年中央电力管理局的规则，1979 年中央电力管理局法规，1985 年电力（供应）年度账目规则以及《必需商品法（1986）》下印发的 1993 年的电线、电缆、电器及配件（质量控制）命令。

（二）主要电力法律法规及其突出特点

1.《能源节约法（2001）》

这一法案在 2002 年 3 月施行，旨在促进制度化和加强为能源效率服务的交付机制并实现各种实体之间的协调发展。该法案由 10 章共 62 条组成，第一章确定定义归属，第二章主要内容为设立能源效率局，该局代替了能源管理中心，且原管理中心的所有资产和负债均已转移至该局（第 12 节）。该局建议中央政府公布相应的规范流程和能耗标准；规定对节能建筑的规范准则；促进能源节约和高效节能工艺、设备、装置和系统等领域的研究和开发。该局依据本法可以对提供促进能源高效利用及其保护的服务征收费用（第 13 节）。该法案还授权给中央和邦政府以促进和加强能源的高效利用及保护（第五章和第六章）。对审判人员或中央政府或邦政府关于能源节约命令的上诉审裁处已创建（第 30 节）。在与中央政策方向或公共利益相背离等严重紧急情况下，中央政府有权取代该局（第 47 节）。

2.《印度电力法（2003）》

1887 年电力法是印度在电力领域的第一部立法，紧随其后的是《加尔各答照明法案》和 1902 年的《豪拉大桥照明法案》。这些法律随后被《印度电力法（1903）》取代，后经过修订，以《印度电力法（1910）》重新通过。《印度电力法（1910）》涉及电能的产生、供应和使用等内容，并规定了被许可方的权利和义务。术语"能量"被定义为以任何目的而生产、输送或供应的，或者除信息传输外用于任何目的的"电能"。《印度电力法（1910）》在 1959 年和 1973 年经过了修订，随后在 1991 年通过了《电力法（修订案）》（1991 年第 50 号），允许私营部门参与电力产业。1991 年《电力法

(修订案)》扩大了私营部门参与发电、供电和配电的范围。为实现上述这些目标，《电力（供应）法（1948）》也于1991年进行了修订。在《电力监管委员会法（1998）》通过之后，这些法律被1998年的《电力法（修订案）》（1998年第22号）再次修正。如今，《印度电力法（1910）》已被废止，并由《印度电力法（2003）》（2003年第36号）代替。

《印度电力法（2003）》由18个部分及一个计划表附加组成，第一部分涉及电力初步的方面，第二部分包含了国家电力政策和计划，第三部分就电力生产方面做了规定，而关于经营许可方面的规定见第四部分。该法还对窃电和处罚措施做了相关规定。附加的计划表保留了已经被废止的具有一定资格的邦制定的规定。中央监管委员会已授权构成一个在该法效力所及的领土范围内均有效力的咨询委员会。同样，邦监管委员会也可组成一个在全邦及其所辖范围内有效的咨询委员会。该法规定了中央电力管理局由中央政府指定成员组成。中央政府对能源的生产、传输和使用的监管目的制定规则，一般情况下执行该法的宗旨和目标。除了功能上的不同，中央政府同邦监管委员会一样应受国家电力政策的指导。国家电力计划和电价政策根据该法公布（第79节第4条，第86节第4条）。该法还责成邦电力局将作为邦输电公司负责邦内的输电事务。另外该法还规定，1956年《印度电力规则》继续有效，直至根据该法第53节的规定作出新规则。

3. 1956年《印度电力规则》

1956年的电力规则由中央电力局根据《印度电力法（1910）》第37条的规定构建，并且废除了1937年的印度电力规则。该规则由11章、7个附件组成。第一章与第二章规定了检查人员的资格，准许他们可以进入检查任何地方，或对包含任何设备的载体/容器以及用于发输变电等各项用途的设备进行检查，并且可以进行测试和检验。第十章适用于矿井用电，此处的矿井须符合1952年《矿井法案》的定义。该章明确规定了矿井或油田运营公司或油田内的多个钻井平台的所有人、代理人、工程师或经理必须强制执行该规则，且必须根据《电力规则》第110条进行工作。该规则服务于矿井设备的尺寸、型号，井下电力或其他能源驱动的安全灯的协调以及计划的协调。其余有关电压限值、用于断开电力供应的开关装置、需要遵守的电缆要求以及气体存在时的注意事项和接地的要点等问题也已经在规则中有所涉及。

邦政府或者为中央政府或代表中央政府运营的矿场、油田、铁路或其他工厂等都受该规则调整，除此之外，中央政府可以通过命令放宽该规则第五章至第九章内容。该规则还规定了在不报告由应当遵守规则的人（除检察人员或其他协助官员外）导致事故发生的处罚条款。

4. 国家电力方针、计划和电价政策

中央政府经与邦政府、中央电力管理局、中央电力监管委员会及其他利益相关者磋商，依据《印度电力法（2003）》第3节的规定构建了该政策框架。中央政府有权随时审查和修订这一政策。该政策为电力行业的加速发展、所有区域的电力供应、消费者利益的保护以及商业可行性等方面提供了指引。如今，约六成的农村家庭尚未通电，而按照该政策农村电气化的任务是可以完成的。这样已通电的所有家庭更加稳定，同时确保电力以合理的比率到达社会贫穷和边缘地区。

要想到2012年能提供超过一百个单位的人均产能，就需要在2002—2012年期间额外增加超过10万兆瓦的电能。到2012年，需要创造充足的备用电能裕度以实现全面满足能量和峰值的需求。总体可用的装机容量要提高到85%，且至少要准备5%的运转储备，以确保电网的安全稳定和供电的可靠性。

鉴于电力生产中存在大量增加的计划，输电能力就是最重要的与之保持协调的一个方面。中央政府将促进国家电网的发展，为电力从富余地区向匮乏地区转移提供适当的输送能力。中央输电公司（CTU）和邦输电公司（STU）是按照国家电力计划进行网络规划和发展的主要负责机构。该政策还承认可以对配电公司进行适当调整。在过渡融资支持的重组过程中,应当考虑实现预定的效率提升以及降低现金的损失等问题。一个到位的治理结构应当是能够将服务提供商与来自外部的干扰隔离开来的。邦电力局的负债等责任不能够转移给后继的配电公司。

交叉补贴的问题十分严重,尽管它提供了一定的补贴支持,但其产生的不利因素又影响了服务成本的回收。邦政府必须做出经费补贴的预算,以保证输电公司避免补贴带来的不利影响。在贫困线之下的消费者在消耗低于一定水平,即每月 30 个单位时,就可以领取电价补贴。但无论在何种情况下,电价应达到电力供给的平均(总)成本的至少 50%。电力部门现有的研究和开发应当在确定了的优先领域内进一步增强和扩展。大型电力公司应该预留一部分利润用于对研究和开发的支持。为促进市场发展,一部分新的发电能力,即 15%可能在长期购电协议(PPAs)以外销售。在未来几年中新发电站装机容量的相当一部分可参与到电力市场的竞争中。长远来看,这些措施将导致电价降低。国家电力方针还概述了电力部门的融资方案和私营部门参与,遏制了被多个邦报道的超过 40%的输电和配电损失、能源节约、环境问题以及培训和人力资源开发等问题。

国家电力计划是由中央电力管理局(CEA)根据《印度电力法(2003)》第 3 节第 4 条的规定每五年一次进行编制的。该计划是由 CEA 按照国家电力方针修订。由 CEA 编制和中央政府批准的国家电力计划可作为准经营公司、输电公用公司和输配电被许可方的参考文件。该计划将是一个五年的短期框架,同时也作出一个十五年的展望。除其他外,该计划将包括短期和长期的需求预测、位置/地区的产能增加、国家电网的发展以及基于经济、能源安全和环境方面考虑的对燃料的选择等问题。

《印度电力法(2003)》第 3 节中还授权中央政府制定、审查或修订电价政策。该政策一直随着邦政府与 CEA 的协商而逐渐发展。该政策的总体目标是：确保财政上的可行性和吸引投资；保护消费者权益；促进竞争；保持监管方式等的一致性。

5. 1979年中央电力管理局法规

这些法规框架由中央电力管理局（CEA）根据《电力（供应）法（1948）》（1948年第54号文件）第4C条款构建，经1976年的电力（供电）修订法案（1976年第115号文件）修订，并在1979年12月24日的印度政府公告（附加）第一节第二部分上刊登。这些法规的设置步骤应遵循相应的组织程序，并召开管理局和其他相关方面的会议。应当注意的是，由主席或就任何一项程序问题而主持会议的成员给出的裁决是终局的，具有约束力（法规12）。管理局的决定应取得包括主席在内的成员的大多数人的同意。在平局的情况下，主席或主持会议的委员在会议上有权投决定票（法规14）。《印度电力法（2003）》第117节包含了管理局有权制定法规的内容。

6. 1977年中央电力管理局规则

印度中央政府根据《电力（供应）法（1948）》第14节的规定构建了1977年的中央电力管理局规则。该规则除了包含中央电力管理局的功能和职责外，亦根据《电力（供应）法（1948）》规定了其他相关的功能和职责，如在电力工程领域的协调研究和开发；对邦电力局的财务表现进行评价；并进行有关电力行业经济和商业方面的研究以及电价结构的分析；电力项目技术－经济评价；促进邦际与联合部门的电力项目开发。《印度电力法（2003）》第185节相关内容规定保留这些规则，直到根据上述法令第67－69节规则的作出及公布。

7. 1985年电力（供应）年度账目规则

中央政府根据《电力（供应）法（1948）》第69节的规定与审计员、国家审计长以及邦政府协商后构建了这些规则。该规则规定了邦电力局应遵循的核算程序。每个邦电力局必须在一个财年结束时编制年度财务报表，并同审计员一起向中央电力管理局和有关的邦政府提交报告（规则4）。与此同时，年度财务报表的形式和内容也被规定（规则5）。基本的会计原则和政策已经明确规定，并体现在附录三上（规则7）。提交的账目必须由审计员和国家审计长或由他授权的其他任何人审查后，并经过合并与变更，才能最终被邦电力局采用（规则40）。除非撤销或修改，这些规则将继续适用［《印度电力法（2003）》第185节第1条d款］。

8. 1993年电线、电缆、电器及配件（质量控制）命令

中央政府根据1955年的《必需商品法》（1955年第10号文件）第3节的规定，为公众利益而发布该命令，以确保电线、电器、配件及其他电器产品的质量控制。

四、主要电力法律制度分析

从上述内容中可以看出，印度关于电力部门的法律以《印度电力法》为基本法，同时有一系列政府或部门规章并行。且多项法律经过了几次的修订，这在一定程度上显示印度在电力领域内的法制发展处于前列，至少比我国在电力领域的立法上有较发达的地方。除此之外，通过立法的不断修订，也体现出印度在电力产业改革上的脚步不停。电力产业改革是全球范围的现象，而且是在私有化、放松管制、重新规范等方向上的全球化行动。印度早在1991年就通过对现有法律的修订来进行电力产业改革，并为此成立了国家电力发展委员会。印度电力产业改革中凸显出一些与我国不同的制度，现将几项有代表性的制度进行分析。

（一）私人参与

1991年电力部门改革的目标是吸引私人投资。迄今为止，尽管改革政策维持了19年，但这一成效并不明显。从1992到2002年，在近20000兆瓦的私人投资目标中，仅有6500兆瓦被委托成功。主要的妨碍在于项目财务收尾时被耽搁了，加之政府政策的频繁改动；中央与各邦政策、规定的冲突；大多数国有企业和国家电力局不佳的财务状况导致保证支付的安全性不足；治理问题以及传

输缺乏投资等。这些问题导致一些发电厂不能从新投产的发电设备中传输电力。然而，《2003电力法案》使私营部门重燃兴致。2004－2005年间，总计超过4000兆瓦的11个项目实现财务收尾并且正在建设当中。该法第一次允许私人投资进入传输领域，而且中央电力监管委员会对这类项目制定了竞争性招标程序。《2003电力法案》以及2005年2月的国家电力政策为正在进行的改革和1991年开始的电力行业重组带来了新鲜动力。该电力法案强制要求国有企业分解成独立的发电、输电、配电公司。这为私人参与提供了制度便利和具体操作的可行性。下文将从电力产业的各项环节分析私人参与制度。

1. 发电中的私人参与

(1) 电力生产

《印度电力法（2003）》中明确定义发电企业为任何拥有或经营或维护一个发电站的公司或法人团体或社团或无论是否成立法团的个人或人为的法人。一家发电企业可以建立一个或多个发电站，可以向被许可的输电公司供应电力，也可以直接向消费者出售电能［《印度电力法（2003）》第10节］。一家被许可的输电公司无论其有无发电站，都可在指定区域内配电。一家企业可在一个区域同发电公司的职能合作而在另一区域同被许可的配电公司合作。自备电厂被允许通过国家电网传输电能，而无须额外支付进网许可费用。根据《印度电力法（2003）》第38－42节规定的交叉补贴附加费的豁免，用于为那些从工厂输送电力到自己的目的地的自备发电厂提供免费进网。根据超过一年的长期电力购买协议（PPA），由发电企业向许可的配电企业供应的电力价格是由相关的委员会决定的。如果购买协议未超过一年，那该相关委员会必须确定电力销售或购买价格的下限和上限，以防止电力供应短缺。

(2) 私人参与电力生产

私营公司，包括由百分之百外资持股的公司可以进行发电，而且可以作为发电公司或被许可的供电公司来运营。私人投资者可以建设发电设备,以实现供电、配电或经邦政府同意后直接向消费者出售电力。1991年10月的印度政府公报允许私人发展商设置任何容量的,或者任何以煤、天然气、风能或太阳能为发电类型的电力项目。该政策还允许自由的资本结构和有吸引力的投资回报。鉴于印度国内煤炭资源集中在北部和东部地区这一事实,政策趋向于鼓励在坑口附近设立大型电厂,以寻求规模经济带来的益处。

1995年,随着"更新与现代化(R&M)"计划的开始与开放,私营部门参与电力的一条新路径被开辟了。该计划设想了三种路径选择,分别是:租赁、修复、运营及移交(LROT);出售厂房;邦电力局和私营公司之间的合资企业。考虑到煤/褐煤很长的形成期,而以天然气和水力为基础的电力项目建设周期长以及避免严重的电力危机等问题,政府已经允许私营部门设立柴油引擎发电机组,即可以使用除高速柴油外的重质燃油发电。

(3)审批及制约情况

为使私营部门发电、供电及配电项目能够快速通过审批,印度成了一个专门的审批委员会。该委员会是唯一一个可以接收来自私营部门提案的机构或窗口,而提案的接收时间有一定的范围。此外,该委员会还会采取定期审查之类的措施,以鼓励私营部门的参与。该委员会的主席一般由印度内阁秘书担任。

在印度第九个五年计划(1997—2002)时期,对电力部门私人投资的引入曾预期将增加17588兆瓦的电力,然而实际上只达到5061兆瓦,仅仅是目标成果的28.77%。更有甚者,在第十个五年计划(2002—2007)期间,私营部门的新增产能预计为7121兆瓦,但实际只有2670兆瓦,这仅仅是目标成果的37.50%,而中央部门与邦部门的成果比例分别为55.47%和5.79%。私营部门投资不足的主要问题,仍然在于邦电力局长期的金融疲软,其中最重要的是,在没有主权担保的情况下,贷款人不会愿意资助大型独立发电项目,而这些项目中的电力将出售给垄断买方。相反,一些小型项目目由于对支付风险的容忍水平高而获得了资金支持。因此,吸引大规模私人投资进入发电领域的关键在于融资的安全性，而这反过来又取决于邦电力局的改革、电价结构以及配电改革的进展。《印度电力法（2003）》有几个特点可以解决因邦电力局的不良条件导致的障碍问题。印度私营部门的参与进度还将取决于在独立电力项目（IPPs）中获取可靠的燃料供应及运输安排的能力，其中还包括能保障在供应失败或者未送达燃料时以补偿他们的适当条款。邦电力局正处于分拆过程中，政府则致力于加强投资者的信心水平。在信心建立的过程中，发电企业有权向被许可的配电企业提供电力或直接向消费者出售电力。发电机也可向农村地区提供电力，但其使用要遵守由中央电力管理局（CEA）所指定的措施。

（4）相关的电力项目

A. 独立电力项目（IPPs）

独立电力项目（IPPs）被允许的负债－收益比率高达4∶1，即收益部分占到总支出的20％。发起人必须引进占该项目总成本至少11％的资金。该项目不低于总支出60％的经费必须从公共金融机构以外的来源筹集。百分之百的外资参股也是允许的。经营煤基发电、天然气发电和水电项目的发电公司可以在由两部分组成的电价基础上销售电力。在规范参数下经营的发电公司，可以获得实缴和认购股本约16％的回报率。发电公司仍然可以通过高效运行和赚取额外奖励来实现节约盈余，包括电价的外资股权达到16％的回报时，可用相应的外币来提供。为避免不利的汇率波动，外国投资者可以对外币进行充分的保护，即可以完全汇出股息。建设期利息资本化的实际成本和保险费已经计入了项目成本。火电项目的关税折旧加权平均水平从早期的5.02％上升到7.5％。对电力项目所需设备进口的规定已经放开不少，其中关税（包括对机器进行翻新和现代化）已降至20％。针对在发电和配电领域采用新设备所获得的利润和收益，政策给予五年的免税期。

印度的发电项目快速发展，必须遵守一定的条款及条件，邦政府可能会考虑延长向符合邦政府有关的具体要求的私营电力公司付款义务的反担保。因此必须要正式签订一份电力购买协议（PPA）。邦电力局（SEBs）必须同意开立及维持一个托管账户，收入相当于独立电力项目（IPP）一个月的账单将计入该账户并在此托管账户上 IPP 将有第一笔收费。邦电力局（SEBs）必须承诺并实施运营和财务方案，并且能够保持电力使用达到《电力（供应）法（1948）》所规定的最低 3% 的资产回报率。邦电力局（SEBs）还必须同意 SEBs 向 IPP 补足任何短缺的会费。邦政府还承认，就印度政府的反担保条款而言，代表他们的任何金额，应记入借方，并对有关国家与印度储备银行的账户无追索权。此外，由印度政府和不受上述条件支付的任何款项，可以用于针对给予各邦的主要援助。

B. 私营部门中的 Mega 电力项目

起初，印度政府和电力部提出一项政策，即由私营部门实施装机容量在 1000 兆瓦或以上的火力发电或者 500 兆瓦及以上的水电项目，向多个邦提供电力。这一政策之所以能提出，是因为印度能源分布和能源需求的不同地理区位、资源危机以及从发电地向需电地输送电力的必要性等。该政策分别在 1998 年 11 月和 2003 年 3 月经过了修订。

2. 发电能源开采中的私人参与

(1) 发电能源概况

印度电力生产主要依赖传统的化石能源，即煤炭、石油和天然气，而在水力丰富的地区主要依靠水力发电。其中煤基火电厂和某些区域的水电厂是印度电力生产的主要来源。其他以石油、天然气与核能发电仅占一小部分。2006 年，印度煤炭总储量估计在 1860 亿吨左右，其国内也有大约 50 亿吨适合发电的褐煤。靠这些燃料生产的电力，可以应付未来 100 年甚至更久的不断增长的需求。

印度全国拥有大型油/气沉积盆地，已探明多达 72800 万吨原油和 6860 亿立方米的天然气储量。然而，私营部门要想进入石油勘探领域，其入门条件即要发现更多的石油储量。与此同时，虽然阿拉伯国家的一些石油企业已经表明非常渴望通过管道实现大量的天然气出口。但是，一方面由于交通运输、石油化工、化肥以及国内天然气消费等其他行业对天然气的需求巨大，靠天然气为燃料的发电将会受到不小的限制；另一方面，有更为便宜的煤炭资源可用于发电。天然气供应管道的铺设必然会通过其他邻国的领土，而且天然气的供应将永远依赖于与这些邻国的关系。因此，这并不是一个稳固可靠的方案，尤其是在政治外交紧张的情况下。

关于印度水力发电的潜能，尚有78％的潜力可以利用。"提前行动"是水电项目的重点项目，在"十五"计划结束时，需要改善水电－热电结构，并改造其目前并不利于水电项目发展的体制结构和融资安排。

印度还拥有丰富的尚未开发的可再生能源。根据官方的估计，潜在的发电量为126000兆瓦。其中，已开始在南部和西部地区利用的风力发电估计为20000兆瓦，小水电潜力为10000兆瓦，生物质能源在17000兆瓦。而最大的电力来源（79000兆瓦）是海洋、热能、潮汐能和波浪能，但这些技术应用尚未通过试验计划。

（2）私人参与发电能源的开采

国内外投资者最初对电力行业允许私营部门参与的政策的反应十分积极。然而，实际上很多项目都遇到一些意外而耽搁。这些延误多与电力购买协议（PPAs）的落实、担保与反担保、环境许可、输电网络以及燃料供应和诉讼案件的法律强制执行合同等问题有关。而且，当电力出售给垄断的买方诸如邦电力局（SEBs）时没有雄厚的财力，就必然存在支付风险，因此贷款人也不太愿意资助大型的独立电力项目（IPPs）。燃料供应安排的不确定以及与公共部门燃料供应商磋商困难是另一个潜在的困难。为解决这些困难，一个政策框架已经逐渐形成，它确保了合理的风险负担或分配，使电力部门的项目更具有经济吸引力。

3. 配电中的私人参与

中央政府在与有关邦协商后，决定在人口达到百万及以上的各主要城镇和城市推行电力分配私有化。这些城镇和城市的电力供应越过了邦电力局（SEBs）的调度，直接通过印度电力交易有限公司（PTC）从各大发电项目配送。这一安排也就消除了邦电力局（SEBs）不支付账单的风险。最初的发起人有印度国家电网有限公司（PGCIL）、电力财务公司（PFC）、国家水电公司（NHPC）和国家热电公司（NTPC）。然而，这种安排并没有统一被所有邦采取，此外还有各式各样的变种被测试用于配电私有化。例如，在古吉拉特邦，合作社正在参与配电私有化的竞标。关于私营部门参与配电的"小微行动计划"设想，邦政府会同意私营部门逐渐参与到电力分配中。私营部门参与的进程最初可能在一个邦内的一到两个可行的地理区域内进行，这个区域可能会覆盖到城市和农村地区。随后，该邦可以在积累经验后逐步将其扩展至其他地区。

（二）需求侧管理（DSM）

在发达国家，需求侧管理（DSM）制度正日益被用来管理电力需求和供给之间的差距。这种管理是国家通过政策措施引导用户高峰时少用电，低谷时多用电，提高供电效率，优化用电方式的办法。这样可以在使用同样电力功能的情况下减少电量消耗和电力需求，从而缓解供电压力，降低供电成本和用电成本，使供用电双方都得到实惠，达到能源节约和环境保护的长远目的。其内容包括负荷控制和管理与远方抄表和计费自动化两方面：负荷控制和管理（LCM）是根据用户的用电量、分时电价、天气预报以及建筑物里的供暖特性等进行综合分析，确定最优运行和负荷控制计划，对集中负荷及部分工厂用电负荷进行监视、管理和控制，并通过合理的电价结构引导用户转移负荷，平坦负荷曲线；远方抄表和计费自动化（AMR）是指通过各种通信手段读取远方用户电表数据，并将其传至控制中心，自动生成电费报表和曲线等。前者通过扁平化的负荷曲线，减少了高峰期的需求，而这反过来又导致大量的额外电力节余。后者提高电力系统的产能利用率以更好地反映电力的实际成本。由于全方位的能源短缺，DSM可以有效地应用在西部和北部地区，因其那里具有热能发电和夜间使用富余功率晚的优势，而夜间用电可以以优惠的价格销售。夜间电力还能够以优惠利率出售给选定的大型工业用户。DSM 并不需要大量的投资，但重要的是涉及用户的合作。

(三) 电价制度

1. 批发价格自由化

印度已经采取措施使电力批发价格自由化。电力交易市场正在蓬勃发展，目前超过 200 家实体单位，其中有 14 家电力交易企业。电力交易是通过长期和短期合同完成的。《印度电力法（2003）》保证开放输电和配电设施，为消费者提供 1 兆瓦以上的负荷，这是为了允许电力整批销售，以及消费者可以寻求有竞争性的替代供应商。尽管缺乏集中的系统运营商，但伴随着电网扰动的急剧下降，一项基于可用性的电价方案在 2003 年推出，这有助于逐渐规范电网纪律。

2. 零售价格重补贴

电力部门在消费方面的零售定价是由各邦自己控制的，其最重要的问题是不合理又不划算的电价结构。长期以来，由各邦控制的零售价格一直不能覆盖操作和维护的成本，而且公用事业和邦电力局的必要资本投入占到商业销售额的 80%。尽管电价固定且邦电力局对此也知晓，但邦政府仍在不停地对电价设置进行干扰，它们依据《印度电力法（2003）》要求对特定部门以优惠的价格提供电力，尤其是为农业部门和居民消费者给予大量补贴，然而邦政府就这一要求所产生的损失，并没有为邦电力局提供补贴。而邦电力局（SEBs）仅通过商业和工业用户的电价交叉补贴收回了一部分。在这一过程中，邦电力局（SEBs）一直严重亏损。如果邦电力局（SEBs）继续同样的经营模式，在未来十年里其内部资源的生成将会是负面的，为此所要支付的账单将有 7700 亿卢比。"小微行动计划"对电力产业的设想将致力于零售电价合理化。零售电价包括过网费等都将由邦电力监管委员会（SERCs）来决定，这将能保证给每个供电部门及时生效最少 3% 的回报率。不同消费者类别之间的交叉补贴也可由邦电力监管委员会（SERCs）来决定。但是，任何部门不得支付少于供电平均成本（该成本包含发电、输电及配电）的50%。特别指出的是，农业部门支付的电价应不低于每千瓦时50派萨[①]，并在三年的时间内达到平均成本的50%。邦电力监管委员会（SERCs）的该项建议是强制性的。如果一些由邦政府或联邦属地政府提出的电价方案存在任何偏差，那么这些定价方案必须明确规定此类偏差在邦预算中的财政影响。奥里萨邦已经为私营部门参与克塔克、布巴内斯瓦尔和丹卡那尔三个地区而采取措施。北方邦的诺伊达地区也开始着手将私营部门引入配电领域。而关于配电领域引进私营部门的情况因各邦情况而异。

第三节　印度电力法律制度的评价与展望

一、印度电力法律制度建设的评价

根据上文对印度电力行业法制建设的分析，在不同的年代，其有明显的改革方向，这些改革不仅体现出印度政治经济改革的方向，也在行业内产生广泛的讨论。在促进其电力产业建设的同时，也存在一些与国内经济发展的矛盾。

（一）鼓励私人参与与能源安全

从1991年改革开始，印度政府就不断促进私营部门参与到电力产业中，这是其经济自由化的政治主张使然。就消除垄断、引入竞争、推行市场化的经济一般规律来看，激励私营部门参与到原本由政府控制的电力行业内，无疑是有其益处的。第一，私营资本的注入减轻了政府投资负担，电力基础设施建设得以更快发展；第二，引入竞争机制，以市场化方式运营电力行业，促进电能高效利

---

① 印度、巴基斯坦、卡塔尔、马斯喀特和阿曼的货币单位，等于百分之一卢比。

用，降低市场价格，给电力用户带去实惠；第三，提高科学技术应用，为产业发展提供技术支持等。

然而，在强调私人参与所带来的益处之外，必须看到，《印度电力法（2003）》明确规定，这些私营部门包括由百分之百外资控股的企业，这意味着完全的外资可以进入印度国家重要的能源部门，而且是整个电力领域的各个环节。对于掌握国家经济命脉的电力领域来说，大量的外资涌入，如果没有严格的制度管理，很可能影响一国经济的独立性及社会的稳定性。特别是印度近年来的各项法律及政策都倾向于外资的引进，在实际中也确实进口大量的化石能源，例如由于印度自有的煤炭质量低劣，且国内煤炭物流系统弱，这使得运送煤炭至电厂的成本和损失远高于直接进口并在港口转为电力输送的成本，如此印度对煤炭的进口有极强的依赖性。显然，对能源进口的依赖性使印度政府必须在制度层面将能源安全问题重视起来。

（二）政策激励与落实困境

尽管法律法规及各项政策都有明文规定，鼓励私营部门参与电力产业的运营，但综合电力产业的各个环节，由私营部门参与经营所得成果远远低于政策预期的水平。导致这一结果的原因有很多种，但其中不能忽视的是民间资本对于风险的敏感性。显然，多项法律法规及政策实际的应用情况很不理想。也从一个侧面反映出政策上的相关规定与实际的落实过程还有距离，并非政策、口号打出来，就能在实际应用中准确到位。这需要除制度方面的先行许可外，还要其他各部门的积极配合，以行政手段、经济手段与法律手段三者有机结合实现政策目标。

（三）监管部门细化与监管实效差

如前所述，印度电力部门的监管机构从中央到各邦有着多个机构，除电力部外，还有电力管理局、电力监管委员会，其分管内容十分细致。此外，印度主要的发输配电公司由政府控制，但部分运营环节允许私营部门参与,这就需要监管时公私部门的协调运作,因此,在监管强硬的时候,运营所需要的行政便利必然受到影响。一旦监管行政化与经济自由化的矛盾凸显,不仅影响印度电力部门的运营与发展,也暴露出印度因庞杂冗余的监管组织而导致的低效率问题。从长远来看,这样"弱政府"的情形对印度解决能源安全问题来说是不利的。

二、对印度电力法制建设的展望

总结上文的分析,印度电力法制建设中明显的问题是监管上的低效、分散,这与印度自独立以来的政治、社会形态有关。印度是联邦制国家,虽然中央政府仍是全国最高级别的监管机构,但各邦内的事务还是主要依靠各邦法律法规监管,明显的"弱政府"导致其监管级别虽高,但具体到各项事务中又有极为明显的分散性。这也与印度独立开始就不断推行民主化有关,其民主化进程缓慢、低效,与之伴随的市场化的改革必然受到行政上的牵制。

印度致力于推进电力部门的市场化,从鼓励私营部门进入电力行业开始,这一信号就越来越强。然而,过度依赖于市场的自发调节,相对较弱的政府干预,并没有对电力部门的发展带来大幅度的刺激,明显的例子是发输配电各领域的私营部门参与所带来的数量提高远低于政策中的预期目标。而且,电力补贴导致价格信号和需求模式的严重扭曲。由于大型农业利益的政治重要性,用于农业的能源价格是免费的或者非常低,这使得负责提供电力的各邦电力局无法收回其提供服务的成本。反而导致各邦电力局在财政上破产,而且无法维护老化的网络,进一步降低了电力服务的可靠性。在需求方面,缺乏可靠的、高品质的服务,迫使诸如纺织生产类的工业投资于备用电源,通常是柴油,这不仅昂贵,而且具有高污染性。工业负荷的最终退出,往往是各邦电力局最有利可图的,但这就进一步削弱了他们的财务状况,从而减少对系统的维护和扩展。

而要改变当前的市场化与行政监管的关系,也是不太现实的。

毕竟"自上而下"地进行政府机构改革、政策侧重点的转变等问题是相当重要且需要慎重考虑的问题,这与国家的政治历史环境有极大的关系。印度政府目前更倾向于"自下而上"的市场调控改革,这一过程必将缓慢而漫长。

第四节 印度电力法律制度对我国的启示

我国与印度在很多方面有着相似之处,国土面积大,人口数量多,地理环境复杂多样。而在经济发展上,两国同属于发展中国家,且并为"金砖五国"行列,经济发展对电力的需求迫切,也因此两国在电力的供需方面有着相似的困境。通过对印度电力法制建设的研究与分析,笔者认为以下几点值得我国思考。

一、完善我国电力法律制度建设

(一) 加快出台《能源法》

电力作为能源的最终表现形式,必然与能源的发展有着密切联系。而我国现行的能源部门的法律只有《电力法》《煤炭法》《节约能源法》《可再生能源法》等单行法律,缺乏能源法律法规体系的基本法。《能源法》作为能源领域的基本法,从法律地位上,将为其他能源单行法的制定和修改提供法律依据;从法律功能上,解决各项能源单行法之间以及单行法与其他相关法律之间的协调问题,使能源战略的实施和国家能源经济安全在国家强制力的基础上得到保障;从法律目标上,体现国家能源政策发展趋势,为能源发展中遇到的问题提供相应的法律对策,以及在能源保护与高效利用等方面提供法律支持。这一问题在国内已经得到广大学者的关注与呼吁,如肖国兴教授在其论文中详细论证了能源法律制度结构的功能与成因、形成与形态,这为我国加快制定《能源法》提供了理论指导,更有广大学者在《能源法》制定的论证过程中提出了不少有建设性的观点与制度设想。这些迹象表明我国有望出台《能源法》。

(二) 全面修订《电力法》

自1996年实施的《电力法》,其立法目的是保障和促进电力事业的发展,维护电力投资者、经营者和使用者的合法权益,保障电力安全运行。而就其内容来说,多为授权性与义务性规则、委任性与准用性规则,在具体的电力生产、供应、使用等方面,缺乏准确规定,而是由法律授权给国务院制定相关具体规定,以及地方政府制定适用于地方的规章,缺乏上位法的依据。另外,2009年全国人大常委会关于修改部分法律的决定中,也只是对《电力法》中个别词句进行了修改,并不涉及电力行业内的专业修改。特别是随着《国务院机构改革和职能转变方案》的出台,国家电监会、国家能源局的职责整合,我国重新组建国家能源局,由国家发展和改革委员会管理,《电力法》中缺少对电力监管的机构设置、法律地位、监管职责以及监督机制等规定,急需由确切的法律进行明晰。如此可见,现行的《电力法》亟待进行全面的修订。

新修订的《电力法》应当在以下几个方面做出明确规定:

一是宏观发展规划。《电力法》应对我国电力发展的趋势有所体现,在相关政策指导下,规范项目规划、经济投资等规定,全面协调电力发展、经济增长、环境保护、能源高效利用等目标之间的关系。

二是电力行政执法。《电力法》应明确执法主体是各级政府行政部门,从执法行为上,要将行政许可、行政复议、行政处罚、行政诉讼、行政监督及其他方式监督、国家赔偿或补偿等法律制度结合运用,强化政府监管职能,实现许可、复议、处罚、诉讼等法律手段的制约性和建设性。从执法程序上,要保证最基本的公正程序制度,做到政府信息公开、与民相关事项要听证等要求,从程序上防止行政权力滥用的可能,保证政务透明度和公众参与度。

三是电力市场主体。在经济发展的新时期,我国也致力于建设社会主义市场化,电力市场同样需要建设独立的、符合现代企业制度要求的电力企业。目前我国的电网经营企业，从各省市级都是国有企业及其分公司的形式，而分公司并不具备独立的法人资格，不能自由参与市场。因此，电力市场主体的确认，首先要明确发、输、配、售电企业的分类及其地位，建立归属清楚、权责明晰、流转通畅的现代产权制度，完善公司治理结构。

四是电力监管。在国家能源局重新组建后，法律应明确其监管权限和程序，使其监管有法可依。主要从其法律地位、监管职责、监管方法和措施以及制约机制和监督、仲裁制度等方面确认。电价审批、市场准入、投融资管理、成本监控等监管内容必须密切协同，才能取得预期的监管效果。

五是电力市场运行。市场化改革以及建立竞争性电力市场是我国电力产业发展的方向，应保障电力调度和交易的独立地位，确保公平调度与交易；降低电力市场准入标准，培育多元化的市场主体；完善产权交易制度，为电力企业产权重组、所有制改革以及外资进入提供法律依据和交易安全保障；制定电力市场运营制度，打破垄断，促进有效竞争；完善供用电合同制度，保障各方合法权益，迅速解决纠纷；促进科学的电价结构，明确政府与市场在不同部门价格制定中的作用或角色。

六是法律责任。现行《电力法》对法律责任的规定不明确，多为概括笼统的定性说明，缺乏细致的定量标准，影响了法律的确定性和操作性，甚至影响了权威性。修订时应当注意，权责一致的标准，加强对行政机关、监管部门的制约，明确规定其不作为或滥用职权以及不按程序履职所应承担的法律责任；权利义务对等，加强对电力责任事故法律责任的认定；与民法、刑法等其他基本法律的衔接，规范用电环节等出现的窃电或其他行为的认定及法律责任。

（三）有效落实《反垄断法》

我国目前电力行业仍具有一定的垄断性，这对市场化的改革目标造成一定的阻力。作为现代企业法人，必须适应市场运行的规律及规则，突破垄断，实现良性的市场竞争。从法律规范角度来看，反垄断法被业内称为"经济宪法",《反垄断法》的立法目的包括"预防和制止垄断行为,保护市场竞争,提高经济运行效率,维护消费者合法权益和社会公共利益"。其适用范围包括市场经营者的垄断行为、政府部门滥用行政权力限制和排除竞争的行为。

行政垄断的本质是政府通过行政权力干预来保护地方企业或者个别国有企业的利益,简单的理解即由政府通过财政、税收等措施为企业运营中的风险兜底。这显然不利于企业在市场经济中的运行和发展,甚至这样的企业谈不上市场化。因此,为实现社会主义市场经济有序竞争,必须从根本上深化经济体制改革,为市场化提供有利的制度环境。这个过程必然是长期而有难度的。在深化改革的同时,也应当采取有效的反垄断措施辅以改革,例如成立反垄断执法机构,通过反垄断调查程序审理案件并对案件做出行政裁决。

二、注重电力产业结构改革

电力并不是直接从自然资源中可获得的能源,而目前来看,电力的产出更多依靠传统的化石能源,即煤炭、石油、天然气等。但是,传统化石能源又是非可再生能源,随着时间的推移,总有资源耗竭的时候。因此,世界各国都在对可再生能源的应用投入相当大的财力物力人力,我国也不例外。由此可见,电力产业结构的调整势在必行,重点在对电力生产的源头进行开发。

(一)高效利用火电

我国煤炭资源丰富且质优,这一得天独厚的自然条件为我国火力发电提供了先天优势。然而受自然物理规律的限制,煤炭燃烧不可能实现完全燃烧,这使得电力生产过程中伴随着环境污染与资源浪费。出于可持续发展的考虑,大规模发展煤电不能再简单粗放,而要从技术上、管理上优化发展。在技术上,推行煤电一体化开发,加快建设大型煤电基地,降低煤炭运输成本;鼓励发展热电联产、余能发电,实现能源高效利用;促进煤电绿色开发,大力推行洁净煤发电技术等。在管理上,加快对现有发电机组设备上的节能减排改造，因地制宜改造或关停煤耗高及污染重的小火电，整合火电规模。

（二）大力开发水电

由于我国幅员辽阔，地理环境多样，我国水力资源的丰富程度也是世界瞩目的。而水力发电最大的优势是对环境无污染，其次从长远看来，初期的高成本投入随时间推移而得到平摊，所以成本十分经济，其取之不尽用之不竭的特性足以替代火力发电的能源供给安全性，因此亟须大力开发。我国水力资源理论蕴藏年发电量为6.08万亿千瓦时，平均功率6.94亿千瓦。但在地域分布上极不平衡，西多东少，又相对集中于西南。发展水电需考虑的问题有：基础设施建设要环保、和谐，尽可能不影响生态大环境；开发过程要渐进发展，以综合实际情况进行有步骤地开发。鉴于水电分布的地区差异，水电能否在全国范围内使用，还依靠电网的建设，这就需要覆盖广、稳定性好、输送能力强的电网建设，提高电力系统运行的经济性和灵活性，促进可再生能源发电的合理消纳。

（三）安全发展核电

核电的优势是经济性好、可规模化发展、绿色环保，有利于减少环境污染，减轻煤炭运输压力，其巨大的发电量对满足地区电力需求增长、保障能源供应安全具有重要意义。从国外经验来看，日本福岛核泄漏事故给世界各国发展核电都有警戒意义。不能不发展，也不能冒进发展是其最基本的发展思路。因此，必须高度重视核电安全，强化核安全文化理念。加快制定并颁布核电安全技术标准，明确核电准入门滥，健全核电安全机制。按照严格规范的技术标准，加快实现核电设备制造国产化。理顺核电发展体制，加快推进市场化、专业化进程。建立立足国内、面向国际的核燃料循环体系。

（四）积极发展其他可再生能源发电

可再生能源主要包括风能、太阳能、生物质能等，对可再生能源的开发要在充分考虑经济社会的电价承受能力和保持国内经济的国际竞争力的条件下积极推进。要因地制宜地积极推进可再生能源发展,如农村地区适宜生物质能发电,西北地区风力资源丰富,适宜发展风力发电,而在光照充足、太阳能丰富的地区则适宜太阳能发电。也就是要加快分布式可再生能源发电建设,解决不同地区的用电问题。目前我国对可再生能源开发和利用还有很大的空间去探索,提高科研能力、强化技术水平、实现产业化是今后重点发展方向。

三、提高用电效率与节约能源

就全国范围来看,我国相比印度,在电力供应上还是较充足的。但每年我国仍有巨大的电力缺口,这体现出不断增长的电力需求与有限供应之间的矛盾。从电力需求方面来说,要重视需求侧管理;在电力供应的保障方面,要推进电网建设;就用电客户来说,要节约能源。只有三者结合,才能把每一度电都发挥其应有的作用。

(一)需求侧管理

1. 完善需求侧管理法律体系

《电力需求侧管理办法》的出台填补了需求侧管理在行政法规上的空白,但还缺少法律级别的规范性文件,缺失上位法的规定。这一问题可以通过立法解决,也可以如前文所提,针对现行《电力法》,进行内容修订,从而增加需求侧管理的制度确定性。有了法律的明确规定,具体到现实中的需求侧管理才有相应的法律依据,才能确定管理主体的地位、角色、权责,有助于真正发挥需求侧管理,而不是空谈理论、空喊口号。

2. 明确需求侧管理主体

由于缺少法律依据,我国需求侧管理的主体并不明确,但首先要明确的是,政府部门与企业的角色要分开,其权责也要清晰,即政府为经管主体,企业为实施主体。

我国目前的发改委、能源局等部门职能范围不够,单一部门的权限过小,或者联合部门又易形成多头管理,或出现衔接上的问题。鉴于国外设立专门的需求侧管理部门的先例,我国新组建的国家能源局可以考虑设立专门性机构,从而在中央级别到地方级别,形成统一的系统,做好需求侧管理。

作为需求侧管理实施主体的企业,直接与用电客户联系,应当对客户用电作出一定的用电指导。通过在企业内部设立专门机构或相关部门实施需求侧管理的职能,对企业人员要进行需求侧管理的培训,深化其对需求侧管理的认识,发挥需求侧管理的作用。

3. 多种需求侧管理手段综合应用

需求侧管理的手段主要有法律手段、技术手段与经济手段。法律手段通过完善的法律体系构建,可以实现需求侧管理应用有法可依,为其提供开展的基础。

技术手段主要依靠提高用电效率和平衡用电峰谷两种。前者通过改进用电设备的使用率来使电能发挥最大效用。如热电联技术,即利用余热或余能发电或供热,实现电能利用的统筹规划;普及LED照明设备,使同等能耗下照明强度与照明时长的最大化。后者是通过峰谷期不同的电价差别来平衡峰值与谷值,对电力公司来说可以缓解高峰供电压力,对电力用户来说可以降低用电成本。另一个重要的技术手段是智能电网,这部分将在后文介绍。

经济手段主要是依靠电价和财政上的补贴与优惠来实现。阶梯电价、分时分段电价、两部制电价等价格方案,为电力用户不同的用电需求提供不同的电价标准,既节约能源、提高效率,也有利于用户降低用电成本。此外,政府针对公益性项目等提供财政补贴或优惠信贷等方式,可以协调电力公司与用户之间的电力平衡。

(二)电网建设

1. 大型输电网络

超特高压交、直流输电网络的建设是我国目前电网建设中的重点技术,在"十一五"期间超特高压交、直流试验示范工程的成功投运，标志着特高压输电技术已经成熟，为"十二五"及以后加强电网的发展奠定了坚实基础，也成为世界技术标准。超特高压交直流输电网不仅能保证电力大量送出和消纳，而且能耗少，受端电网安全稳定，在我国电力分布不均的情况下，有助于平衡需求与供应之间的矛盾，使电能利用实现最优化。

2. 城乡电网

目前城市电网的建设已经实现全面覆盖，配电结构有所增强，设备状况不断改善，供电质量和供电可靠性明显提高。农村地区通过"十五""十一五"的发展规划，也在整体上实现网络覆盖，大部分农村地区都通电。但我国仍有很多农村地区的电网建设滞后于经济发展，存在技术水平低、薄弱环节多、设备落后等问题，不能满足地区发展和人民生活水平提高要求，这部分需要在新时期进一步加大投入、加快建设。

3. 智能电网

智能电网因其智能化，能够进行资源的优化配置，实现运行的安全稳定；能缓解我国电力资源供需分布不均的矛盾，提高供电可靠率；能够实现清洁能源大规模开发利用，促进节约资源与环境保护；能够实现电网调度的智能化和电网管理信息化、精益化，实现电力用户与电网之间的便捷互动，为用户提供个性化智能用电管理服务，满足不同类型电力用户的用电需求；实现电力网、通信网、电信网等多网融合，拓展及提升电力系统基础设施增值服务的范围和能力；能够带动相关产业发展，提升民族装备业技术水平和国际竞争力。综合以上优势，智能电网作为世界电网发展的基本方向，也将成为我国今后电网建设的重点。

（三）用户节约

作为普通的电力用户，节电环保的意识应当不断强化。每一度电的生产、输送与使用都耗费着大量的自然资源、经济投入、技术水平、人才培养与国家实力。为了推动全社会节约能源，提高能源利用效率，保护和改善环境，促进经济社会全面协调可持续发展，全国人大常委会颁布了《节约能源法》。从其立法目的来看，节约能源事关全社会，整个电力产业中的生产部门、监管部门、输送部门及大型的用电客户都在通过改进技术水平、更新用电设备以及开发高效管理手段为节约能源贡献其力量。而作为普通的居民用户来说，力所能及的就是在日常生活中节约用电，并通过公益宣传与行动来推广节约能源。

本章小结

电力是现代社会最重要的能源形式之一，深深影响着社会的发展与前进。电力相关的法律往往体现着较强的政策导向，与国家发展规划、政策、趋势密切联系。印度与我国在经济发展上的相似吸引笔者对其电力法制建设进行研究，通过详细的阅读文献与分析，笔者对印度的电力法制情况有了深入的理解，并通过对各项法律的认识与学习感受到不同国家对电力发展的需求与管理方向，从而了解其在电力这一重要能源领域的法制规划与制度建设上的优劣，针对有益的、可行的法制建设取其精华。

受国家体制、历史发展、经济基础等因素的影响，印度更关注市场自身的调控，其电力法制建设在这样的政策导向下，有其优点，也有不足。其优点在于立法体系全面，从中央到各邦都有全面的法律法规或政策；保持法律更新，《印度电力法》《电力（供应）法》等法律法规都经过了修订；监管细化，从中央到各邦都设立有专门的监管委员会；更多利用市场调控手段等。但其不足在于，监管过于细分，导致管理效率低下；重鼓励市场主体多元化，能源安全风险上扬；法律法规落实的效果差等。由此可见，在印度法律法规对电力产业发展的方向定位后，具体的制度实施应当注意度的把握和质的实现。

对于我国来说，在电力产业发展的政策选择更倾向于市场调控与政府干预相结合。因此，针对印度电力法制建设中的优点，我国能够借鉴的是要完善电力产业的立法体系，有了法律依据才能实行各项措施;将市场自身的调控能力发挥应有的水平,切勿让政府行政力干预过多,导致市场不灵活。对于印度电力法制中的不足,我国需要警惕政府监管的僵化,避免多头管理导致的权责不分、归属不清等问题,提高监管效率,为市场调控提供有力支持和保障,使电力产业市场稳定发展。

第四章 印度环境诉讼研究

印度与我国同为发展中的大国，在经济发展的过程中面临着同样严重的生态环境问题；而且印度经历过像博帕尔毒气泄露灾难（The Bhopal Gas Tragedy）这样严重的化学品污染公害事件，深知环境污染所造成的巨大危害性以及加强环境保护措施对维护区域生态安全的重要意义；印度同样经历过像"拯救纳尔默达运动"（Narmada Bachao Andolan）① 这样造成重大世界影响的环境保护社会运动，也深知环境纠纷事项的解决所面临的严峻挑战以及为社会公众的环境利益提供充分法律救济的必要性与紧迫性；同时，印度又隶属于英美法系的国家，在提倡通过诉讼途径解决纠纷事项的司法救济模式中有着丰富的实践经验和教训，也较好地继承了英美法系国家中一些优秀的诉讼纠纷解决机制；特别是在环境纠纷事项的诉讼解决过程中，积累了丰富的理论与实践经验，也开创了一些独特的环境纠纷诉讼解决模式；这对同样处于严重环境污染问题中以及面临严峻环境纠纷解决压力的我国环境司法体系来说是具有重大参考价值和借鉴意义的。

---

① Balakrishnan Rajagopal 著，许玫译：《移民社会运动及利用法律武器反抗：印度纳尔默达水坝工程的教训》，《国外城市规划》，2006年第21期，第69页。

第四章　印度环境诉讼研究

第一节　印度环境诉讼机制的研究现状

一、国内研究现状

印度的环境诉讼解决机制继承了英美法系国家一些先进的诉讼理念和基础理论，例如"公共妨害理论""公共信托原则"以及"环境正义理念"等；同时结合发展中国家开展环境治理活动的特殊性，对原有的诉讼解决机制进行了优化和改良，使之更加适合发展中国家进行环境治理的需要。在对印度环境诉讼解决机制的借鉴研究方面，我国学者主要从司法能动性、环境公益诉讼制度、诉讼资格要件的放宽以及 ENGO（environmental non－governmental organization，以下简称 ENGO）环境公益诉讼制度等角度来探究印度环境诉讼纠纷解决机制的运行特点，对印度环境诉讼解决机制的研究也主要集中在以下几个方面：其一，通过研究印度公益诉讼制度中的司法能动主义，提出通过完善立法来解决公益侵害案件中的司法救济缺失问题。栾志茬（2006）认为，以社会行动诉讼、信函司法权、司法能动主义为特征的印度公益诉讼制度，是下层社会成员寻求司法正义的重要途径；[①] 其二，通过研究印度《绿色环境法庭法》中关于环境司法制度的创新之处，提出完善我国环境公益诉讼制度的司法建议。李建勋、蔡守秋（2013）提出，印度作为世界上第一个制定《绿色环境法庭法》的国家，通过将公民环境权纳入法律规定、规范绿色环境法庭的机构设置、实施以"接近正义权"为核心的司法制度，来帮助实现公共环境领域的"环境正

[①] 栾志茬：《印度公益诉讼制度的特点及其启示》，《北京交通大学学报（社会科学版）》，2006年第1期，第59—63页。

义";① 其三，通过研究印度公益诉讼模式的制度特点，建议放宽诉讼资格要件的司法尝试。蒋小红（2006）认为印度最高法院通过引进公益诉讼的方式，放松了对诉讼资格要件的限制，任何个人和民间团体都有权提起公益诉讼，而不必证明其与案件有直接利害关系，并据此创设"书信管辖权制度"，这种做法有利于实现社会公正和促进人权保障；② 其四，通过研究印度 ENGO 环境公益诉讼的运行模式，提出构建符合我国特殊需要的 ENGO 环境公益诉讼制度。曹明德、王凤远（2009）认为，以 ENGO 环境公益诉讼来推进环境保护是环境保护法得以实施的重要环节，印度的 ENGO 环境公益诉讼制度在原告资格、被告、被诉事由、前置程序、管辖法院、调查权、裁判结果等方面对我国有重要的借鉴意义。③

二、国外研究现状

国外对印度环境诉讼解决机制的研究则主要包括以下几个方面：在环境公益诉讼方面，Jona Razzaque 通过对南亚环境公益诉讼制度的研究对印度环境法中的宪法性环境基本权利进行了探讨，并且依此为基础分析论述了印度环境公益诉讼制度的运行框架，重点论述了最高法院的令状管辖权在印度环境公益诉讼法律机制中的应用；④ Mohammad Naseem 通过对印度环境法的论述对印度环境纠纷解决机制进行了宏观上的概括，具体包括了各级法院的司法救济体系、警察机构的刑事强制措施、环境与森林保护部的环境监测

---

① 李建勋、蔡守秋：《印度〈绿色法庭法〉及其对中国的启示》，《河南财经政法大学学报》，2013 年第 2 期，第 149-156 页。

② 蒋小红：《通过公益诉讼推动社会变革——印度公益诉讼制度考察》，《环球法律评论》，2006 年第 3 期，第 372-377 页。

③ 曹明德、王凤远：《美国和印度 ENGO 环境公益诉讼制度及其借鉴意义》，《河北法学》，2009 年第 9 期，第 138-142 页。

④ Jona Razzaque, Public Interest Environmental Litigation in Indian, Pakistan and Bangladesh, Lodon: Kluwer Law International, 2004, p63-75.

与管理以及最高法院的宪法性基本权利救济等;[①] Vaidyanathan 和 Bharath Jairaj 通过对印度邦际水事纠纷案件的分析而揭示的印度环境诉讼理论基础,包括"公共信托原则"与"环境正义理念"在印度环境纠纷解决事项中的应用以及法院对适用上述原则理念的态度等;[②] P·N·伯格瓦蒂通过对最高法院司法能动主义的探究而展示了印度公众利益诉讼解决机制的运行模式。[③]

三、研究发展趋势

近年来,对印度环境诉讼机制的研究越来越侧重于对司法能动性与环境公益诉讼制度的考量上。例如,2013 年由李建勋、蔡守秋发表的《印度〈绿色法庭法〉及其对中国的启示》一文就集中体现了对印度环境公益诉讼理念应用及其制度创新的重视,这也从侧面反映了公众环境权益保障形势的严峻性开始倒逼环境诉讼机制的创新与改革。在这方面,印度的环境公益诉讼制度走在了发展中国家的前列,它所创设的《绿色环境法庭法》也是首部专门性的环境诉讼法律规范,体现了印度在这一领域的前瞻性与独创性。然而,既有的研究活动很少从印度环境法的理论渊源与制度渊源的角度来探究印度环境诉讼解决机制的制度沿革,忽视了印度环境诉讼解决机制中一些基础性价值理念所发挥的重要作用。因此,本章将以此为出发点,深入探究印度环境诉讼解决机制的发展脉络,以期从一个更为全面的角度上来探讨印度的环境诉讼解决机制。

[①] Mohammad Naseem, Environmental Law in India, Lodon: Kluwer Law International, 2006, pp50—60.

[②] Ramaswamy R. Iyer, Water and the Laws in India, New Delhi: SAGE Publications India Pvt Ltd, 2009, pp18—31.

[③] P·N·伯格瓦蒂、仁堪:《司法能动主义与公众利益诉讼》,《环球法律评论》,1987 年第 1 期,第 35—41 页。

第二节 印度环境诉讼解决机制概述

一、印度的环境纠纷样态:"私益妨害"与"公共妨害"

（一）私益妨害（Private Nuisance）

印度的环境纠纷样态包括"公共妨害"（Public Nuisance）和"私益妨害"（Private Nuisance）两种形式，由此产生了环境纠纷解决机制的"双轨制"救济方法。首先，印度对"私益妨害"环境纠纷的解决通常采取的是环境侵权诉讼的方式提起环境损害赔偿之诉；而对"公共妨害"的纠纷解决则通过印度《刑事诉讼法典》的授权、最高法院的司法救济、行政部门的行政救济、群体性环境诉讼以及环境公益诉讼的渠道进行。此外，印度还是一个联邦制的国家，有关邦际环境纠纷的解决也是印度环境纠纷解决机制的一个重要内容。

在普通法中，各种不动产的所有人或使用权人针对其所占有的土地和财产享有"平静受益"的权利（quiet enjoyment），而当这种"平静受益权"遭受相邻关系人不当干涉而无法行使时，则当事人可以就造成"私益妨害"的不当干涉行为提起民事侵权之诉。根据英国学者 John Murph 的观点，所谓"私益妨害"是指"土地所有权人或使用权人在使用土地和享有'平静受益权'的过程中，遭受反复的、不间断的干扰活动或状态，而造成其合法权益受到持续性不当干涉的情况。"[①] 依据 John Murph 的说法，普通法中"私益妨害"的构成要件具有以下几个方面的显著特点：首先，"私益妨

---

① John Murph, The Law of Nuisance, Oxford: Oxford University Press, 2011, p2.

害"是建立在土地等不动产所有权基础之上的,是针对不动产所有权人或使用权人的"平静受益权"而言的,它所保护的法益是所有权人或使用者在土地使用过程中的"便利"(amenity);其次,"私益妨害"以对不动产的使用造成"不便"为要件,它并不需要对土地等不动产资源本身造成实质性损害,只需对不动产合法权益的行使构成"持续性不当干涉"即可;再次,"私益妨害"以相邻关系人实施的"不当行为"(unreasonable interference)为要件,这些"不当行为"包括:产生的烟尘、气味、噪音、污染以及其他可能会造成越界性妨害效果的危害性活动等。

显然,造成"私益妨害"的干扰行为并不必然构成环境侵权;环境侵权也不限于对土地等不动产合法权益的行使造成"不便"的情况。"私益妨害"只有在达到环境污染程度的情况下才有可能构成环境侵权,否则就只能是一般意义上的"妨害"(Nuisance),仅仅接受妨害法的调控,即权利当事人只能基于不动产产权的正常行使要求不法分子停止侵害和赔偿损失;而对于构成环境侵权的"私益妨害"而言,则只要依据环境法的规定,证明相邻关系人的妨害行为属于环境违法行为,权利人便可以基于该"私益妨害"行为提起环境损害赔偿之诉或排除妨害之诉;这在两个相互竞争的不动产产权同时存在的情况下表现得尤为明显,当两个竞争性不动产产权存在相互冲突的妨害权益时,则出于环境保护的考量,会优先保护因相对方的不动产产权行使而遭受环境污染妨害者的环境权益。例如,在工业企业的发展权与人们在清洁环境中的生存权益互为妨害时,出于环境保护的目的,则会限制工业社会的发展,而保障公民的健康权和生存权等环境权益。

(二)公共妨害(Public Nuisance)

普通法中的妨害(Nuisance)理论,除了"私益妨害"外,还包括"公共妨害"。所谓"公共妨害",是指"行为人在行使法定权利的过程中,其违法行为或怠于履行法律义务的行为造成公共损害或引发公众不便的情形"。① 其主要涉及对公共利益、公共福利造成不当干涉（unreasonable interference）的情况，包括对公共健康、公共安全、社区和谐以及公众便利造成的不利影响等；其干涉行为的"不当性"（unreasonableness）或基于法律的规定，或基于行为本身的性质，其具体包括：妨害行为的恶劣程度、行为持续的时间长短以及该妨害行为所可能造成的不良影响等。

"公共妨害"是人们在公众福利遭受不法侵害的情况下谋求权利救济的一种权益保护机制，其所保护的法益在于"社会福利"（social utility）和"公共利益"（public interest）。从某种程度上讲，"公共妨害"所谋求的是不特定多数人的"公共产权"免受政府及个人的各种作为和不作为违法行为的妨害与干扰；其制度价值在英美法系国家中通过"公共信托理论"得到了充分的体现，按照公共信托理论的要求，公共信托的效力级别要比政府为了公共目的而使用公共资源的权力所具有的效力级别更高；换言之，公共信托授予政府对某些公民所共同享有的公共资源行使保护的职权，而只有在权力的放弃符合信托目的的极少数情况下，政府才可以放弃这种保护职权。这一"公共信托"的原则在印度最高法院的判例中也得到了充分印证。以 Intellectual Forums, Tirupathi v. State of Andhra Pradesh 案为例，法院认为：在本案中，水库作为一种公共财产，其基于公共信托的理论，赋予邦政府的是一种为了社区公益需要而对这些财产进行保护和管理的职权；而邦政府"绝对不允许通过任何作为或者不作为的方式来侵害社区公众的合法权益或者将公众所有的公共财产转移给任何其他的个人或者团体所有"。②

---

① J. F. Stephen, Digest of the Criminal Law, Charleston: Nabu Press, 2010, p120.
② Vaidyanathan and Bharath Jairaj, Legal Aspects of Water Resource Management, Water and the Laws in India, New Delhi: SAGE Publications India Pvt Ltd, 2009, p9.

（三）"私益妨害"与"公共妨害"的诉讼资格趋同

传统侵权法理论认为，"私益妨害"侵害的是私益，属侵权行为，由受害人或受害人代表提起侵权之诉；"公共妨害"侵害的是公益，属轻犯罪，由政府代表或公职人员提起公益诉讼；只有在受害人遭受的具体损害与公共损害属不同类型的情况下，公共妨害才同时构成侵权行为，受害人才可就公共妨害提起损害赔偿或排除妨害之诉，这被称为"不同类型损害"原则。① 印度虽然按照传统的侵权法理论，将环境损害划分为"公共妨害"（Public Nuisance）和"私益妨害"（Private Nuisance）两种不同类型，但是在司法救济的过程中，并没有按照"不同类型损害"的原则对诉讼资格加以限制；依据印度《民事诉讼法典》（Civil Procedure Code，以下简称 CPC）第 91 条的规定，两个或两个以上的公民基于消除"公共妨害"的目的，就可以向地区法院提起排除妨害之诉或者其他形式的救济之诉；且不存在证明其自身遭受的损害类型与公共损害属于不同类型的限制性条件。同时，在提起环境公益诉讼的情况下，公民个人还可以就自身在公共损害中所遭受的具体损害事实，依据普通法的规定提起环境侵权之诉；公民个人的诉讼主张可以包括损害赔偿、排除妨害、消除危险，而且还可以基于"公共妨害"提出排除妨害的诉讼请求。

印度环境侵权救济中的这种做法等于放宽了公民个人针对公共妨害案件的诉讼资格限制，消除了同一案件中的当事人提起排除妨害之诉的制度障碍，这也体现了"私益妨害"诉讼与"公共妨害"诉讼在诉讼资格要件方面的趋同化趋势。一方面，在"公共妨害"的案件中，如果公民个人因该"公共妨害"而遭受到了具体的人身伤害或财产损失，则其有权基于"私益妨害"向不法行为的实施者提起损害赔偿之诉；另一方面，公民个人如果发现企业、个人以及

---

① 王明远：《美国妨害法在环境侵权救济中的运用和发展》，《中国政法大学学报》，2003 年第 5 期，第 35 页。

社会团体实施了环境不法行为,或者是政府机关怠于履行其应尽的环境保护职能,则其可以像其他具有"公共妨害"诉讼资格的公职人员一样,直接向地区法院提起环境公益诉讼,行使对公共福利和公共安全的监督管理职能,同时也避免了"公共妨害"所可能造成的对公民私益的不法侵害,形成对公民合法权益的预先救济机制。

二、"私益妨害"与环境侵权救济

(一)"私益妨害"的构成要件

印度作为普通法系的国家,其民事环境纠纷的解决机制主要以普通法中的侵权法为基础;印度环境侵权的法律责任体系包括:过失(negligence)、非法侵害(trespass)、妨害(nuisance)以及严格责任原则(strict liability)等。印度环境法中的"私益妨害"(Privite Nuisance)也是由侵权法中的"妨害法"发展而来的,但与传统妨害法相比,其"私益妨害"的概念拥有更为宽泛的内涵,它兼采了非法侵害理论、过失理论、妨害理论以及赖兰兹诉弗莱彻案所确立的严格责任原则等内容;印度环境法还将"妨害"(nuisance)区分为"私益妨害"和"公共妨害",其主要作用在于区分环境妨害行为侵犯的是公益还是私益。其中,"公益妨害"是指对不特定多数人的公共权益所造成的不当侵害;而"私益妨害"则是指对单个具体的公民个人的合法权益所造成的不当损害。

就"私益妨害"而言,公民个人就民事环境纠纷提起的侵权之诉,必须满足三个要件:1. 被告人存在过失;2. 存在违法侵害的事实;3. 存在损害事实或妨害(Nuisance)。可见,印度环境侵权的构成要件中,除了实际损害以外还包含了"妨害"(Nuisance)要件;损害事实即"实害",主要适用于非法侵害理论和过失理论,严格责任原则也适用"实害"要件;而"妨害"要件的存在表明,仅仅达到环境污染程度的环境干扰行为也会构成环境侵权。显然,对"环境妨害"侵权行为的法律救济使得对环境污染的防控范围更大,更能体现环境保护中预防为主的法律原则,有利于防患于未然；在损害事实方面，公民个人还需要证明，公民自身因该加害行为所造成的具体的人身伤害或财产损失必须是现实存在的，法院负责对该受害人遭受到的损害事实或潜在危险进行审查，受害人必须要与该损害事实之间存在直接的利害关系；但如果加害人在主观上存在侵害的故意，则受害人可以免于对上述损害事实的举证责任。

此外，在"环境妨害"的成立要件上，印度侵权法还实行针对天然危险性活动的严格责任原则，印度最高法院的五人审判委员会认为，依据赖兰兹诉弗莱彻案（Rylands v. Fletch）中所确立的严格责任原则，对于从事具有天然危险性和危害性活动的工业企业，应当对其所引发的环境损害赔偿承担严格责任和绝对责任。在赖兰兹诉弗莱彻案中，法院认定："当事人如果以非自然（non-natural）的方法使用土地，则其必须承担因该使用方法所可能导致的一切风险，并且对其使用过程中所造成的一切损害结果承担赔偿责任。"[①] 赖兰兹诉弗莱彻案所确立的严格责任原则（strict liability）构成了印度环境侵权法中的一个重要的法理基础；虽然"严格责任理论"与"私益妨害"理论存在很大的关联性，但是，在环境侵权的构成要件上，二者还是存在明显的区别。首先，严格责任原则主要是基于被告方所应承担的损害赔偿责任而设定的，而环境妨害侵权理论则是着眼于原告方有权提出排除妨害或损害赔偿的诉讼主张；其次，严格责任原则强调的是造成实质性的损害，而环境妨害侵权行为则不以造成实害为要件；再次，严格责任原则要求被告以非自然（non-natural）的方法导致损害，而环境妨害侵权要求以不当干涉（unreasonable interference）造成妨害。只有符合赖兰兹诉弗莱彻案构成要件特点的案件才可以遵循判例，适用严格责任原则。根据这一判例原则，印度高等法院要求从事危险性活动的企业应当为其造成的环境损害后果承担严格责任和完全责任，

---

① 戴维·M. 沃克：《牛津法律大辞典》，北京：光明日报出版社，1988年，第793页。

除非被告方能够证明该损害结果是不可抗力、相对方过错以及第三人原因造成的。

（二）环境侵权的法律救济

根据印度《民事诉讼法典》（CPC）的规定，针对不法侵害者对公民个人造成的"私益妨害"，印度的环境侵权法律救济途径主要包括两个方面的内容：其一是针对该"私益妨害"行为所造成的环境损害结果提起损害赔偿之诉；其二是针对不法侵害行为本身提起排除妨害之诉。

首先，在提起损害赔偿之诉方面，印度的环境损害赔偿在性质上主要是具有救济性质的民事损害补偿而非惩罚性的环境赔偿，其请求损害赔偿的范围主要包括用于恢复已经造成的环境损害所需的必要费用以及权利人采取相关救济性措施所使用的花费等（这些花费既包括提起民事诉讼或侵权诉讼的诉讼费用，以及交通费、餐饮费用及其他相关的费用，还包括采取其他的救济性措施，如防止损害进一步扩大以及防止损害情况持续恶化的费用等。

其次，在提起排除妨害之诉方面，公民个人主要可以通过请求法院发布禁止令（injunctions）或法院指令（directions）的方式要求被告方停止环境侵害和排除妨害；公民个人既可以基于"私益妨害"直接向法院提起要求被告方排除妨害、停止侵害行为的诉讼请求，也可以基于与"私益妨害"相关的"公共妨害"提起排除妨害之诉；而在环境公益诉讼的提起方面，印度则实行比基于个人私益提起的侵权之诉更为宽松的诉讼资格要件，申诉方甚至不需要与损害事实之间存在直接的利害关系，只需要是出于"公益保护"的目的并且是具有社会公德心的公民个人或社会组织即可。

三、"公共妨害"与环境权益保障

（一）公民环境权益的宪法保障

依据印度宪法第 32 条有关公民宪法性基本权利的救济规定，

印度最高法院通过保障公民的宪法性基本权利，来处理涉及公众环境权益纠纷事项的"公共妨害"案件。印度最高法院在对 Subhash Kumar v. State of Bihar 案件的审理过程中认为："《宪法》第 21 条规定的公民生命权，作为一项基本的宪法性权利，应当包含有基于幸福生活的目的而享有不受污染的大气与水的权利内容。"并且进一步引申出"对于涉嫌违法的侵害公民生活质量以及危及公民生存环境的行为，公民可以依据《宪法》第 32 条有关权利救济的规定，诉请法院排除对大气环境和水环境的污染活动，并消除其对公民生活质量的不利影响。"[①] 依据这一规则，最高法院根据《宪法》第 32 条的授权，可以针对公民的宪法性基本权利发布执行令；公民个人也可以据此向最高法院提起以邦政府作为被告方的环境公益诉讼。

此外，在涉及宪法性基本权利实施的制度保障方面，印度《宪法》第 32 条规定，最高法院基于对宪法性基本权利的执行过程，享有对地方邦政府及相关机构的令状管辖权权限，并且对各个邦政府之间、邦政府与中央政府之间的诉讼纠纷事项也享有初始管辖权的职能；通过对地方邦政府行使司法管辖的职权，最高法院得以对宪法性基本权利的实施过程进行监督管理。而地方高等法院作为地方邦政府的最高司法机关，其除了具备法院的审判职能外，也可以行使对地方邦政府的司法管辖权职能，根据《宪法》第 226 条的规定，地方高等法院基于宪法性基本权利的实施以及其他目的的需要可以发布指示、命令以及颁布涉及人身权保护、训令发布、禁止性命令、审查授权令等内容的令状。

（二）《刑事诉讼法典》（CPC）对"公共妨害"（Public Nuisance）的法律规制

印度《刑事诉讼法典》（Criminal Procedure Code，简称 CPC）

[①] AIR 1991 SC 420.

第133条规定，公民个人可以就环境污染事件向地区法院提起涉及环境妨害的刑事诉讼。依据这一规定，印度环境法律制度在某些涉及环境犯罪的法律条文中设置了"公民诉讼"（citizen suit）的法律条款；印度环境法律规范将某些特定的"公共妨害"行为界定为环境犯罪，并且在相关法律条文中规定了任何公民都可以基于该环境犯罪的"公民诉讼"条款向法院提起刑事诉讼；在涉及环境公共妨害的刑事案件中，公民个人的诉讼资格要件被设置得非常宽松，甚至是并未在环境犯罪中遭受实际损害的非利害关系人也可以提起刑事诉讼。例如，法院认为，从事社会公益事业的环境公益人士也可以就法律规定的环境犯罪行为提起刑事诉讼。

此外，《刑事诉讼法典》（CPC）第133-144条还赋予了地方治安官及分区治安官在处理"公共妨害"案件过程中的法定职权。根据《刑事诉讼法典》（CPC）第133-144条以及涉及"公共妨害"防控的1861年《警察法》的规定，地区治安官、分区治安官以及能够代表地方邦政府行使管理职权的地方行政官员主要通过三种途径来行使针对"公共妨害"事项的刑事管理职权。

首先，各级治安官享有排除妨害和消除危险的刑事管理权限。地方治安官、分区治安官以及法定的地方行政官员，在收到警察局的通告或者其他形式的举报信息，抑或是本身掌握了案件事实必要证据的情况下，则需要对涉嫌"公共妨害"的不法行为采取排除妨害和消除危险的刑事措施。相关执法人员实施的刑事执法过程主要包括两个方面：其一，对涉嫌造成"公共妨害"的不法行为进行事实认定，以确定该不法行为是否符合"公共妨害"的构成要件，包括对行为方式、行为后果以及造成的不良影响进行详细评估等；其二，在对不法行为进行详细评估的基础上，合理提出恰当的指令要求，以指示不法行为的实施人采取恰当的措施以排除妨害、消除危险。

其次，各级治安官还拥有发布各种指示性命令和禁止性指令的权限。在"公共妨害"行为需要被及时地进行禁止以及其所造成的损害后果需要被及时救济的情况下，地方治安官、分区治安官以及地方政府代表可以充分地行使自由裁量权以裁定是否应该对该"公共妨害"行为采取相应的刑事强制措施，包括发布指示性命令和禁止性的指令，以对不法的"公共妨害"行为进行有效约束，但该刑事强制措施必须符合法定的要求，根据《刑事诉讼法典》第134条的规定，相关的案件事实必须以书面形式载明在强制性命令上。

最后，依据1861年《警察法》第30条的规定，地区警察局局长有权针对可能造成"公共妨害"的行为采取事先预防的措施。这些"公共妨害"的预防性措施包括：游行队伍的游行路线需要经过警察局的事先设定，公众集会以及示威活动需要经过警察机构的事先许可，节日庆典上公共场所的音乐活动需要进行有效管控等。此外，根据本法第34条的规定，警务人员可以针对以下行为行使逮捕职权：其一，阻碍交通并且可能造成公众不便和公共危险的行为；其二，在街道上随意丢弃废弃物的行为；其三，在守卫危险性场所的过程中疏忽大意的行为。

（三）审理环境公益诉讼案件的法律依据——《绿色法庭法》

印度的《绿色法庭法》（National Green Tribunal Act）是关于印度环境诉讼案件审理的基本法律制度，它同时也是涉及印度环境公益诉讼的专门性综合性法律规范。根据《绿色法庭法》第2章第3条的规定，绿色法庭（National Green Tribunal，以下简称NGT）是处理涉及环境保护、森林资源防护以及公民环境权益保障的主要诉讼机构，其运行机制主要以自然正义理念为指导，而不遵循《民事诉讼法典》（1908）所确立的民事诉讼程序；在机构设置上，印度全境设有五个综合性的绿色环境审判法庭，分别是位于新德里、加尔各答、博帕尔、普纳、钦奈的诉讼审理机构,[①] 这五个绿色法庭共同构成了印度环境诉讼案件审理的机构保障体系。不同于其他形式的环境法庭机构设置,印度的绿色环境法庭是涉及多种学科领域的专门性环境案件审理机关,其对公民环境权益的保障更为全面具体,特别是在对造成重污染等环境损害的恶性环境公害类案件的审理方面,绿色法庭(NGT)可以有效地对所造成的环境公共利益损毁情势提供及时的法律救济,这在环境公益诉讼案件的审理领域具有重要的现实意义和良好的制度保障价值。

根据《绿色法庭法》第3章第14条(1)款的规定,绿色法庭的案件管辖范围主要涉及与环境保护事由相关的民事诉讼环境纠纷事项的审理,同时也包括在危险性有害物质的处理过程中所引发的环境安全事故等;而权利人在谋求司法裁决的过程中,其诉讼申请的有效期限也必须在引起环境纠纷的诉讼事由首次发生之日起六个月内提出,其延长期限最长不得超过60天。[②] 根据该法第15条(1)款的规定,在当事人向法庭提起的诉讼请求中,法院可以就以下事项向受害人提供司法救济:其一,对环境污染的受害者以及由本法附录 I 中所规定环境危害事由所造成的环境损害提供损害赔偿和环境救济;其二,对环境污染和妨害事件中遭受损失的公民私有财产和公共财产进行财产补偿和损害修复;其三,对环境污染和公害事件所涉及的环境破坏区域以及其他相关区域的生态环境进行修复和治理。考虑到环境损害过程的持续性、隐蔽性以及认定程序的复杂性等特征,印度的《绿色法庭法》将提起环境损害赔偿之诉的起诉期限设定为:自首次达到环境损害赔偿标准的损害事由发生之日起5年内。

在环境损害事实的认定方面,《绿色法庭法》在第1章"序言"

---

① National Green Tribunal (NGT), Ministry of Environment & Forests. http://envfor.nic.in/rules-regulations/national-green-tribunal-ngt. 2014年2月26日访问。

② The National Green Tribunal Act, 2010 (No. 19 of 2010), sec. 14 (3).

部分对本法所涉及的各种"环境损害事由"进行了明确的规定。例如，本法的第 2 条（1）款（c）项规定：本法所称的"自然环境"是指由大气环境、水环境、土壤环境以及存在于大气、水、土壤、人类、动植物、微生物以及财产权之间的内部环境法律关系所构成的广义的生态环境权益等。而所谓的"环境安全事故"则是指：涉及处理危险性物质、操作高危设备、运行高风险性工业设施以及运营高危交通工具（即会使外部的生态环境面临长期性、间歇性以及反复的生命安全、人身伤害、财产损失以及环境侵害威胁的各种高危活动）的过程中，所遭受的各种偶发性、突发性以及不可预测性事件等。其中"危险性物质"是指依据 1986 年《环境保护法案》以及 1991 年《公共责任保险法案》中所确定的高危险性有害物质，其处理过程涉及生产、加工、使用、储存、运输、收集以及出售各个环节；对公民人身造成的伤害包括导致各种永久性丧失或部分丧失劳动能力的人身损害及疾病。

第三节　印度环境诉讼解决机制的运行模式

一、民事性质的环境纠纷解决机制

（一）环境侵权诉讼的运行模式

印度的环境侵权法律制度虽然按照传统的"妨害法"理论，将"环境妨害"界定为"公共妨害"（Public Nuisance）和"私益妨害"（Private Nuisance）两种形式，但是在其提起环境诉讼的过程中，并未遵循"不同类型损害的原则"[①] 对诉讼资格进行限制。根据 1908 年《民事诉讼法典》第 91 条的规定，两个或两个以上的公

---

① 于明远：《美国妨害法在环境侵权救济中的运用和发展》，《中国政法大学学报》，2003 年第 5 期，第 35 页。

民可以基于公共利益所遭受的损害，向联邦地区法院请求颁布禁令或者声明，以谋求对公共利益的救济；此外，如果单个的公民基于"公共妨害"的原因遭受了特定的损害，则可以根据《民事诉讼法典》的规定，提起普通法领域中的损害赔偿之诉。其诉讼主张既可以包括损害赔偿，也可以包含消除妨害、减轻损害等。例如，在阿米娜·萨达特·阿里诉市政委员会（Aamina Sadat Ali v. Municipal Board）的案件中，法院就针对公民个人提出的"公共妨害"排除请求权进行了明确的确认；[1] 此外，印度《民事诉讼法典》（The Code of Civil Procedure, 1908）第91条第2款也规定，"本法条所规定的内容，并不对其他任何条款中关于诉讼权利的规定构成限制和影响"。从这一点来说，印度的环境诉讼纠纷解决机制相较传统侵权法理论是一大进步。

（二）民事环境诉讼机制的主要特点

第一，以过错责任原则为基础，以严格责任原则为补充。印度民事环境诉讼的提起以侵权法为基础，按照印度《民事诉讼法典》及相关环境法律制度的规定，环境侵权之诉的提起必须满足三个方面的成立要件：1. 加害人存在故意或过失；2. 存在违法侵害的事实；3. 存在损害事实或妨害。其中，加害人的故意或过失是导致环境侵权诉讼的必要条件，受害人需要对加害人的过错承担举证责任，但如果加害人主观上存在故意，则受害人可以免于举证。此外，对于从事天然危险性活动或危害活动的工业企业来讲，印度侵权法还规定了严格责任原则或绝对责任原则，即如果上述企业在从事生产经营的过程中造成了严重损害或妨害，则应对其所造成的损害后果承担全部赔偿责任。

第二，"私益妨害"与"公共妨害"的诉讼资格趋同。印度的环境诉讼没有按照"不同类型损害"的原则对公民的诉讼资格加以

---

[1] AIR 1980 All 376.

限制；公民既可以基于"公共妨害"的缘由向法院提起排除妨害之诉，也可以基于公民个人在"公共妨害"中所遭受的具体损害向法院提起损害赔偿之诉；而在公民提起环境侵权之诉后，也不会对公民提起环境公益诉讼或其他诉讼造成限制或影响，这是印度环境诉讼相对传统侵权法理论的一大进步。

第三，诉讼资格放宽，即便与案件事实没有直接利害关系的"公益人士"也可以就案件本身提起民事环境诉讼。印度最高法院在审理梅塔（Mehta）系列案件中确立了将"公民诉讼资格放宽"的原则，法院认为，针对当事人提起的关于恒河污染的诉讼案件，虽然原告与案件事实没有直接利害关系，也并非居住在恒河流域的沿岸居民，但是鉴于当事人长期从事与该流域饮用水安全相关的公益事业，而在实际上与本案产生了某种潜在的关联性，因此，应当具备针对本案的诉讼资格。这就等同于法院默许了"公益人士"提起非利己性环境侵权诉讼的权利，从而放宽了关于"环境侵权"诉讼的诉讼资格限制，有利于保护在环境侵权诉讼中处于弱势地位的普通公民的合法权益。

（三）诉权滥用的法律限制

对诉讼资格的放宽，并不代表法院允许对诉讼权利的滥用，最高法院对于基于私益目的而提起的环境公益诉讼不断地进行审查，并对这种诉权滥用的行为处以高额的罚金。有关 Chetriya Pardushan Mukthi Sangharsh Samithi v. State of U. P. 案[①]与 Subhash Kumar v. State of Bihar 案[②]的审查就是两个例子。经过案件审查，法院认为，当事人提请的环境公益诉讼主要是基于对被告方的私人恩怨，而非"公益目的"提起，因此，不具备公益诉讼的性质，并最终裁定驳回起诉。并且为了防止中诉方利用公益诉讼的渠道谋取不正当利益，法院还对诉讼资格要件作出了必要限制，

---

① AIR 1990 SC 2060.

② AIR 1991 SC 420.

即只有具备"社会公德心"(Public-spirited)的公民个人和社会组织才可以基于"公益目的"提起公益诉讼;对案件基本事实的审查也不仅仅是依据当事人双方对案件事实的陈述,而由法院指定的专门委员会进行。

二、《刑事诉讼法典》(CPC)及其环境纠纷解决机制

(一)刑事环境纠纷解决机制的主要特点

印度刑事环境纠纷解决机制的法律特点主要表现在两个方面:其一是按照"公益妨害"的理论,通过公职机构行使公共职权的方式来作为解决刑事环境纠纷的主要手段;其二是通过"公民诉讼条款"和法院默认的方式,赋予公民个人和非政府环境组织(environmental non-governmental organization)一定的提起刑事环境诉讼的诉讼资格及权限。

第一,地方治安官行使"排除妨害"法定职权及刑事"强制令"措施。印度刑事环境纠纷的解决机制主要依靠地区治安官、分区治安官以及经授权的地方行政官员和警察机构行使刑事法定职权和采取"强制令"措施的方式得以实现。根据印度《刑事诉讼法典》第133-144条的规定,地区治安官、分区治安官和经授权的地方行政官员享有对"公共妨害"行为进行法律认定和行使"排除妨害"的法定职权,同时可以针对紧急情况下的"公共妨害"行为采取刑事"强制令"等强制措施。此外,根据1861年《警察法》的规定,地方警察机构可以针对"公共妨害"行为采取事先预防的措施,例如,包括游行示威、公众集会、节日庆典在内的公共活动都需要接受地方警察机构的公共管制,而且针对有些"环境公共妨害行为"还可以行使逮捕职权,例如,针对阻碍交通、公共场所丢弃废物的行为、危险场所守卫的渎职行为等,都可以采取逮捕措施。

第二,非政府环境组织(ENGO)与公民个人提起的刑事环境诉讼。非政府环境组织(ENGO)可以针对环境犯罪行为向法院提

起刑事诉讼,虽然印度《刑事诉讼法典》及相关的环境法律制度并未就非政府环境组织(ENGO)的诉讼资格要件作出明确的规定,但也未就 ENGO 提起刑事诉讼作出明确的禁止,因此,法院在实际的判例中通常都默认 ENGO 具备提起刑事诉讼的诉讼资格,允许其就环境犯罪提起刑事环境诉讼;而针对公民个人提起的刑事诉讼则主要借助"公民诉讼条款"得以实现,印度环境法律制度将特定的环境妨害行为界定为"环境犯罪",并在其后附有"公民诉讼"的条款,公民个人可以依据"公民诉讼条款"的规定向法院提起刑事环境诉讼。

(二)地方治安官的"排除妨害"法定职权

印度《刑事诉讼法典》的环境纠纷解决机制主要涉及对"公共妨害"(Public Nuisance)纠纷的处理过程。该法典的第 133—144 条对公共妨害的处理程序作出了详尽的规定,授权地区治安官、分区治安官以及经授权能够代表地方邦政府的其他行政官员以排除妨害和消除损害的权力,赋予其发布行政命令和颁布禁止性指令的职权,以处理发生在公共妨害案件中的环境纠纷事项。

在处理"公共妨害"环境纠纷案件的过程中,作为地区治安官、分区治安官以及经授权能够代表地方邦政府的其他行政官员,在收到警方的案情报告以及其他举报信息的情况下,并且在能够搜集到有关上述信息的恰当证据资料的前提下,则可以采取下列措施来排除妨害行为和消除损害:(1)对妨害行为或损害事实进行法律界定。依据《刑事诉讼法典》第 133 条的规定,任何涉及违法的妨害行为或损害事实都应当在公共场所或者其他可以被公众合法使用的道路、河流以及渠道设施中被清除,任何会对社区公众造成健康损害或者其他不良生理反应的职业行为、贸易活动,对商品、货物的持有行为都应当被取缔或接受管制,对建筑物的建造过程具有易燃、易爆风险以及对易燃、易爆物质的处理过程都应当被禁止和清除,任何危险性的动物都应当被清除、管制或处理。(2)发布恰当的行政命令要求责任人消除危险、排除妨害。在确定损害事实和妨害行为情节违法的前提下，地区治安官、分区治安官可以通过发布行政命令的方式消除危险、排除妨害。具体包括：引起损害和妨害风险的责任人在一定时间内按照指令的要求排除妨害、消除危险，从事商业、职业活动的参与者和商品、货物的持有人按照指令的要求停止、转移相关活动或者接受管理，转移相关货物或者按指令的要求对商品、货物进行管理，占有和使用相关建筑物、帐篷、结构物、水柜、水井、洞穴的管理人或使用者须依据指令提出的规则转移、修复和支撑相关的建筑物、帐篷或结构物，转移或支撑相关的树木，动物的所有人和管理者根据指令的要求负责处理、清除或管制危险性的动物等。

（三）规制"公共妨害"行为的强制令措施

依据《刑事诉讼法典》第 142 条的规定，地区治安官在需要采取紧急措施的情况下，可以被授权发布有关案件的强制令（包括针对案件相对人的行政指令和禁止性命令）；第 144 条又进一步拓展了对治安官的授权范围，在发生突发性公共损害案件以及面临即时性危险的情况下，地区治安官可以通过发布强制令的方式来指导人们的行为模式或者禁止人们从事某些活动。例如，第 144 条第（1）款规定，如果地区治安官、分区治安官以及经授权能够代表地方邦政府的其他行政官员认为，采取即时性的制止性措施以及快速的救济方案是必要的，并且按照本法条的相关规定，实施这些行为拥有充足的法律依据，那么，该地区治安官就可以通过发布载有案件事实和本法第 134 条相关规定[①]的书面命令，在尊重相对方针对特定财产享有的占有和使用权利的前提下，指令相对方禁止从事某一特定的活动或者遵守某一具体的行政命令。值得一提的是，在本法中所涉及的任何行政命令，自该行政命令作出之日起，其有效期限都不会超过两个月；但也有例外的情况，如果地方邦政府基于使公众

---

① 印度《刑事诉讼法典》（CPC）第 134 条规定：地区治安官发布的行政命令适用于相对方违反已经通过的行政命令的情况。See Ibid. sec. 134.

安全、健康和生命安全免于遭受危险性威胁以及暴乱、骚乱影响的目的，则可以通过发布公告的方式，将地方治安官已经作出并且即将失效的行政命令再顺延一定期限，但其顺延的期限自行政命令作出之日起，最长不得超过六个月。此外，地方治安官也可以通过发布禁止令（injunction）的方式来防止"公共妨害"所可能造成的不利影响。禁止性命令（injunction）的发布必须满足相应的成立条件：首先，当事人必须证明该"公共妨害"所造成的损害是现实中正在发生的或者是迫在眉睫的；其次，该"公共妨害"所造成的损害后果具有严重性或永久性的特征，或者二者兼有；再次，该损害后果是难以估量的和无法补偿的，因而必须进行防止。如果满足以上三个方面的要件，则可以作出禁止性命令（injunction）以防止"公共妨害"。

三、最高法院的环境纠纷解决机制

（一）最高法院受理环境诉讼案件的主要特点

第一，以宪法性基本权利为依据。印度《宪法》第21条对公民"生命权"进行了详细的规定，提出了基于幸福生活而不受大气污染及水污染干扰的权利也是公民"生命权"的一个重要内容，公民享有高质量生活和在良好环境中生存的权利；如果公民的上述宪法性基本权利受到了侵害，则可以依据《宪法》第32条的规定，请求法院排除关于大气环境和水环境的"公共妨害"行为，并消除其对公民良好生活质量所造成的不利影响。

第二，以保障公民基本权利实施为目的。最高法院受理环境公益诉讼案件，其目的是保障公民基本权利的实施。例如，根据《宪法》第32条的规定，在宪法性基本权利的实施过程中，最高法院享有对涉及基本权利实施纠纷案件的令状管辖权，并可以针对基本权利的实施问题针对各邦政府与中央政府之间的纠纷案件行使初始管辖权。

第三，以令状管辖权体系为载体。最高法院对环境公益诉讼案件的受理主要通过令状管辖权体系得以实现，令状管辖权体系是英美法系国家的一种特殊的管辖权机制，它主要适用于涉及侵害宪法性基本权利的宪法性诉讼案件，通过颁布涉及人身权保护、训令发布、禁止性命令、审查授权令等内容的令状，最高法院得以对侵害公民宪法性基本权利的违宪行为进行审查，并借此对抗地方邦政府和中央政府颁布的不利于环境保护和公民环境权益保障的经济政策。

（二）宪法性基本权利的司法救济

最高法院的环境纠纷解决机制更多的是将环境纠纷当作一种普遍的公共环境问题来处理，而非当事人之间的私益环境纠纷事项来解决。传统的私益纠纷解决机制认为，司法资源具有稀缺性，因此不可能将所有的妨害事实都诉诸法院，只有权利受到重大侵害的部分（aggrieved part）才会被法院受理，法院据此设置了诉讼资格要件（locus standi），而诉讼层级越高，诉讼资格要件也越严格；而环境公益诉讼的出现打破了这种对诉讼资格要件（locus standi）的限制，由于环境损害针对的是不特定的社会多数方，因此，对任何环境公益诉讼的驳回都会侵害到不特定的社会大多数人的利益。对此，最高法院承认，任何一个人提起的环境公益诉讼都代表了其他无法参与诉讼活动的相关公民的环境权益及诉讼主张，致力于环境保护目的的环境组织及环保机构也可以向法院提起环境公益诉讼，从而大大拓展了提起环境公益诉讼的范围，最高法院对环境公益诉讼的受理也更多的是出于对环境公共问题的处理，而非简单的对单个环境纠纷的解决。

此外，最高法院受理由公民个人及社会团体提起的环境公益诉讼，也是对立法滞后与行政滞后问题的替代性解决方案。印度最高法院对环境公益诉讼制度的发展，正是基于立法上没有充分保障公民的生命权与环境权，行政上无法提供给公民一个健康的生存环境，因而响应社会的具体需求而作出的必要的司法回应。而反过来，这种司法回应又促进了印度政府采取更为迅速有效的行政措施来保障生存环境免受不法侵害,并进一步促进有关环境公益诉讼与生态环境保护的立法进程。

(三) 最高法院对公民宪法基本权利的保障实施

印度的司法正义主要通过其高度发达的司法体系来实现,最高法院和高等法院除了具备对上诉案件的管辖权以外,还具有令状管辖权权限和执行宪法性基本权利的职能。通过这些司法管辖权权能,印度最高法院得以在环境纠纷解决事项这一复杂的权利纠纷案件中发挥重要的作用,特别是在对环境公益诉讼案件的审理过程中,最高法院成为保障公民环境合法权益以及实现公民宪法性基本权利的最佳场所。最高法院与高等法院所作出的各种司法判例同时也是印度环境法律规范的重要渊源,其关于涉及环境利益的宪法性基本权利的认可,也对整个环境法领域的制度发展产生过巨大的推动作用,特别是其在对地方邦政府的相关案件上诉管辖权权限的行使过程中所发挥的作用,使得其对宪法性基本权利的保障变得更为有效。

(四) 公民环境权益保障的令状管辖权体系

印度最高法院和高等法院基于其卓越的令状管辖权体系来保障公民的合法权益,特别是基于环境保护的目的,令状管辖权权限在被最高法院进行反复的适用,以用来对抗对公众环境权益造成侵害的各种环境不法行为;即便是现实中的公共法律政策对公众坏境权益的救济活动存在各种技术性和程序性的限制,最高法院和高等法院也可以通过令状管辖权的行使,来谋求对公众环境权益的适当救济。令状管辖权主要适用于在宪法框架下与邦政府进行对抗的情形,它是公民团体迫使邦政府遵守和采取环境保护措施的最佳方法和途径。最高法院的令状管辖权机制可以基于宪法第三章规定的宪法性基本权利的实施而启动,而高等法院则不仅可以基于宪法性基本权利的实施还可以基于其他目的来启动其令状管辖权机制。随着印度宪法第21条将享有健康、舒适、清洁生活环境的环境权权益纳入有关生活保障类宪法性基本权利的范畴之内，高等法院与最高法院的令状管辖权权益启动机制也变得更为便利，这更加有利于最高法院对公共环境权益的救济和保障。

四、行政部门的环境纠纷解决机制

（一）环境司法行政部门的运行机制及主要特点

印度环境行政部门是解决印度环境纠纷事项的一个重要渠道。印度有大量的环境行政机构涉及污染控制问题的处理与环境纠纷事项的解决。这些机构既有依据各种污染控制法案设立的环境行政管理机关，又有按照最高法院的特定目的设立的具有司法性质与准司法性质的纠纷解决机构。其中，中央污染控制委员会（Central Pollution Control Board，以下简称 CPCB）与邦污染控制委员会（State Pollution Control Board，以下简称 SPCB）主要负责对各种污染控制与防治法案的执行，负责制定和管理大气污染物与水污染物的排放标准以及噪声污染的控制标准。而国家绿色法庭（National Environmental Tribunal）与国家环境上诉机构（National Environmental Appellate Authority，以下简称 NEAA）则是依据 1995 年《环境法庭法》及 1997 年《国家环境上诉机构法》设立的环境污染事故审理机构及环境纠纷案件的上诉法庭。

印度环境行政部门的运行机制有其自身的法律特点，以绿色法庭（National Green Tribunal）为例，这些由印度最高法院设立的具有司法性质与半司法性质的环境保护机构，虽然都负有关于环境诉讼案件的审理职能，但是并未被归入到最高法院和普通法院的司法运行体系当中，它们并非完全按照《民事诉讼法典》（CPC）规定的民事诉讼程序受到普通法院司法程序的约束，而是拥有自身的规则体系，例如"自然正义"的指导原则。这主要体现在《绿色法庭法》（National Green Tribunal Act）的制定上，绿色环境法庭的存在并非最高法院运行模式的重复，而是一种独立于印度司法体系之外的审判机制，其存在的价值在于分担最高法院的压力和职责，并最终体现出其机构设置的综合性和多元性,即既包括有行政机关背景的人员参与案件的审理过程,又综合了环境、科学等多领域专业人才来审理环境损害侵权案件。

(二) 审理环境诉讼案件的主要环保机构

1. 中央污染控制委员会（CPCB）

1974年9月,依据新通过的《水污染控制与防范法案》(1974),中央污染控制委员会（CPCB）作为印度环境与森林部的一个独立机构而成立。随后,依据1981年《大气污染控制与防范法案》的授权,CPCB同时负责对大气污染控制与防范的监管。中央污染控制委员会（CPCB）主要负责对邦污染控制委员会（SPCB）的监管与协调,同时为中央政府提供各种涉及环境污染控制与防范的咨询性意见,此外,它还负责为印度环境与森林部执行1986年《环境保护法案》的相关条款提供必要的技术支持及帮助。在环境纠纷事项的解决方面,中央污染控制委员会（CPCB）可以向各级法院提起诉讼,诉请法院颁布涉及污染控制的禁令以及发布针对任何个人、政府官员以及行政主管机构的行政指令。

2. 邦污染控制委员会（SPCB）

1974年的《水污染控制与防范法案》通过在各邦设立邦污染控制委员会（SPCB）,实现了对水污染控制机制的制度化与规范化,这一污染控制机制随后被1981年制定的《大气污染控制与防范法案》所认可。以邦污染控制委员会（SPCB）为主导的污染控制与防范机制主要通过发放生产许可证或无异议许可（No Objection Certificate）、经营许可以及制定大气污染与水污染排放标准的措施来控制环境污染与保护生态环境。此外,邦污染控制委员会（SPCB）的具体职能还包括：制定有关污染控制与防范的计划方案,设定污染排放与控制的标准,发展环境友好型工业技术,不定期检查工业企业的环境污染控制状况,对当地的工业企业部门进行管理,处理危险性废弃物以及搜集和传播有关污染控制与防范的资讯信息等。

3. 国家环保法庭（National Environmental Tribunal）

国家环保法庭是依据 1995 年《环境法庭法》设立的环境纠纷解决机构。其主要职责在于处理发生在危险性物质处理过程中的突发性环境纠纷案件。依据《环境法庭法》（1995）第 4 条规定，任何环境保护领域内的代表性机构或团体以及经过政府认可的上述机构或团体都有权向环境保护法庭提起环境诉讼，其诉请损害赔偿的诉讼期限从发生环境事故之日起 5 年内有效。① 国家环保法庭以"环境正义"理念为指导对案件进行审理，并且可以行使民事法院的职权，包括传唤当事人及其他诉讼参与人到庭，强迫当事人出庭并对其身份进行核实，要求出示相关证件并进行审查，接受证词证据等。对于违反国家环保法庭指令的行为，违法者最高可以被判处长达 3 年的监禁或者是高达 1,000,000 卢比的罚金或者是二者并罚。②

4. 国家环境上诉机构（NEAA）

国家环境上诉法院是依据 1997 年《国家环境上诉机构法》而建立的环境纠纷事项上诉法庭。设立国家环境上诉法院的目的在于保障限制开发区内的建设项目及产业发展规划能够顺利进行。其审判机构的组成人员包括：一名由最高法院退休大法官或高等法院首席法官担任的审判长，一名副审判长，人员总数不超过 3 个并且由中央政府根据具体情况确定人数配额的其他审判人员。③ 国家环境上诉法院的审判职责主要在于受理限制开发区域内有关工业项目、经营项目、建设过程以及产业集群建设纠纷的上诉案件；上诉案件的审理范围包括：对上述产业项目建设是否应该实施存有异议，对上述项目实施过程中按照 1986 年《环境保护法案》所确立的安全保障规定存有异议，对上述项目实施过程中所必然涉及或偶然涉及

---

① The National Environment Tribunal Act, 1995 (No. 27 of 1995), sec. 4 (6).
② The National Environment Tribunal Act, 1995, sec. 25.
③ Notification S. O. 311 (E).

的事项存在争议等。

5. 绿色法庭（National Green Tribunal）

绿色环境法庭是 2010 年 10 月 18 日依据 2010 年制定的《绿色环境法庭法》的规定而设立的综合性环境纠纷案件处理机构。其设立的目的在于高效便捷地处理有关环境保护、森林保护以及其他自然资源合理利用的环境纠纷案件。这些环境类案件涉及各种环境权益的正当行使以及对人身财产损害的补偿等。绿色环境法庭是配置有多领域学科专家审理环境纠纷案件的专业性环境纠纷审理机构。其人员配置主要包括：一名全日制的执行主席，10 人以上最多不超过 20 人的全职审判人员，10 人以上最多不超过 20 人的全职专家组成员等。① 作为一种专业的环境审判机构，其运作过程以自然正义原则为指导，而不接受《民事诉讼法典》司法诉讼程序的约束。

6. 首都地区污染控制委员会［Environment Pollution (Prevention and Control) Authority for the National Capital Region］

1998 年，由中央污染控制委员会（CPCB）作为召集人，印度中央政府成立了首都地区环境污染控制委员会；该委员会的负责人是印度政府部门秘书长 Shri Bhure Lal，其组成人员包括一名执行主席及三名其他成员。② 首都地区污染控制委员会的主要职能在于依据 1986 年《环境保护法案》第 5 条的规定针对下列活动编制行动指南：违反环境质量标准的行为，有关大气污染物与水污染物的排放行为，关于控制机动车污染所采取的必要措施，对引起环境污染的工业企业进行限制，监管《德里污染行动计划白皮书》中所包含的由国家环境与森林部根据德里污染状况起草的行动计划执行过程等。③

---

① The National Green Tribunal Act, 2010 (No. 19 of 2010), sec. 4 (1) (a) (b) (c).
② Notification S. O. 93 (E).
③ The Environment (Protection) Act, 1986, sec. 5.

五、邦际特别纠纷委员会的环境纠纷解决机制

（一）邦际环境纠纷诉讼的法律依据

印度对邦际环境纠纷的解决主要通过法院的司法审查以及特别审判委员会的司法裁判得以实现，法院对邦际环境纠纷的解决享有司法审查的职权，通过解释相关法律以及进行司法裁判，法院得以指导由中央政府设立的专门审判委员会对邦际环境纠纷事项进行具体审理。目前，印度的邦际环境纠纷事项主要集中在邦际水事纠纷领域，对邦际水事纠纷的解决，是印度邦际环境纠纷解决的主要内容。

依据《印度宪法》附件 7 第 17 条和第 56 条的规定，水资源与其他"地方邦政府"一样，处于印度联邦政府的管辖权限范围之内；在邦际河流的开发利用以及邦际水事纠纷的解决过程中，地方各邦和联邦管辖区都必须接受中央政府的管辖和干预。[1] 依据这一宪法性规定，1956 年印度国会制定了《邦际河流纠纷法案》与《河流纠纷委员会法案》；按照《邦际河流纠纷法案》的授权，印度中央政府针对具体案件设立了一系列的邦际水事纠纷委员会，以裁决邦际河流沿岸地区关于水资源分配以及环境污染问题的纠纷事项。其中，Narmada 水事纠纷委员会和 Cauvery 水事纠纷委员会就是由中央政府设立的两个最为重要的邦际水事纠纷解决机构；依据《邦际河流水事纠纷法案》的授权，印度国会得以设立一个拥有更高审理权限的特别审判委员会，以处理涉及邦际水资源分配、邦际河流的使用以及环境污染事项的纠纷诉讼。虽然印度在 1956 年制定的《邦际水事纠纷法案》使得邦际水资源管理问题变得更加复杂化。但是，这种纠纷解决机制作为一种创新性的实践，也具有一定的合理性。随着印度环境法律体系的不断完善，印度高等法院的

---

[1] Constitution of Indian, Schedule Ⅶ, List Ⅱ, Entry 17, Entry 56.

司法审查职权也在不断地加强。正如 1990 年 Cauvery 水事纠纷案件中所表现的那样，法院可以通过解释法律和进行司法裁判的方式来指导政府在 Cauvery 水事纠纷案中设立一个特别审判委员会。尽管依据宪法第 262 章的规定，针对最高法院涉及邦际水事纠纷案件的司法管辖职权行使作出了排除性的规定，但是考虑到最高法院的司法审查职权构成了宪法的基本架构，这一司法审查职权在实际中从来没有被排除在外。[①] 考虑到这一情况所涉问题的复杂性，法院认为，在河流水资源纠纷中仅仅享有司法审查职权便已经足够，而无须进一步通过上诉职权来处理有关的河流水资源纠纷事项。

（二）邦际环境纠纷诉讼的运行模式

根据印度宪法的安排，即便发生在各邦之间的纠纷事项也只能通过国家最高法院，即联邦最高法院来进行审判，而不能由其他法庭来进行审理；但对于邦际水事纠纷的解决也是可以存在例外的。例如，根据《印度宪法》第 262 条第 1 款的规定，国会根据相关法律的授权，可以对有关水资源的使用、分配和控制事项以及任何邦际河流或者河谷的纠纷事项进行审判。[②] 国会制定的这一法律，或者叫《邦际水事纠纷法案》，为上诉的印度政府提供了一种寻求救济的司法解决途径，即要求设立一个拥有更高权限的特别审判委员会，以对相互独立的各个纠纷和诉讼事项进行审理。这与同为英美法系国家并且同样采取联邦制体制的美国在解决州际水事纠纷事项中的模式大不相同。在美国，针对这种纠纷事项的审理权限仍然被保留在最高法院，而且还需要按照专门设定的相关程序进行申诉。首先，在案件审理的初级阶段，需要指定一个专业的工作人员来搜集证据，这一工作人员还需要根据案件事实和法律所涉及的各种问题事项得出自己的研究结论，并且要把这些结论整理成一份研究报告提交给法院；其次，还须要由各个纠纷邦就研究报告中所得出的

---

① （1997）3 SCC 261.
② Constitution of Indian, Article 262 (1).

相关研究结论发表各自的观点和意见。最后，将这些研究报告和意见交由美国最高法院作出终局裁决。

（三）邦际环境纠纷诉讼的主要特点

综上所述，印度的邦际水事纠纷制度实际上实行的是"双轨制"纠纷解决机制。一方面，涉及邦际水事纠纷的邦政府可以将各自的水事纠纷事项诉至由中央政府设立的各专门审判委员会以寻求救济，中央政府在初审过程中将仲裁裁决依据《邦际水事纠纷法案》第5条第2款的规定提交给相应的纠纷审判委员会进行审议；然后，根据《邦际水事纠纷法案》第5条第3款的规定进行二审程序，以对仲裁裁决中存在的一些错误和遗漏进行审查。在此过程中，作为当事人双方的邦主体，都可以就争议事项向纠纷审判委员会寻求司法救济和解释，甚至可以就先前从未提起的事项提起申诉。[①] 另一方面，在特别审判委员会作出仲裁裁决后，当事人双方还可以通过司法审查的方式拥有数次向最高法院提起诉讼的机会，并且可以以此来对抗仲裁庭发布的各种临时性命令以及终局裁决。其中，各纠纷邦向最高法院提起的环境诉讼可以按照两种不同的方式进行，一种是基于水资源利用和分配过程的司法裁判进行诉讼，而另一种则是基于仲裁庭裁决执行过程中所涉及的宪法性基本权利保障问题的司法审查。

---

① The Inter-State Water Disputes Act, 1956, sec. 5 (3).

第四节　印度环境诉讼的主要方式：
群体性诉讼与环境公益诉讼

一、群体性纠纷与代表人诉讼制度

（一）群体性诉讼

印度独立后，伴随着工业化进程的加快以及日益严重的环境污染问题，群体性环境纠纷事件的发生也变得越来越普遍。在群体性环境纠纷中，由于公民针对各自的损害事实或妨害事由提出明确的诉讼请求或主张，并且这些损害事实或妨害事由之间存在同源性，从而使得通过群体性诉讼或代表人诉讼的方式向法院提起损害赔偿或排除妨害之诉成为最佳的诉讼纠纷解决方式。在印度，工业化进程带来的大规模生产或消费活动使得发生大规模环境公害类事件的概率大大增加。大量公民会基于相似的损害事实或妨害事由向法院提起诉讼。当寻求诉讼救济的公民人数过多，以至于不能够有效救济、高效诉讼的时候，能够存在一种更为高效、便捷以及相对经济的司法救济制度就显得非常必要。而群体性诉讼就是作为这样一种高效的环境纠纷解决机制来进行制度设计并被广泛适用的。例如，在印度博帕尔毒气泄露事件中，印度政府就依据 1985 年《博帕尔毒气泄露事件灾害索赔法案》中关于管辖权授予的规定，代表所有博帕尔毒气泄露事件中的受害者向法院提起了针对美国联合碳化物公司的损害赔偿之诉。[1]

群体性诉讼的产生有其必然的原因。公民个人在遭受环境损害的过程中往往不愿意提起环境诉讼，这其中有多方面的原因，既有受害人本身存在的经济困难的问题，也有缺乏环保意识的主观认识

---

[1] The Bhopal Gas Leak Disaster (Processing of Claims) Act, 1985.

问题，但更多的是出于对环境损害过程及环境损害结果的无知。这就使得具有社会公众意识的公民个人以及环保团体在公民环境权益救济的过程中起着非常重要的作用。环境公益人士以及环保组织不断地向公众揭露造成公民个人损害以及群体性环境侵害的隐秘因素，并且对现实中各种不合理的环境政策提出质疑。以此为背景，印度最高法院引入了"公益诉讼"的理念，最高法院的"公益诉讼"理念主要是基于以下观点而产生的，大量的普通民众由于贫困、缺乏知识以及远离权力中心的原因而在完全不知情的情况下遭受了不公正的待遇，甚至于作为宪法所保障的公民宪法性基本权益也遭受了不公正的侵害，最高法院作为公民宪法性基本权利的执行者和保障机关，决定将"公益诉讼"作为一项司法政策，开始接受公益人士以及团体组织基于环境公益等社会公共问题而向法院提起的诉讼申请。群体性诉讼也在这一过程中得到了充分的发展，出于节省诉讼成本，以及利用公共诉讼资源的目的，由公益人士提起的环境公益诉讼以及群体性诉讼得到了充分的发展；在公民提起群体性诉讼的过程中，社会弱势群体的环境法益也达到了充分的保障，并且其在兼顾经济性的同时，还能考虑到单个公民所遭受到的具体的环境损害的补偿问题，因此，在某种程度上，群体性诉讼甚至比环境公益诉讼制度应用得更为广泛。

（二）代表人诉讼制度

依据印度《民事诉讼法典》规定，当提起诉讼的一方当事人人数众多，并且存在相同诉讼利益的情况下，可以采取代表人诉讼的方式向法院提起集团诉讼。在代表人诉讼的过程中，任何公民或个人都可以在公告期内到法院进行登记，以申请加入原诉讼集团向法院提起的集团诉讼程序。根据该要求，有关集团诉讼的公告、通知应当刊登在集团诉讼成员住所地所公开发行的报纸上，在集团诉讼的成员能够确定的情况下，还需将该公告、通知的文本直接送达各诉讼当事人；而在法院发出的公告、通知没有到达集团诉讼所有成员的前提下，任何有关诉讼纠纷的和解和解决方案都不能够实行。

此外，法院有关集团诉讼的裁判适用于所有参加集团诉讼程序的成员。[1] 上述有关司法性程序规范的设置及要求为印度群体性环境纠纷事件的解决提供了基本的集团诉讼规则。

印度《民事诉讼法典》所确立的集团诉讼规则不仅适用于群体性环境纠纷诉讼或代表人诉讼的案件，而且也适用于印度最高法院受理的环境公益诉讼案件。在涉及恒河流域河流污染的公益性案件[2]中，最高法院就依据《民事诉讼法典》第1目规则8中的规定将本案定性为代表人诉讼纠纷的案件，并参照集团诉讼中关于公告、通知的规定，将本案中的原告诉讼申请刊登在北部各邦发行的报纸上，以向本案中有相同或相似诉讼申请的受害方告知集团诉讼。同时，在被告方应诉方面，法院也通过通知、送达的方式传唤流域内所有的工业企业及拥有行政管辖权的市政机关到庭，并参照集团诉讼的要求召集所有被告方当事人出庭应诉及出示能够证明自身免责的抗辩事由。

二、环境公益诉讼制度的主要内容及特点

（一）印度环境公益诉讼的主要特点

印度环境公益诉讼制度主要适用于群体性环境纠纷事件或个体性环境纠纷中受害人处于经济、认识以及科学认知能力上的弱势地位而无法行使环境司法性救济权利的情况，特别是在包含环境健康权益的公民宪法性基本权利受到不法侵害的情况下，环境公益诉讼更是被当作最高法院行使基本权利救济职能的重要渠道而被广泛采用。印度环境公益诉讼制度在其制度发展的过程中具备了一些不同于其他公益诉讼制度的显著特点，具体包括：令状管辖权制度（Writ Iurisdiction）的广泛适用、诉讼主体资格的放宽、非政府环保组织（ENGO）公益诉讼的大量提起三个方面。

---

[1] The Code of Civil Procedure, 1976 (of India), Order I Rule 8.
[2] AIR 1988 SC 1033.

(二) 令状管辖权制度 (Writ Jurisdiction)

令状管辖是英国普通法中的一种管辖权制度，它主要适用于侵害公民宪法性基本权利的宪法性诉讼案件。通过颁发用以对抗政府公共机构的特权令状 (Prerogative writs)，王室法院得以规制政府的行政不作为及权力滥用现象，并以此来保障公民宪法性基本权利得以顺利实现及免受非法侵害。印度的环境公益诉讼制度沿用了普通法中的令状管辖权机制，最高法院及高等法院可以颁发包括人身保护令、禁止令、执行令、权利调查令及复审令在内的各种权利保护令状，公民通过向法院申请权利保护令，得以对抗印度宪法规制下的各个邦主体及公共机构，并促使其遵守环境法规的相关规定以及履行相应的环境保护职责。同样地，最高法院和高等法院也可以通过令状管辖权的行使，得以对地方邦政府的各种环境不法行为进行规制，包括通过发布训令以对地方政府怠于履行环境保护义务的行为进行核查，并指示其限期改正；或者直接对抗地方政府侵害环境的经济开发活动，向其颁布禁止令和调查令等。对于令状管辖权的行使方面，最高法院通常以宪法性基本权利的行使作为启动令状管辖权的诱因，而高等法院的令状管辖权行使机制则更为灵活，不仅可以以宪法性基本权利的行使为诱因，还可以基于其他原因行使令状管辖权。

在印度的环境公益诉讼中，最高法院基于对宪法基本权利的保障来受理申请人发出的权利保护申请，发布关于宪法第三部分公民基本权利保障的强制执行令。例如，在 Municipal Council Ratlam v. Vardhichand 案[1]中，最高法院就拓展了其关于权利救济职能的范围，将涉及环境污染的"公共妨害"事由也纳入公民申请权利保护令状的范畴，并判定地方邦政府具有为公民提供清洁生存环境的职责。而高等法院除了发布保护公民基本权利的特权令状外，还

---

[1] AIR 1980 SC 1622.

可以基于其他目的受理当事人提出的令状申请。特别是依据宪法第21条的规定，关于公民享有安全、健康、清洁生存环境的环境权利成为公民生命权一部分的情况下，这种令状管辖权职能的行使在环境公益诉讼中也变得更为普遍。最高法院的令状管辖权职能以促进宪法性基本权利的行使为目的，并且以行使宪法性基本权利为诱因，这与公益诉讼理念引进的原因是有相同之处的，在引进公益诉讼的过程中，正是基于社会公众宪法性基本权利的行使遭遇巨大障碍而发起公益性运动，其目的就在于促进公民宪法基本权利的行使。

在印度，提起环境公益诉讼的目的并不在于解决当事人双方的环境权益纠纷，而在于处理因环境污染引起的环境"公共妨害"问题，这就使得以法官为主导的职权主义诉讼模式在印度环境公益诉讼中得到空前的加强。与法院的令状管辖权相适应，印度的环境公益诉讼不能以造成损害的加害人单独作被告，而必须以政府部门及市政机关等公共机构作被告，其他利害关系人作共同被告提起诉讼。法院的审判职能也主要以针对政府行政行为的司法审查为主。在印度，政府的行政决策如果对公民的环境权益造成损害，则公民可以诉请法院对该行政决策进行司法审查；如果法院认为该行政决策存在错误、越权以及不合理因素，并且违背了自然公正的法律原则，则可以通过发布复审令、执行令、禁止令以及权利调查令的方式来规制政府的行政行为，通过对政府行政活动的司法控制，来迫使政府遵守环境保护的法律规定以及履行环境保护的职责。

（三）诉讼资格

在印度环境公益诉讼中，判定一个申请人是否适格的标准在于其是否针对案件事实存在"充分利益"（Sufficient Interest）。依据印度宪法第14条的规定，公民在法律面前人人平等并且平等地受法律的保护；这就意味着在相同的情况下，公民平等的享有权利并且平等地履行义务。环保团体依据这一原则反对政府的独断专行以及未经公众参与的环境许可行为，特别是在这一环境许可可能会让公民在毫不知情的情况下单方面地承受环境不利影响。公民可以据此向法院提出令状申请，只要是基于对生存环境的保护以及对基本权利的维护，都会被认定为存在"充分利益"的诉讼当事人。例如，最高法院依据宪法第 32 条的规定，在启动针对基本权利的司法救济方面，就放宽了关于诉讼资格要件的限制，包括公民个人和环保组织都被认定为存在"充分利益"的当事人，均可基于"公益保护"的目的提起环境公益诉讼。

此外，在和案件事实不存在直接利害关系的申请人是否适格提起环境公益诉讼方面，法院也作出了判例。在公益律师 M. C. Mehta 提起的一则关于恒河污染的公益诉讼中，法院就围绕申诉方作为一名非河岸地区的所有人是否适格针对恒河污染这一"公共妨害"提起排除妨害之诉展开了讨论。在对案件事实及诉讼当事人进行充分审查的基础上，法院认定，申诉方作为一名环境公益诉讼的律师，其长期致力于河岸地区居民生活用水的保护工作，与河流污染有着密切的利害关系，因此，可以针对该"公共妨害"提起排除妨害之诉。[1] 依据法院的这一观点，任何公民只要能够充分代表社区公众的公共利益，都可以基于排除"公共妨害"的目的提起环境公益诉讼。

（四）ENGO 环境公益诉讼制度

非政府环保组织（ENGO）是一类完全具有社会公益性质的民间环保组织，它在印度环境公益诉讼发展史上具有非常重要的作用。著名的抱树运动（Chipko movement）就是印度最早的非政府环保组织之一，该组织的成员通过运用身体抱树的方式来阻止开发商对当地原始森林的破坏，并且成功保护了山区的原始森林。而在另一起由 ENGO "Research Foundation for Science" 提起的环境公益诉讼中，法院则对环境与森林部（Ministry of Environment and

---

[1] AIR 1988 SC 1033.

Forests) 的高级官员发出了警告，如果该机构的官员无法尽职履行自己的职责并且不能够忠实执行 1986 年《环境保护法案》的条款，则法院将被迫作出关于其怠于履行职责的司法结论，并将该司法结论纳入其执法记录中。

ENGO 的另一重要贡献在于促成了"书信管辖权制度"的创设。在 Rural Litigation and Entitlement Kendra v. State of U. P. 案件①中，法院仅仅因为一封书信就受理了 Kendra 组织提出的令状申请，法院认为，Mussorie 山区的石灰石开采活动破坏了当地的生态环境，造成了严重的环境污染，因此，出于对公共利益的考虑，将终止大部分企业在这一地区的石灰石开采活动。最高法院的这一"书信管辖权"的创设开创了非正式令状管辖的先河，至此，法院开始考虑将来自公益律师以及非政府组织的书信、备忘录，乃至发表在报纸上的文章都纳入当事人提出的令状申请的范畴。

在提请排除"公共妨害"方面，ENGO 的成员与环境公益律师一样，是具有社会公德心的公民个人。只要 ENGO 的成员经过法院许可，便可以依据印度《民事诉讼法典》第 91 条的规定，请求法院发布消除公共妨害的法院强制令或通告；即便该 ENGO 的成员没有受公共妨害的影响遭受具体的损害。② 除了民事诉讼外，ENGO 还可以针对环境公共妨害提起刑事诉讼程序，并且与 ENGO 诉请民事救济或司法审查时需要证明与本案有利害关系以及满足必要的诉讼资格要件不同，法院对提起刑事诉讼程序的审查并没有统一的规定，将根据案件具体情况来确定 ENGO 是否适格。

---

① AIR 1985 SC 652.
② The Code of Civil Procedure, 1908 (of India), sec. 91.

第五节　印度环境诉讼机制与我国环境纠纷处理政策的比较

一、印度环境诉讼机制的特点评析

（一）印度环境诉讼机制的形成机理

根据英美法系中"妨害法"的规定，妨害的类型包括"公共妨害"和"私益妨害"，"私益妨害"是指在各自的权利行使过程中对私人的产权造成不便；"公共妨害"是指私人权利的行使对社会公共福利造成的影响。"公共妨害"包括对公共健康、公共安全、公共环境等造成的妨害；在某种程度上还是指对"公共产权"造成的影响，这其中以"公共信托理论"为代表。按照英美法系中的"公共信托理论"，信托人在其权利行使的过程中不得对公共信托财产造成妨害。例如，美国加利福尼亚法院在 Mono Lake[①] 一案的判例中就认为，政府不能因为个人的利益和其他公共利益的需要而放弃对公共管理职权的行使；这在印度的判例法中也得到了体现，例如，"公共信托理论"首次在印度的 Span Motels[②] 一案中得到了应用。在本案中，高等法院针对中央政府"审查通过"一名旅馆经营者非法申请的行为进行了严厉的处罚，该旅馆经营者试图通过将河流改道的方法在河岸上非法建造一座旅馆。综上所述，印度环境纠纷诉讼解决机制的形成机理在于承袭了英美法系中"妨害法"的基本原理以及"公共信托理论"的价值理念，其特点也主要表现在以下几个方面：即重视"公共妨害"与"私益妨害"理论在印度环境权益保障领域中的应用；重视"环境至上"原则与"环境正义"理

---

① National Audobon Society v. Superior Court of Alpine County, 33 Cal 3d 419.
② M. C. Mehta v. Kamal Nath, 1997 (1) SCC 388.

念在印度环境法领域的贯彻落实；重视环境公益诉讼与群体性诉讼制度在印度环境纠纷解决机制中的广泛应用等。

（二）重视"私益妨害理论"在印度环境侵权领域的应用

"私益妨害"理论在印度环境侵权法中得到了广泛的应用，正如环境干扰现象与环境污染事件的区别那样，并非所有的环境干扰都会构成环境侵权；只有在干扰妨害的程度非常强烈，以至于达到环境污染程度的情况下才会构成环境侵权。印度环境侵权中的"私益妨害理论"与此有相近之处，即它并不是以造成实际损害为构成要件，而是以行为的"不当性"作为构成要件的，它是基于不动产物权如房屋、土地的产权而产生的一种妨害救济机制。"私益妨害理论"在印度环境法中得到了充分的发展和重视，在对产权行使造成"不便"的要件类型当中，既有对使用上造成的不便，如道路障碍、阻塞交通等；也有基于外部环境的感受而造成的不便，如光污染、噪声污染、大气污染、水污染等。而只要当事人对不动产享有产权，就可以借此提出请求妨害排除和损害赔偿之诉，妨害理论在环境法中得到了充分的应用和重视，并且放在了优先考虑的地位。当两个相互冲突的产权同时存在的情况下，环境法会优先考虑免受环境污染等妨害要素的公民产权，而限制工业发展者对其自身产权的一般行使。在环境法领域，工业生产者不得主张其合法权益受到环境保护因素的不当妨害，而在工业发展区内则是另一种情况，即工业区的居民不得基于主张"私益妨害"，而要求企业工厂撤离工业区。"私益妨害理论"认为只要相对的行为对其人身和财产权益的行使造成不便，便可以直接请求环境侵权救济，提起损害赔偿或排除妨害之诉，而不必基于是否对该不动产享有产权，这是普通法妨害理论在环境法中的扩大应用；并且在环境法领域，有关环境保护的私益妨害会被当作优先考虑的因素，当出现相互冲突的妨害权益时（例如，工业生产与人们在清洁环境中的生存权益互为妨害），则限制工业发展，保障公民的健康权、生存权等环境权益。

(三) 重视"公共妨害理论"在印度环境权益保障领域的作用

"公地的悲剧""公共信托理论""公共妨害理论"是印度环境权益保障领域的重要理论。随着环境法的发展，以及环境危害的加剧，侵权法也开始由最初的关注具体的、个人的人身损害与财产损失，转而关注造成这种危害的环境媒介所遭受的环境损害上来，特别是"公地的悲剧"与"公共信托理论"的产生，使得侵权法开始出现公共妨害的理论，在公共信托理论方面，印度最高法院在审理 Span Motels 案件中的做法表明，少数人对公共环境所造成的损害不能由多数人来买单，政府应当尽到善意信托人的义务，并且政府"绝对不允许通过任何作为或者不作为的方式来侵害社区公众的合法权益或者将公众所有的公共财产转移给任何其他的个人或者团体所有"。这一点也同样适用于环境法领域，政府必须承担起针对环境公共妨害的监管职能，履行好对公共环境资源的保护职能。此外，印度对公共妨害的重视还体现在对公权力的重视上，这集中表现在《刑事诉讼法典》对公共妨害的法律规制上，表现为尽量把地方治安官的权限往针对公共妨害的刑事职权上引导，虽然针对公共妨害与私益妨害的诉讼资格有趋同的趋势，但是在刑事职权的行使方面，公共妨害仍然以政府的公共职权行使为主导，这也是印度对传统妨害法理论在环境保护领域的承袭，仍然将妨害明确划分为"公共妨害"和"私益妨害"，并特别强调政府在公共妨害排除方面的重要作用。在《刑事诉讼法典》中，其重点是关于治安官职权及其权限的内容。

(四) 重视"公共妨害"与"私益妨害"的趋同化趋势

这主要表现在"诉讼资格"的趋同化趋势上，公民在公共妨害中如果遭受到了具体的特定损害，则可以同时提起私益妨害之诉和公共妨害之诉，这是印度侵权法的一大进步。但是，印度环境纠纷解决机制中"公共妨害"与"私益妨害"诉讼资格的趋同并不是表现在所有的方面，印度环境法中"私益妨害"的法律救济途径主要包括损害赔偿之诉与排除妨害之诉两个方面，其中损害赔偿之诉主要是一种补偿性质的诉讼请求，它所针对的损害赔偿主要包括恢复环境损害所需的费用以及当事人在采取救济措施的过程中所花费的费用等；而在排除妨害之诉方面也有具体的诉讼请求，如在私益妨害方面，其向法院提起的排除妨害之诉主要表现为请求法院发布声明（declaration）或者申请法院禁令（injunction）两种形式的诉讼请求。而"公共妨害"的救济途径在印度环境保护领域中则呈现出多元化的样态，既有按照《刑事诉讼法典》的规定，地方治安官通过行使刑事职权的方式来排除"公共妨害"，又有独立于印度法院体系而存在的《绿色环境法庭》基于自然正义（natural justice）的指导原则审理环境公益诉讼案件，还有最高法院和高等法院基于宪法性基本权利的保障实施受理的环境公益诉讼等。在上述救济途径当中，"公共妨害"与"私益妨害"的趋同，仅仅体现在按照《民事诉讼法典》的规定提起的排除妨害之诉方面以及环境公益诉讼中宽泛的诉讼资格上。首先，在按照《民事诉讼法典》提起的排除妨害之诉上，公民个人可以在提起具体的"私益妨害"排除之诉的同时，提起"公共妨害"的排除之诉，或者是在环境公益诉讼当中，公民个人就其在公共妨害中所遭受的具体损害，按照《民事诉讼法典》的规定再提起私益妨害排除之诉；其次，在环境公益诉讼的起诉资格方面，印度对诉讼资格的限制非常宽松，除了对公共利益与公共福利负有公共保障职能的政府公职机构外，公民个人及社会团体也可以提起诉讼，公民个人可以基于自身在环境公害中遭受损失，属于环境案件的利益相关者为由发起公益诉讼；甚至是在没有遭受到任何损失的情况下，仅仅是因为被法院和社会认定为具有社会公益性质的环境公益人士（如知名的社会公益人士），就可以直接以保护公益为由向法院提起环境公益诉讼。

(五)"环境正义"理念与"环境至上"原则贯穿印度环境诉讼的始终

"环境正义"理念与"环境至上"原则在印度环境纠纷解决机制的五种运行模式中得到了充分的体现。在《刑事诉讼法典》方面,以公共妨害的管控为途径,印度环境法将某些环境妨害当作公共妨害和轻微犯罪来对待,采取刑事强制措施甚至是逮捕的措施对环境公害进行有效防控。如按照1861年《警察法》规定,在公共街道上乱扔污染物成为警察局行使逮捕职权的情形之一;而且《刑事诉讼法典》第133-144条还规定:地方治安官针对突发性公共妨害事件,可以行使自由裁量权以颁布禁令或者发布强制性指令;地方政府还可以根据实际需要将强制令的有效期限延展。在行政管理方面,绿色环境法庭的设立,使得环境案件的审理不受普通《民事诉讼法典》的约束,得以全力解决环境问题,接受自然正义原则指导;而且结合环境问题的复杂性和专业性,采取更为多元化的人员配置,不同于印度普通法院体系中以审判人员为主要人员配置的形式,绿色环境法庭中有将近一半的组成人员由相关领域的专业人士构成,更适合环境纠纷案件的审理,体现环境至上原则。在最高法院方面,最高法院和高等法院极大地发挥了令状管辖权的作用,规避了现有法律法规与政策的约束,与邦政府及中央政府的政策规定进行了有效的对抗,迫使其采取有利于环境保护的措施,并且积极引进环境公益诉讼理念,积极保障公民的宪法性基本权利,结合宪法将公民某些环境权益纳入宪法基本权利范畴的规定,为公众环境权益的保障提供了有力支持。在《民事诉讼法典》方面,继承和发展了私益妨害理论,并基于环境保护的理念,在环境法中对其进行了有利于环境法法益保护的调整和应用,当出现相互对立的不同法益的时候,采取优先保护环境权益,主张环境利益方面的私益妨害的做法;而同时限制相对方法益妨害请求权的行使,这主要体现在印度对一些高危活动的严格责任的设置上。印度最高法院依据赖兰兹诉弗莱彻案所确立的原则,作出了天然危险性活动者承担严格责任与绝对责任的司法判例。

（六）环境公益诉讼与群体性纠纷诉讼在环境纠纷解决机制中的广泛应用

环境公益诉讼制度有利于保护宪法性基本权利，并且在印度最高法院中拓展了令状管辖权的作用，发展出了书信管辖权制度，使诉讼资格的范围变得更为宽泛。特别是这一制度设置发挥了公益人士在环境公益保护中的作用，例如印度著名的环保公益人士Mehta，他创设的 Mehta 系列环保公益案件，甚至帮助法院在诉讼资格放宽上以及起诉方式的灵活性适用上确立了相应的原则。例如在恒河污染案件中，法院就使得毫不相干的公民个人，即使在未受到任何具体的环境损害的情况下，也可以提起环境公益诉讼，原因只在于当事人长期致力于该地区的环境公益事业，使得其环境损害与自身产生了某种天然关联，这就开创了公益人士以公民个人名义提起环境公益诉讼的先河，因为其本身与公益事业有天然联系。此外，这一制度还大大发展了非政府环境保护组织（ENGO）的作用，这些组织在环境公益事业中发挥重要作用，特别是在各种环境公益活动中发挥积极作用，并且开创灵活的诉讼方式，如"书信管辖权"制度[①]就是由印度 ENGO 组织所开创，进而确立和推广。

二、印度环境诉讼机制的主要缺陷及原因

（一）民事侵权诉讼对公民"环境私益"的保障不足

印度的环境侵权诉讼机制实行的是过错责任原则，即受害人在提起侵权诉讼的时候负有证明加害人存在过错的举证责任。虽然印

[①] "书信管辖权制度"是印度法院创设的一种司法救济机制，其目的在于为环境污染等公益诉讼案件提供充分的司法救济。法院基于公益人士寄送的案情信件、备忘录以及报纸上刊登的环境公害类事件等就可以自行启动司法诉讼程序，行使对所涉环境案件的管辖权，而无须具体的当事人提起诉讼。参见：1990（Supp）SCC 77；O. P. NO 6721 of1992，Kerala；AIR 1992 pat 86.

度侵权法规定加害人在主观上存在故意的情况下，受害人可以免予举证，并且对高风险行业和危险性活动从事者规定了严格责任原则及绝对责任原则，但是对一般侵权行为而言，受害人在侵权诉讼中仍须证明加害人存在过错，特别是加害人的行为构成妨害而尚未造成明显损害结果的情况下，这种举证责任对普通公民来说就会变得更加困难；而且按照"私益妨害"的理论，当公民的"环境私益"与其他"私益妨害"构成竞争性关系的情况下，法院会针对公民"个人环境权益"的保障存在一个利益权衡的过程，有可能针对公民的"个人私益"做出必要的限制。例如，在按照产业规划原则确定的特定工业园区与产业园区内，这种公民环境权益的主张会让位与工业经济的发展权。

（二）"公民诉讼"条款对提起环境刑事诉讼的限制

按照"公共妨害理论"与"公共信托原则"的规定，政府公职机构对承担刑事责任的环境公害行为行使主要的公共行政管理职权。印度的环境刑事纠纷解决机制主要通过地方治安官和警察机构行使法定职权的方式进行解决，对于公民个人提起的刑事诉讼虽然通过"公民诉讼条款"也予以受理，但是也受到"公民诉讼条款"本身的限制，即如果没有关于"环境犯罪"的"公民诉讼条款"的规定，则公民个人提起的刑事诉讼则很难得到印度法院的受理及认可，即便是可以受理的"公民诉讼"案件也多限于公益律师提起的刑事诉讼；而对于非政府环保组织（ENGO）提起的刑事诉讼，则法律既无明确规定可以受理，也无明确限制其提起刑事诉讼的诉讼资格，印度法院则对此情形一般采取默许的态度。

（三）最高法院受理环境公益诉讼案件的缺陷

由最高法院受理环境公益诉讼案件虽然位阶较高，并且有利于保障公民宪法性基本权利不受侵害，特别是被告方为邦政府和中央政府的情况下，这种宪法性保障措施的重要性便会变得更为明显。但是，由最高法院受理环境案件却在体制上存在一些固有的缺陷，这主要在于最高法院受理环境公益诉讼案件主要基于公民宪法性基本权利的保障，而非基于环境纠纷的案件事实本身；而对环境损害事实的基本鉴定并非最高法院的重点所在，并且最高法院的组成人员也以审判人员为主，缺乏进行环境基本鉴定的专家学者，不利于对环境诉讼中自然环境本身的保护。

（四）行政司法机构与法院审理环境诉讼案件职能重合

在印度的环境司法体系中，对环境纠纷案件的审理既可以通过原有的印度法院体系进行审判，也可以通过绿色环境法庭与国家环保法庭这类司法行政机构进行审理，在法院管辖权方面，二者存在管辖权限重合的问题；并且二者所依据的审理原则与诉讼程序也不尽相同，前者按照《民事诉讼法典》《刑事诉讼法典》的规定对环境纠纷案件进行审理，而后者则以"环境正义原则"为依据，不受《民事诉讼法典》《刑事诉讼法典》诉讼程序的约束。绿色环境法庭甚至有专门的《绿色法庭法》来对环境审判活动进行规制，在审理期限、审判原则、审理机构的设置上都与一般法院有所不同，而二者在管辖权限上却没有明确的划分。例如，根据《绿色法庭法》第14条（1）款的规定，绿色环境法庭管辖的环境诉讼案件包括涉及环境保护的民事诉讼以及环境安全事故等，这与一般法院进行案件管辖的权限存在重合，而二者的审理原则又不尽相同，这会造成对同一类案件的多种审判结果，存在协调上的困难。

（五）邦际环境诉讼机制的程序过于复杂和缓慢

印度邦际环境诉讼的"双轨制纠纷解决机制"过于复杂和缺乏灵活性，并且处于通常的法院体系之外而不受案件审理期限的限制，因此，这造成了邦际环境纠纷案件审理的过程被无序拖延。按照1956年《邦际水事纠纷法案》第5条的规定，初审作出的最终裁决需要提交相应的纠纷解决委员会进行审议，随后进行二审程序，对最终裁决中存在的一些错误和遗漏进行审查，作为当事人双方的邦主体，都可以就争议事项向纠纷审判委员会寻求司法救济和解释，甚至可以就先前从未提起的事项提起申诉。这就导致邦际纠纷委员会可以借此长期存续下去。以 Cauvery 水事纠纷委员会为例，由于当事方对纠纷协议的有效性存在质疑，从而导致 Cauvery 水事纠纷委员会不得不两次进行重组，历任三任审判主席，其中前两任主席都于任上殉职，而于第三次重组的 Cauvery 水事纠纷委员会终于作出终局裁决，但却因 Karnataka 邦和 Kerala 邦的上诉，而最终只能由联邦最高法院进行审判。

三、印度环境诉讼机制对完善我国环境纠纷处理政策的启示

（一）参照印度的"公共妨害"理论，加强政府公职机构的环境保护职能

印度环境法领域针对"公共妨害"的救济措施主要包括：地方公共治安机构的刑事强制职权行使、行政性司法机关对环境纠纷案件的处理、最高法院对涉及环境权益的公民宪法性基本权利案件的审理即令状管辖等。我国可以参照这三个方面的做法，加强政府公职机构对环境公害案件的积极管理。包括：加强公安机关和检察机关对环境公害类案件的立案审理；通过刑事强制措施加强对具有轻犯罪性质的环境公害类案件的强力管控；以及完善对环境公害案件的处罚措施等。值得注意的是，这里公安机关和检察机关对"公共妨害"的强制性管控措施实际上是一种涉及环境纠纷的"刑事诉讼解决机制"，针对环境公共妨害，公民是可以通过请求地方治安官进行"立案"，并发布强制性禁令（injunction）的方式来阻止和排除公共妨害的，这里的地方治安官是一种类似于警察局的特殊机构，实际上警察局在这里行使职权的性质与地方治安官行使职权的性质有一定的相似之处，即他们本身都并不是诉讼审判机构，但是都把"公共妨害"当作一种轻犯罪，将"公共妨害"看作一种刑事案件来处理，这使得它与刑事诉讼案件的审理过程较为相似，类似于刑事诉讼中的"立案"阶段，而不必以发展到法庭审判阶段为要

件，就可以对刑事案件进行刑事处理的一种刑事措施。

（二）参照印度的环境公益诉讼机制，进一步放宽我国环境诉讼案件的诉讼资格限制

我国须要创设更为灵活的环境案件诉讼方式。在印度的环境公益诉讼机制中，社会公益人士可以单独提起环境公益诉讼，而不必以与案件事实有直接利害关系为限；非政府环境保护组织也可以针对环境妨害提起刑事诉讼。而我国最新修改的《民事诉讼法》虽然允许公民个人和社会组织提起环境公益诉讼，但是在具体的操作过程中，是否允许公益人士在环境案件未对自身造成任何损害的情况下，甚至从环境公害的角度来讲也未影响到该公益人士的情况下提起环境诉讼，尚无明确的规定；更多环境公益人士是以公益律师或诉讼代理人的身份提起诉讼而非以原告的身份提起诉讼，而且在《刑事诉讼法》中也没有关于公民个人和社会团体的诉讼资格的规定，实际中也没有公益人士或环保团体针对环境公害提起刑事诉讼的判例，更多的是由公职机关，如检察机关就环境犯罪向法院提起诉讼。印度虽然也没有关于非政府环保组织就环境纠纷提起刑事诉讼的专门法律规定，但最高法院的判例却确立了 ENGO 的这一权利，而且 ENGO 在最高法院就公益诉讼实施的令状管辖中还开创了书信管辖权的先例。我国可以考虑创设更为灵活的环境案件审理方式以及诉讼方式，以更好地保护公民个人以及社会公众的环境利益。

（三）参照印度绿色法庭设置，完善我国环保法庭的制度设置以及审理职能

印度针对环境案件的审理设立专门的环境法院——绿色法庭；我国与印度绿色环保法庭制度相似，为了体现环境纠纷审理的专业性和特殊性，我国设立了环保法庭制度。我国的环保法庭制度在以下几个方面还需改进：首先，我国现在的环保法庭设置，仍然是在人民法院的体系之内，接受民事、刑事、行政诉讼法律程序的约

束,同时还会受到其他相关法律政策的规制,法庭审判人员在审理案件的过程中,除了案件本身的事实外并不以环境法律法规为唯一的裁判标准,而是会考虑到其他相关领域的法律政策的规定,难以做到以环境保护为唯一的价值追求;其次,我国环保法庭所保护的环境法益仍然是最基本的对公民人身权和财产权益所造成的损害,尚未上升到公民宪法性基本权利层面的环境权,宪法中和环境法也缺乏这方面的规定;再次,在环保法庭的人员配置上,我国仍然以法院的审判人员为主,缺乏相关领域的专业人士,虽然也会咨询相关专家的专业性意见,甚至让专家以人民陪审员的身份参与案件审理,但这些人员并非全职人员,仅仅是对具体案件的审理过程提供了技术支持,而无法提高整个环保法庭的专业性和科学性。印度绿色环境法庭在人员配置上就有专业的环境类专家,并且是环境法庭的全职人员,使整个环境法庭成为综合性、专业性的环境纠纷案件审理机构。因此,我国需要对现有的环境法庭制度进行完善。

以 2014 年 5 月贵阳清镇市人民法院生态保护法庭受理的首例跨区域环境诉讼案件为例,这种跨区域案件本身蕴含有复杂的生态安全因素与环境治理因素,它所需要的专业性与部门协调性都很强,特别是这种跨区域环境污染案件涉及复杂的环境安全要素与生态安全问题,是许多环境问题综合作用的结果。在对案件事实进行基本认定的过程中,其关于科学性和专业性的要求都很高,而且仅靠审判人员本身也难以应对,还需要有相关领域的专业人员进行科学鉴定才能得出合理结论;而且跨区域环境污染事件本身需要各区域、各部门的行政机构人员进行综合治理、联防联控才能得到有效治理。印度的绿色环境法庭在人员设置和机构设置上就很重视这一点,除了审判人员外,占人员比重最多的就是专家学者和有行政背景的行政人员,这说明印度非常重视环境公益诉讼案件审理过程中的科学性和可操作性,我国可以参照印度的这一做法,对我国的环保法庭的机构设置进行改革,增加专家学者与行政人员的比例,因为如果缺乏科学合理的专家认定,则难以制定出合理有效的防治措施，而如果缺乏各部门、各区域的协作落实，也难以产生实际的治理效果。

本章小结

印度的环境诉讼制度经历了从"私益妨害"到"公共妨害"，从群体性诉讼到环境公益诉讼的制度嬗变过程；已经发展成为一个兼具"私益救济""公益维护""人权保障""环境正义"机能的综合性环境权益保障救济机制，这对印度环境法的发展以及印度环境纠纷事项诉讼解决机制来说都是具有重大现实意义和积极促进价值的，是印度处理环境侵权民事纠纷事项以及环境公害类责任事件的一种有效工具，也是印度实现可持续发展战略目标和贯彻落实"环境正义"价值理念的重要手段。

印度的环境诉讼法律机制随着时代的发展与变化也在不断地进行改革和创新。从最初的环境法领域中关于"私益妨害"理论的变通适用，到后来的"公益妨害"理论、公共信托原则的发展乃至最高法院关于"公益诉讼"理念的引进，印度的环境诉讼法律体系逐渐由单个公民环境权益的司法救济路径发展成为针对不特定多数人的公共环境权益保障机制以及对公民宪法性基本权利实施的综合性制度保障实施框架，其价值理念也从单纯的维护公民的人身权益、财产权利不受侵犯，发展成为以保护大多数人在良好生存环境中的公共利益不受非法侵害为目的的"环境正义"价值理念。从某种程度上讲，印度环境诉讼法制建设的制度嬗变也是对近年来国际环境保护法制建设发展趋势的一种正面回应，即自1972年斯德哥尔摩联合国人类环境会议以来，国际社会越来越重视在环境保护领域中加强区域间国际协作与分工，并且将人类环境权益救济的重点由保护单个环境问题中所遭受的人身伤害及财产损失转移到国际环境法所关注的共同环境生存条件的改善及提高上来。例如，1992年的《里约环境与发展宣言》就明确提出：各国应当将国家方针政策的制定与环境保护结合起来，对可能给环境造成重大不利影响的人类活动进行严格审查和环境影响评价，以明确各国在区域环境保护中的国际义务与责任。① 作为对此项规则的回应，印度于1994年制定了《环境影响评价最后通告》，明确了政府在应对环境"公共妨害"过程中的环境监管职能，这也成为印度环境公益诉讼案件审判的一个重要法律依据，同时也是印度环境诉讼发展史上一个重要的里程碑，标志着印度环境诉讼进入"公益诉讼"时代。

我国作为《里约宣言》的缔约方，同时也是世界上最大的新兴经济体国家，面临着与印度同样严峻的环境污染问题；同时也就意味着需要承担更大的国际环境责任与义务。特别是我国针对哥本哈根气候变化会议作出了明确的减排承诺，提出到2020年单位GDP碳排放量相对于2005年下降40%－45%。② 这就更加需要依靠能够体现"环境正义"理念的公共环境救济措施来帮助解决当前我国面临的严重环境污染问题，其具体体现就在于需要加强政府在公共环境治理领域的公共职能，加强政府在维护公共环境安全和保障公众环境权益不受非法侵害方面的公共职责，同时也要切实履行我国在国际环境治理体系中的区域环境治理责任及义务。另一方面，经过改革开放长达三十多年的经济高速发展时期，我国国土环境的承载能力已经达到一个非常危险的极限阈值，经济发展过程中所累积的环境污染问题也到了一个开始集中爆发的时期，环境治理形势非常严峻。例如，2014年2月以来发生的京津冀地区空气污染事件就表现出影响范围广、污染程度重、持续时间长、污染物累积速度快等特点。③ 针对这些问题的解决，就需要对我国原有的环境诉讼救济保障机制作出相应的改革与完善，将环境损害救济的重点由过去关注具体的环境侵权损害纠纷转移到对环境公害类案件的公共救

---

① The Principle 17 of "Rio Declaration on Environment and Development".
② 潘家华：《哥本哈根协定预期不宜过高 中国承诺面临的挑战严峻》，《中国社会科学报》2009年12月3日第006版。
③ 新华网：《环保部副部长吴晓青等回答中外记者提问》．http：//www.news.cn/politics/2014lh/live/20140308b/，2014年3月26日访问。

济上来。加强政府在环境公共妨害治理过程中的公共救济职能和环境保障职责。正如李克强总理在两会政府工作报告中所说："我们要像对贫困宣战一样，坚决向污染宣战。"① 而在环境法治的条件下，向"污染宣战"最为直接的体现就在于：创新环境公益诉讼的法律机制以及加强政府环境公共救济职能的转变，即对环境诉讼机制的改革要更有利于公众向法院提起环境公益诉讼，更有利于公职机构发挥司法能动职能，以对抗对公共生存环境造成严重不利影响的各种"公共妨害"行为。

---

① 耿联：《向污染宣战当"一战到底"》，《新华日报》2014年3月11日第A01版。

第五章　印度商事仲裁法律制度研究

2015年印度通过《仲裁和调解修正案》[①]，修正案共57个条文，对原1996年《仲裁和调解法》（简称"1996年仲裁法"）[②] 有较大幅度修改，并于2015年10月23日生效。[③] 1996年仲裁法本旨在减少法院对仲裁的干预，保证仲裁庭处理案件的自主权利，然而在司法实践中，该仲裁法的固有缺陷以及法院对有关条款的不当解释，致使法院在处理仲裁事项时久拖不决、法院不合理介入仲裁程序等问题十分突出，以致1996年仲裁法立法目的难以实现。为扩大非诉讼争端解决机制的适用，尤其是利用仲裁在处理争端中更易操作的特点，以经济高效地处理商事纠纷案件，印度于2015年对1996年仲裁法进行了修订，2015年修正案带来了印度商事[④]仲裁领域的重大变革。

[①] The Arbitration and Conciliation (Amendment) Bill, 2015. (Bill No. 252 of 2015) 修正案系2005年印度上议院驳回了2003年提交其审议的1996年仲裁法修改草案后，历经十年酝酿的成果。

[②] The Arbitration and Conciliation Act, 1996. (No. 26 of 1996)

[③] The Arbitration and Conciliation (Amendment) Bill, 2015. (Bill No. 252 of 2015.), STATEMENT OF OBJECTS AND REASONS.

[④] 针对印度仲裁裁决，立法未界定"商事"二字，对此尚未查询到相关学术著作或印度最高院判例对"商事"一词存在争议，因此本文仅以一般意义认同的与"商事"有关的仲裁裁决为研究对象。

第五章 印度商事仲裁法律制度研究

第一节 印度仲裁法律制度历史沿革

印度独立以前便存在仲裁相关立法，在早期仲裁法律制度中，[①] 印度1937年《仲裁（协定和公约）法》[②] 对1923年《日内瓦仲裁条款议定书》和1927年《日内瓦执行外国仲裁裁决公约》（二者简称《日内瓦公约》）[③] 的执行作了明确的规定。1940年印度通过《仲裁法》[④]，对印度内国仲裁事项进行了较为系统的规定，[⑤] 成为印度1940年至1996年间印度内国仲裁的主要法律依据。1958年，根据国际商会（ICC）的建议，1958年《承认及执行外国仲裁裁决公约》（简称：《纽约公约》）[⑥] 取代了《日内瓦公约》并逐渐被国际社会广泛采纳后，[⑦] 作为《纽约公约》缔约方，印度随之于1961年通过了《外国仲裁裁决（承认和执行）法》[⑧]，确认了《纽约公约》在印度的效力，自此印度在执行外国仲裁裁决方面有了新的法律依据。不过，印度依据《纽约公约》第1条第3项"任何国

[①] 对此有不同观点，有学者将印度仲裁立法追溯至1913年，甚至包括1772年、1780年、1859年、1899年等相关立法。笔者认为，印度仲裁裁决执行立法较为成熟阶段为1937年引入日内瓦公约后，因此从该时期始作一简要介绍。参见，D. Rautray, Master Guide to Arbitration in India, New Delhi: Wolters Kluwer (India) Pvt Ltd, 2008, pp. 1—9.

[②] 主要为 The Arbitration (Protocol and Convention) Act, 1937, 第1条、第6条、第10条相关规定。

[③] 即 Geneva Protocol on Arbitration Clauses, 1923. 和 Convention on the Execution of Foreign Arbitral Awards, 1927.

[④] The Arbitration Act, 1940.

[⑤] 如第15条、第16条等规定了法院对仲裁裁决的干涉权力；第32条、第33条规定了仲裁裁决的效力的认定等问题。

[⑥] 即 the New York Convention on the Recognition and Enforcement of Foreign Arbitral Awards.

[⑦] Tony Khindria, Enforcement of Arbitration Award in India, International Business Lawyer, Vol. 23, No. 1, 1995, p256.

[⑧] The Foreign Awards (Recognition and Enforcement) Act 1961.

家得于签署、批准或加入本公约时,或于本公约第十条通知推广适用时,本交互原则声明该国适用本公约,以承认及执行在另一缔约方领土内作成之仲裁裁决为限"之规定作出互惠保留,仅认可在与印度存在互惠关系的《纽约公约》缔约方领土内作成之仲裁裁决在印度具有直接执行力。① 因此长期以来,印度仲裁法律制度的主要依据为 1937 年《仲裁(协定和公约)法》、1940 年《仲裁法》以及 1961 年《外国仲裁裁决(承认和执行)法》。

为使印度争端解决机制更符合世界主流趋势,以间接助推其经济发展,印度于 1996 年通过了《仲裁和调解法》。在该法立法过程中,印度认为,由于《联合国国际商事仲裁示范法》(简称:《示范法》)和《联合国贸易法委员会仲裁规则》(简称:《仲裁规则》)② 统一了"仲裁"的概念以及协调了世界上不同的法律体系,其包含了全球通用的条款设计,③ 具有普遍适用性,因此被广泛采纳进 1996 年仲裁法之中。1996 年仲裁法"前言"即宣称其内容参考了《示范法》及《仲裁规则》相关规定。同时,为尽可能保证仲裁法律制度内部的一致性,1996 年仲裁法第 2 条(1)完全采用《示范法》对"仲裁"和"仲裁裁决"概念的宽泛定义④;在仲裁裁决执行制度框架内较为核心的法院撤销/不予执行仲裁裁决事由问题上,

---

① The Foreign Awards (Recognition and Enforcement) Act 1961, section 44. 规定能直接向印度法院申请执行的外国裁决须是在公约缔约方且与印度有仲裁裁决执行互惠协定国家之领土内作成的裁决。与印度存在互惠关系具体指《印度政府公报》("Official Gazette of India")上明确公布的国家。根据《印度政府公报》公布,中国(包括大陆地区、香港特别行政区和澳门特别行政区,暂未对台湾地区作出安排)与印度相互承认和执行自 2012 年 3 月 19 日及以后在对方领土范围内作出的仲裁裁决;其最近公布的建立互惠关系的国家为毛里求斯共和国,双方互相承认自 1961 年 10 月 11 日起在对方领土内作出的全部仲裁裁决。

② 即 UNCITRAL Arbitration Rules.

③ Ranbir Krishan, An Overview of Arbitration and Conciliation Act 1996, Journal of Arbitration, Vol. 21, No. 3, 2004, p265.

④ 对"仲裁"的定义为"无论是否由常设仲裁机构管辖的任何仲裁"(全部仲裁裁决),并明确"仲裁裁决"包括"临时仲裁裁决"。

第五章 印度商事仲裁法律制度研究

尽管《示范法》[①] 明确其适用范围为国际商事仲裁和外国仲裁裁决，不涉及法院撤销国内仲裁裁决事项，但 1996 年仲裁法中有关撤销国内仲裁裁决事由亦沿袭了《示范法》第 36 条之规定。因此，从某种程度来看，1996 年仲裁法充分体现了印度对国际主流仲裁制度的借鉴。

1996 年仲裁法出台前，印度法院对仲裁程序以及仲裁裁决享有广泛的干预权，且在实践中印度法院亦充分行使了该司法权力。1996 年仲裁法的颁布便是为了解决印度仲裁法律规定不统一、法官对仲裁及仲裁裁决干预权限过大等问题。1996 年仲裁法开篇明义即指出其立法目的在于协调和修订涉及国内仲裁、国际商事仲裁和执行外国仲裁裁决的法律制度，以及规范和协调与所涉问题有关的附带事项。该法整合并取代了前述印度 1940 年、1937 年以及 1961 年仲裁立法，[②] 成为印度仲裁新的成文法渊源。

在具体制度设计方面，印度《仲裁和调解法》第一部分"仲裁"（条文第 1-43 条）适用于内国仲裁裁决，但除非当事人另有约定，第一部分下第 9 条、第 27 条以及第 2 条（1）（a）以及第 37 条（3）亦适用于仲裁地在印度以外的国际商事仲裁和根据第二部分对此类仲裁裁决的执行；[③] 第二部分"外国仲裁裁决的执行"（条文第 44-60 条）适用于《纽约公约》及《日内瓦公约》范围内外国仲裁裁决的执行；第三部分规定了"调解"（第 61-81 条）的内容；第四部分"补充规定"对规则制定权利、法律的废止和保留等作了规定。最后，附件部分主要列出了公约的具体内容、仲裁费

[①] 《纽约公约》与《国际商事仲裁示范法》规定的拒绝执行仲裁裁决事由一致。

[②] The Arbitration and Conciliation Act, 1996. Section 85. 该条规定，因 1996 年仲裁法的颁布，前三部法律均被取代；但除非当事人另有约定，1996 年仲裁法生效之前有关仲裁程序应适用当时的法律（即新法原则上不溯及既往）。

[③] 为 The Arbitration and Conciliation (Amendment) Bill, 2015. 新增内容，该条实际上确定了 1996 年仲裁法第一部分的严格适用界限，以解决印度判例中将第一部分规定任意适用于对外国仲裁裁决执行的现象。

用的确定标准、仲裁员是否存在不正当利益关系的认定标准等。

此外，印度《仲裁和调解法》以仲裁地①为仲裁分类依据，区分仲裁地在印度的仲裁裁决（内国仲裁裁决）与仲裁地在印度以外国家的仲裁裁决（外国仲裁裁决），其中内国仲裁裁决包括仲裁地在印度的国内商事仲裁裁决以及仲裁地在印度的国际商事仲裁裁决。② 仲裁类型的不同，决定了法律适用以及法院管辖权等事项的不同。其中，国内商事仲裁与国际商事仲裁的界定以商事纠纷主体特征为标准，法律明确规定国际商事仲裁为"涉及法律关系争议的仲裁，无论是否依据合同，被印度现行法律认为是商事的，且至少一方当事人满足下列条件之一：国籍或惯常居所地在印度以外国家的个人，或在印度以外国家成立的法人团体，或管理和控制中心在印度以外国家的组织或个人组织③，或外国政府"。也即，以当事人的国籍、惯常居所地等实质性连接因素的涉外特征④作为确定"国际"商事仲裁裁决的标准。而《仲裁和调解法》所指的外国仲裁裁决包括《纽约公约》《日内瓦公约》范围内的仲裁裁决。根据第44条规定，《纽约公约》框架下"除特定情况外，印度外国仲裁裁决指主体间的争议起于法律关系，不论其契约性质与否，而依印度之国内法认为系属商事关系的仲裁裁决"。印度最高法院在

---

① 1996年仲裁法第20条对"仲裁地"作了明确界定，即当事人约定或无约定时仲裁庭指定的地点，与仲裁程序的实际发生地点不完全一致。本书采用的在"缔约方领土内作成之仲裁裁决"等传统表述，不能认为本文将仲裁程序发生地完全等同于仲裁地。

② 主要依据为 The Arbitration and Conciliation Act, 1996. Section 2 (2). 内容为"这部分适用于仲裁地在印度的裁决"，本书将仲裁地在印度的裁决统称为内国仲裁裁决（domestic arbitral awards），仲裁地在印度的仲裁裁决，除国际商事仲裁裁决外即为本书所指的国内仲裁裁决。

③ 2015年《仲裁和调解修正案》将"公司"修改为"组织"。

④ 韩德培：《国际私法》，北京：高等教育出版社、北京大学出版社，2007年，第531页。

Centrotrade Minerals and Metal. Inc. vs Hindustan Copper Limited[①]一案中对该条中的"特定情况"的适用条件作出了解释——假定在仲裁程序开始前,尽管当事方一致同意实际裁决地在英国,但为仲裁目的之实现,印度应被视为仲裁地且仲裁程序应按照印度法庭法实施。符合此种"实质仲裁地"在印度的仲裁裁决,则被认为满足了该条规定的"特定情况",视为印度内国仲裁裁决。而《日内瓦公约》框架下的外国仲裁裁决为"1924年7月28日后作出的主体间的争议起于法律关系且依印度之国内法认为系属商事关系的仲裁裁决"。[②] 因此,《纽约公约》和《日内瓦公约》在印度的适用有明确时间界限,《纽约公约》在印度生效前形成的外国仲裁裁决适用《日内瓦公约》条款,此后形成的外国仲裁裁决则适用《纽约公约》条款,当然,如该"外国"为《日内瓦公约》缔约方而未加入《纽约公约》的,仍适用1996年仲裁法对《日内瓦公约》执行的相关规定。

第二节 仲裁协议和仲裁庭的管辖权

一、仲裁协议有效性及其效力

仲裁协议是仲裁程序发生的前提和基础,所谓"仲裁协议",根据1996年仲裁法第7条,是指无论合同与否,当事人约定将已经或可能发生的涉及特定法律关系的全部或部分争议提交仲裁解决的协议,仲裁协议的呈现方式可以是合同中的仲裁条款或独立的仲裁协议,但应当为书面形式,包括当事人签署的文件,以信函、电

---

① (2006) 11 S. C. C. 245. 印度最高院网站:http://judis.nic.in/supremecourt/imgst.aspx?filename=29790. 2016年9月26日访问。

② The Arbitration and Conciliation Act, 1996. sec. 53.

传、电报等能记载协议内容的其他通讯方式。同时，法律明确规定可通过当事人的默示推定仲裁协议的存在，即根据当事人相互主张或抗辩中的陈述，一方提出协议存在，另一方未否定的，应视为存在仲裁协议。仲裁条款独立于合同条款，仲裁庭对合同作出的无效的决议不导致仲裁条款无效。

仲裁协议的效力，除了形式上的要件，还须实质上的要件，包括协议约定的仲裁事项具有可仲裁性。印度法律没有明确排除不可仲裁事项，实践中，主要通过法院的司法判例形成不可仲裁事项的判定规则，一般而言，不具有可仲裁性的事项包括：

（1）婚姻事项，如离婚和夫妻同居权的恢复；
（2）未成年人或无行为能力人的监护权有关的问题；
（3）遗嘱事项，如遗嘱的效力；
（4）破产事项，如裁定某人破产；
（5）刑事诉讼；
（6）与慈善事业或慈善信托基金有关的问题；
（7）《垄断和限制性贸易行为法》条款规定的事项；
（8）公司解散或清算；
（9）其他事项。

综合上述事项，仲裁事项不具有可执行性背后的基本原理为，与道德、身份以及公共政策有关的事项均不能提交仲裁解决。[1]

存在有效仲裁协议的情况下，当事人便承担了将协议约定范围内的争议提交指定的仲裁机构进行仲裁的义务。同时，该仲裁协议亦对司法机关审查争议事项管辖权问题产生约束力，明确了仲裁协议的"妨诉效力"以及法院对仲裁协议的"表面审查权"。根据印度《仲裁和调解法》第 8 条规定，除非仲裁协议存在表面明显无效的情形，否则司法机构在处理仲裁协议标的有关的诉讼时，应根据

---

[1] G. K. Kwatra, Arbitration and Conciliation Law of India, New Delhi Indian Council of Arbitration Federation House, 2008, p9.

当事人的申请，要求当事人将争议提交仲裁解决。但是，如存在一方当事人将争议诉诸法院，另一方当事人主张仲裁解决的情况下，将争议交付仲裁的申请应当在其就争议实体事项首次提交陈述前提出，并且应附有原始仲裁协议文本或适当的经认证的复印本。在仲裁协议文本的举证方面，考虑到实践中一方可能存在文本的举证困难问题，2015年立法新增规定，如该方当事人无法提供原始协议文本或经认证的复印本，而文本被对方当事人持有时，该当事人可请求法院要求对方当事人提供原始协议文本或经认证的复印本。

二、仲裁庭的管辖权

仲裁庭管辖权主要解决的问题是，当仲裁庭对特定争议事项是否具有管辖权的问题发生争议时，哪个机构具有裁定权。对此，《仲裁和调解法》第16条确立了仲裁庭"自裁管辖权原则"，即仲裁庭有权决定其对争议事项是否具有管辖权，包括决定仲裁协议是否存在和有效等事项。但正如本章第六节中的论述，该原则仍受到最高法院判例对《仲裁和调解法》第11条解释的限制，仲裁庭的自主权不断被法院扩张的司法权所挤压。

对于仲裁庭管辖权问题，法律亦明确限定了当事人申请仲裁庭管辖权异议的时间：一是当事人主张仲裁庭无管辖权的申请应于提交答辩状之前提出（但不得因为一方已经指定或参与了指定仲裁员的程序就排除其提出异议的权利）；二是仲裁庭超出仲裁权限的诉请应在仲裁程序中、该事项发生后立即提出。如确有迟延，且仲裁庭认为延迟是适当的情况下，可认可在上述期限后提出的诉请。

就当事人对仲裁庭管辖权异议的结果而言，如果仲裁庭驳回当事人管辖权异议的申请，仲裁程序应当继续进行，并由仲裁庭作出仲裁裁决。认为仲裁庭驳回异议而使其权利遭受到损害的当事人，可根据《仲裁和调解法》第34条之规定，申请撤销该仲裁裁决以获得救济。

第三节 仲裁员的选任

一、仲裁员的人数、国籍与指定程序

《仲裁和调解法》第 10 条、第 11 条规定,仲裁员的人数为当事人约定的非偶数,无约定时推定为独任仲裁庭。在 Narayan Prasad Lohia vs Nikunj Kumar Lohia & Ors（2002）[①] 一案中,印度最高法院认为,虽然第 10 条规定了仲裁员的人数不应当为偶数,但第 10 条是否为可减损条款仍然存在争议,最终印度最高法院认为,由于仲裁建立在协议之上,只要当事人协议同意,偶数仲裁员亦可组成仲裁庭,因此《仲裁和调解法》第 10 条的规定并非强制性的。

仲裁员的指定问题上,除非当事人另有约定,任何国籍的人员可被选任为仲裁员。当事人可协商决定指定仲裁员的程序,在一方未能按照程序要求指定仲裁员、被指定的仲裁员未能达到指定程序下的要求,或者个人或机构未能履行授予他的仲裁程序性职责的情况下,一方当事人可请求最高法院或视情况而定的高等法院或法院指定的机构或个人采取必要措施以保障仲裁员的指定,除非协议约定的指定程序确定了其他指定方式。在没有约定的情况下,（1）如为三名仲裁员组成的仲裁庭,则各方指定一名仲裁员,首席仲裁员由各方指定的仲裁员指定。如在收到另一方要求后 30 日内一方没有指定,或被指定的仲裁员从受指定之日起 30 日内未指定首席仲裁员的,根据任何一方要求,则可由最高法院或视情况而定的高等法院或法院指定的机构或个人指定仲裁员。（2）对于独任仲裁庭,如 30 日内未能协商指定,根据一方要求,亦可由最高法院或视情

[①] https：//indiankanoon. org/doc/413018/,2017 年 1 月 21 日访问。

况而定的高等法院或法院指定的机构或个人进行指定。

根据《仲裁和调解法》规定，在国际商事仲裁中，前述"最高法院或视情况而定的高等法院"是指"最高法院"；如果是其他仲裁，则是指根据该法第 2 条第（1）款所指，对一审民事案件具有地域管辖权的高等法院。

最高法院或视情况而定的高等法院或法院指定的机构或个人在指定仲裁员时，应当考虑双方协议对仲裁员的要求，并考虑确保所指定仲裁员独立公正的其他因素。在国际商事仲裁指定独任或第三名仲裁员时，如当事方国籍不同，最高法院或视情况而定的高等法院或法院指定的机构或个人可指定第三国籍的仲裁员。同时，最高法院或高等法院在行使上述权利时，应当核查仲裁协议的存在，采取其认为适当的方案行使本条规定的职权。如几个不同的高等法院或指定的机构或个人均收到了当事人的请求，则最先收到请求的高等法院或指定的机构或个人有权决定请求事项，同时，指定仲裁员的决定是最终的、不可上诉的。为避免法院的拖延，立法还规定法院应尽快处理仲裁员的指定事宜，应从另一方当事人收到传票之日起 60 日内完成。

修订前的 1996 年《仲裁和调解法》将指定仲裁员的权力授予给首席法官或首席法官指定的机构或个人，2015 年修改后的法律将该权力直接赋予法院或由法院指定的机构或个人，与示范法规定的由法院指定仲裁员的规定更为一致。此前，印度一直存在首席法官依据《仲裁和调解法》第 11 条规定指定仲裁员的权力性质之争，即该指定属于司法权性质还是行政权性质。对此，1996 年《仲裁和调解法》并无明确规定，最高法院曾在 M/S. Konkan Railway Corporation vs M/S. Rani Construction Pvt. Ltd 等案件中将其界定为行政权，但此后最高法院的观点却截然不同，在 2005 年 M/S S. B. P. & Co vs M/S Patel Engineering Ltd. & Anr[①] 一案中最

---

① https://indiankanoon.org/doc/1820512/. 2017 年 2 月 1 日访问。

高法院主张首席法官行使的权力为司法权,且由于首席法官行使的权力为司法权,其有权审查有效仲裁协议、有效主张以及其行使权力的条件的存在等基本问题,当事人对法院的决定有权根据《印度宪法》[①]第136条之规定向最高法院提出申诉,同时,一旦法院组成仲裁庭,首席法官已作出决定的事项,将不得由仲裁庭再次作出决定。此后,有关法院行使指定仲裁员权力的性质之争并未停息,因为从文义上看涉及的仅是权力性质之争,但实质却是首席法官的权力范围问题,也即首席法官除了决定仲裁员的选任外,是否可对当事人有争议的其他事项作出决定。在上述司法权属性界定之下,法官对相关仲裁事项享有广泛的审查权限,M/S S. B. P. & Co vs M/S Patel Engineering Ltd. & Anr 一案的司法权观点本质上稀释了仲裁庭的管辖权,仲裁庭基于《仲裁和调解法》第16条的自裁管辖权将遭到侵蚀,管辖权事项将不再完全由仲裁庭自行决定。[②]

虽然2015年立法修改增加的第11条第(6)款(B)明确印度最高法院或高等法院依据第11条指定仲裁的个人或机构的权力并非行使司法权,但并未对司法权与行政权给出确切的界定,可以说本次立法更多是从实践操作的便利性角度出发——立法将指定仲裁员的主体由首席法官修改为法院,更侧重于司法权之说;但明确规定法院作出的指定仲裁员和选择执行程序的决定不得上诉,又更倾向于行政权之说;就法院行使第11条规定的权限范围来看,明确规定除行使11条(4)(5)(6)项权力外,法院仅可审查仲裁协议是否存在事项,是为两种学说的杂糅。

---

① The Constitution of India.
② Sidharth Shaema, The Chief Justice's Power to Appoint Arbitrators Under the Indian Arbitration Act: The Paradigm Shift in Judicial Opinion and the Result Implications, Journal of International Arbitration, vol. 23, No. 5. 2006, pp468-469.

二、对仲裁员的异议

(一) 仲裁员的披露义务

根据《仲裁和调解法》，当个人可能被指定为仲裁员时，应当书面披露的内容包括：与当事人或争议事项直接或间接、过去或现在存在关系或利益；可能影响其能力（对仲裁投入足够时间），尤其是在 12 个月之内完成全部仲裁的因素。除《仲裁和调解法》正文条款中的规定外，立法还通过附件的形式，详细规定了仲裁员与当事人或案件可能存在关系或利益的具体情形，其中附件五规定的因素，作为考量是否影响仲裁员独立和不偏私的公正性的依据；附件六规定了仲裁员披露的方式。仲裁员的披露义务在时间上是持续的，仲裁员应从指定程序开始，在整个仲裁程序中对相关事项进行持续性披露。

(二) 当事人对仲裁员提出异议

根据《仲裁和调解法》第 12 条，只有当存在情形导致对仲裁员独立和无偏见的公正性存在质疑，或者缺乏当事人约定资质的情形时，当事人才可就仲裁员的资格、能力等问题提出异议。一方对其指定的或参与指定的仲裁员提出异议的，必须是在其指定该仲裁员后才意识到异议事由存在。除非前期有相反约定，任何与当事人、委员会或与争议事项有关系的个人，存在附件七条款规定情形的，不应被指定为仲裁员（但当事人在争端开始后，可通过明示的书面协定放弃该条的适用）。

程序方面，首先遵从当事人的约定，当事人未约定的，一方在仲裁庭组成后或意识到存在前述事由后 15 日内，向仲裁庭提交异议理由的书面陈述。除非仲裁员主动从其职位上退出或另一方当事人亦同意该异议（但仲裁员主动从其职位上退出或一方同意终止仲裁员授权的情况下，不代表异议的理由是有效的），当事人对仲裁员提出的异议是否成立的决定权属于仲裁庭。如该异议成立，仲裁员的授权被撤销的，法院有权决定该仲裁员的仲裁费。如仲裁庭认为异议不成立，应继续仲裁程序并作出仲裁裁决。照此作出的仲裁裁决，提出异议的当事方可根据第34条申请撤销该仲裁裁决。不同于1940年《仲裁法》的规定，《仲裁和调解法》明确规定对仲裁员异议事项的决定权在仲裁庭（1940年规定由法院决定）。

三、仲裁员职责的终止和仲裁员的替换

仲裁员被指定后，除非约定或法定事由，对其授权不得随意撤回或撤销。仲裁员职责的终止情形包括：（1）未履行或不能履行职责，即仲裁员在事实上或法律上不能履行职责或基于其他原因无故拖延履行职责；（2）仲裁员退出其职位或当事人同意终止对其授权。如因前述情况发生争议，除非另有约定，一方可向法院申请决定是否暂停对仲裁员的授权。

仲裁员职责终止后，需要新的仲裁员填补其职位空缺，新的替代仲裁员的指定程序适用原仲裁员的指定程序。除非另有约定，仲裁员由于上述情形被替代后，任何先前进行的庭审可由仲裁庭自由裁量权决定是否重新进行；同时，除非双方另有约定，在根据本条替换仲裁员之前仲裁庭作出的命令或规则，不能仅因为仲裁庭的组成发生变更而归于无效。

第四节　仲裁程序和法律适用

一、仲裁程序

（一）仲裁地

仲裁地的重要意义在于，根据仲裁地判断某一仲裁应归属于印度内国仲裁还是外国仲裁，由此决定仲裁程序以及仲裁裁决执行等问题应适用的法律。印度《仲裁和调解法》规定，当事人有权约定

仲裁地；未约定的，仲裁庭可根据案件的情况，包括双方的便利程度决定仲裁地。但仲裁地为法律意义上的地点，不同于仲裁程序的实际发生地，就仲裁中具体事项的实施而言，除双方另有约定外，仲裁庭可决定在其认为适当的任何地方，进行成员间的协商，听取证人、专家、当事方的陈述，或检查文件、物品或其他财产。

（二）仲裁程序依据的规则

印度《仲裁和调解法》第18条规定，仲裁庭应平等对待双方当事人，保障其充分陈述案情的机会。当事人可根据《仲裁和调解法》第一部分规定，自行约定仲裁庭应遵守的程序；当事人没有约定的，仲裁庭可根据第一部分规定，按照其认为适当的程序推进仲裁。在仲裁庭决定程序的情形下，仲裁庭的权力还包括决定证据的可采性、关联性、真实性和证明力等事项的程序问题。为保障仲裁庭对仲裁程序的充分决定权，立法明确规定仲裁庭不应受到印度1908年《民事诉讼法典》和1872年《印度证据法》的约束。

（三）仲裁程序的开始

除非当事方另有约定，特定争议事项的仲裁程序开始于申请人提交的处理争议事项的请求被被申请人收到之日。

（四）仲裁的语言

仲裁语言由当事人自由约定；没有约定的，由仲裁庭决定。当事人对语言的约定或仲裁庭的决定，除非另有安排，否则应作为当事人书面陈述、任何庭审和仲裁裁决、决定以及仲裁庭其他通讯事项的语言。仲裁庭亦可要求任何文件证据被翻译成该种语言并将译本作为附件提交。

（五）主张和抗辩的陈述

当事方约定或仲裁庭指定的一段时间内，除当事人对陈述内容的要素通过协议另有要求外，申请人应陈述支持其主张的事实、争议焦点、所要求的救济或赔偿；被申请人应当针对这些细节提出抗辩，且可提出反申请或抵销申请，该种反申请或抵销申请如果在仲裁协议范围内，则应由该仲裁庭进行裁决。当事方可随陈述附带提交其他其认为有关的或其他能增加文件或证据证明力的材料。

除非另有约定或仲裁庭以拖延为由认为该变更或补充不适当，任何一方有权在仲裁程序中变更或补充其请求或抗辩。

（六）庭审或书面程序

除非另有约定，仲裁庭有权决定为了举证或口头辩论的需要进行口头审理，或决定基于文件和其他材料进行书面审理。除非当事人明确约定不进行口头审理，仲裁庭可在任何程序阶段决定采用口头方式进行审理。如仲裁庭决定连日庭审，当事人没有充分理由延期时，仲裁庭可决定对当事人施加惩罚性费用。

（七）一方缺席

除非另有约定，一方无充分理由时：（1）申请人未能根据前述第5项"主张和抗辩的陈述"陈述其主张的，仲裁庭可终结程序；（2）被申请人未能根据前述第5项"主张和抗辩的陈述"陈述其主张的，仲裁庭可继续仲裁程序，但不得将被申请人缺席视为被申请人对申请人主张的承认，仲裁庭对被申请人已经丧失的提交抗辩陈述的权利有自由裁量权。此外，一方未能参加口头庭审或提出书面证据的，不影响仲裁庭继续仲裁程序并根据现有证据作出仲裁裁决。

（八）仲裁庭指定的专家

除非另有约定，仲裁庭有权指定一名或多名专家，对仲裁庭将要决定的具体事项出具报告；仲裁庭可要求当事方直接向专家提供所需的相关信息，或提供获取有关文件、物品或其他财产的渠道。

（九）仲裁程序的终止

一般情况下，仲裁庭作出最终仲裁裁决后，仲裁程序终止。但出现下列情况时，仲裁庭应发布终止命令终止仲裁程序：（1）申请人撤回申请，但被申请人反对且仲裁庭认可被申请人具有获得争端得到最终解决的合法利益的除外；（2）当事人同意终止；（3）仲裁庭发现因为某些因素，继续程序变得没有必要或不可能。仲裁程序终止后，当事人对仲裁庭的授权也即终止。

二、适用于争议实体问题的规则

《仲裁和调解法》第 28 条规定了仲裁地在印度的内国商事仲裁的法律适用，并对非国际商事仲裁和国际商事仲裁适用的法律进行区分。一是对于非国际商事仲裁，规定必须适用印度现行有效的实体法；二是针对国际商事仲裁，双方当事人可自由约定适用的法律，仲裁庭根据当事人指定的适用于争端实体问题的规则作出裁决，且印度立法不承认反致、转致等规则，当事人选择适用某一国法律或法律制度仅指向该国的实体法而非冲突法；在当事人没有指定的情况下，则由仲裁庭根据争议的一切情况，适用其认为适当的法律。印度最高法院在 TDM Infrastructure (P) Ltd. vs UE Development India (P) Ltd.[①] 一案中对上述规定进行了较为独特的阐述，最高法院在其判决中指出，只要双方当事人均为印度公司（在印度成立的具有印度国籍的公司，即便其管理和控制中心在国外），就应当适用印度法律，而不能选择适用外国法，否则便违反印度公共秩序。

印度立法同时规定了友好仲裁，第 28 条第 2 款规定，只有得到当事人明示授权，仲裁庭才可以根据公平原则（作为友好公断人或依公允善良的原则）作出裁决。且在任何案件中，仲裁庭在作出决定或仲裁裁决时，应当考虑到合同条款和适用于该交易的商业惯例。

三、仲裁裁决的作出

（一）仲裁员小组的决议方式

根据规定，除非当事人另有约定，仲裁庭的决定由其成员的大

---

① https://indiankanoon.org/doc/1845272/，2017 年 3 月 5 日访问。

多数作出，但如果当事人或仲裁庭全体成员授权，有关程序问题的决定可由首席仲裁员作出。

(二) 普通程序

2015年对《仲裁和调解法》的修改新增了仲裁庭作出仲裁裁决的时间限制，并对仲裁庭作出仲裁裁决的时间与仲裁费用挂钩。修正案规定，仲裁庭应当自仲裁庭有效成立之日起12个月内作出仲裁裁决，该日期从独任仲裁员或全部仲裁员收到指定的书面通知之日起算，但当事人可同意延长不超过六个月的期限。如果仲裁庭在6个月内作出仲裁裁决，则有权获得额外的奖励费用；但如果仲裁庭在12个月或延长期限后仍未作出仲裁裁决，除非法院在规定的期限届满前或届满后决定延长裁决作出的期限，否则仲裁员的授权应当终止。如法院决定延长期限，但发现该迟延是可归责于仲裁庭的原因造成的，则法院可下令减少相应的仲裁费用。

同时，仲裁程序的延期还涉及仲裁员的替换和仲裁程序的连续性问题。如法院决定延长仲裁期限的，法院可决定变更一名或全部仲裁员，如果一名或全部仲裁员被替代，仲裁程序从当前已有的结论开始，且基于已被记录的证据和材料进行，新的仲裁员应被视为已获得当前的证据和材料，重新组建的仲裁庭也应被视为继续先前组建的仲裁庭的工作。前述法院的延期可基于一方当事人具有充分理由的申请被允许，或者基于法院认定的条件来决定，如当事人申请延期的，法院应从通知送达对方之日起60日内处理当事人的延期申请。

(三) 快速通道程序

一般而言，快速通道程序（Fast track procedure）是一项具有严格时间限制的程序，且有更为刚性的程序规则，不允许时间上的松懈和结果上的拖延,这种时间上的缩短使其更具有成本效益。①当事人在指定仲裁员前或指定仲裁员时的任何时间,均可约定适用快速通道程序,即简易程序。如仲裁协议当事方同意适用快速通道程序的,可共同选择一名仲裁员组成仲裁庭。

印度仲裁快速通道程序的基本特征为:(1)仲裁庭不经口头审理,直接通过书面陈述、文件以及答辩意见进行裁决;(2)仲裁庭有权要求当事方提供更多信息或说明以补充已有的陈述和文件;(3)当事方共同要求或仲裁庭认为有必要时可进行口头审理;(4)如采用口头审理,仲裁庭可省略任何技术上的形式并采用其认为适当的、能加速案件审理流程的程序。快速通道程序的审理期限为6个月,但《仲裁和调解法》并未采取绝对的6个月期限,有弹性地规定了如仲裁庭6个月内未完成仲裁程序,则按照前述一般程序中有关迟延的规定处理。

四、鼓励多种方式解决争端

如当事方协议约定,仲裁庭可在仲裁程序中的任何时间采用调解、和解和其他程序鼓励争端解决。在仲裁程序中,如争议得到解决,经双方当事人请求且仲裁庭不反对时,可就已经达成的条款以仲裁裁决的方式予以记录。该仲裁裁决应依据《仲裁和调解法》第31条"仲裁裁决的形式和内容"的规定作出,就争议的实体问题而言,记录已达成的条款的仲裁裁决与其他仲裁裁决具有相同的地位和效果。

五、仲裁费用

与仲裁程序有关的或本法条款规定的其他有关仲裁的程序,不论1908年《民事诉讼法典》如何规定,法院和仲裁庭有权决定一

---

① kanchi, ADR in India: Legislations and Practices, https://www.lawctopus.com/academike/arbitration-adr-in-india/. 2017年3月15日访问。

方当事人是否支付另一方当事人费用、支付的金额以及支付的时间等问题。该费用是指与下列事项有关的合理费用：（1）仲裁员、法院和证人的费用和开支；（2）律师费用和开支；（3）任何仲裁监督机构的管理费用；（4）与仲裁庭或法院程序以及仲裁裁决有关的其他费用。法院或仲裁庭决定费用承担的一般原则是败诉方支付胜诉方相关费用，但如果存在书面记录的某些因素，法院或仲裁庭可作出与该原则不一致的其他命令。

具体而言，在决定费用的过程中，法院或仲裁庭应当考虑的因素包括：（1）各方的行为；（2）是否存在一方当事人在案件中部分胜诉的情况；（3）是否存在一方为拖延仲裁程序，作出了毫无价值的反诉请求的情况；（4）是否存在任何一方当事人提出的解决争议的合理提议被另一方拒绝的情况。

就前述费用，法院或仲裁庭可决定的具体事项包括：（1）另一方的部分开支；（2）与另一方开支有关的规定数额；（3）计算应支付费用的起止日期；（4）程序开始前发生的费用支付问题；（5）与仲裁程序中采取的特殊程序有关的费用；（6）仅与程序的特殊部分有关的费用；（7）计算利率的起止时间。

在仲裁费用承担的问题上，印度法律限制了当事人的意思自治，并规定当事人有关费用分配的协议，须是在争议发生后达成的才为有效。

第五节　仲裁裁决

一、仲裁裁决的形式和内容

《仲裁和调解法》第31条规定了印度内国仲裁裁决应具备的形式和内容，具体包括：

（1）书面形式且应由仲裁庭组成人员签字；

（2）在一名以上仲裁员组成的仲裁程序中，只要陈述部分仲裁员未签字的原因，由多数仲裁员在仲裁裁决上签字即可；

（3）除当事方同意仲裁裁决不陈述任何理由或以双方达成的条款结案的情况外，仲裁裁决文书中应陈述作出裁决的理由；

（4）仲裁裁决中应写明作出裁决的时间和根据《仲裁和调解法》第 20 条确定的仲裁地；

（5）裁决作出后，签字副本应送达给各方当事人；

（6）仲裁庭可作出与最终裁决相关的中间裁决；

（7）除非当事方另有约定，仲裁庭可决定具有金钱给付内容的利率数额（从仲裁申请之日到裁决作出之日）。

二、仲裁裁决的更正、解释和补充

一方当事人通知另一方后，可请求仲裁庭更正任何计算错误、任何电子错误或印刷错误或其他同类型的错误；可请求仲裁庭对仲裁裁决的具体问题或部分内容进行解释。除非存在当事方协商一致约定的其他时间，否则申请一方应在收到仲裁裁决后 30 日内提出申请。如果仲裁庭认为前述申请是适当的，应在收到申请后 30 日内进行更正或解释，该更正或解释可作为仲裁裁决的一部分。仲裁庭在裁决作出后 30 日内，亦可主动更正笔误。

除非另有约定，在收到裁决 30 日内，一方在通知另一方后，可申请仲裁庭就在仲裁程序中已提出的但仲裁裁决遗漏的主张作出补充仲裁裁决，如仲裁庭认为该请求是正当的，应自收到请求后 60 日内作出补充仲裁裁决。

但是，上述时间规定并非强制性规定，仲裁庭可延长其更正、给予解释或作出补充仲裁裁决的时间。同时，仲裁庭也可根据情况再次对补充的仲裁裁决予以更正或解释，该更正或解释适用前述规定。

第六节　法院对仲裁的支持

法院与仲裁庭的关系是仲裁立法的关键点，法院对仲裁干预过度，则可导致仲裁这种争端解决机制的独立性不足，仲裁制度的目的落空；法院对仲裁缺乏监督和支持，则易致使国家和当事人的利益得不到有效维护，仲裁程序难以顺畅进行等。印度仲裁立法的一项基本原则为"法院不干预原则"，因此立法明确规定了法院干预仲裁程序的三种情况：（1）当事人预设的确定仲裁员的方法失败后，法院对仲裁员的指定（《仲裁和调解法》第11条）；（2）仲裁员是否因无能力履行其职责或未能毫不迟延地推进仲裁程序，而导致其授权被终止（《仲裁和调解法》第14条第2款）；（3）法院支持取证（《仲裁和调解法》第27条）。相比于《示范法》，印度立法在法院干预仲裁方面的限制更为严格。[①]有关法院在仲裁员指定和任职中的权力已在本章第三节中讨论。

同时，就整个仲裁而言，立法一方面规定了仲裁程序开始前、进行中以及仲裁程序结束后裁决执行前法院发布临时措施的权力和职责，以支持仲裁程序的顺利推进和仲裁裁决的有效执行；另一方面在仲裁裁决的执行过程中，法院对裁决的效力认定和裁决的有效落实等发挥着举足轻重的作用，由于印度仲裁立法有关裁决执行的内容较多，且其重要性已被国际公约和各国立法所认可，因此本文将在本章第七节中予以详细论述。本节内容着重讨论两个问题，一是法院对获取证据的支持，二是法院发布临时措施的权限，二者均体现了法院对仲裁的支持。

---

① Sumeet Kachwaha, The Arbitration Law of India: A Critical Analysis, Asia International Arbitrational Journal, Vol 1. No. 2, 2005, p120.

一、法院支持取证

仲裁庭或仲裁庭支持的当事人，可向印度法院申请，请求法院帮助取证。请求法院调查取证的申请书应明确：（1）当事人和仲裁员的名称和地址；（2）主张和所寻求救济的一般性质；（3）所获得的证据，尤其是——证人或专家证人的名字和地址，对所要证明事项的证据要求的陈述；对要作出的文件或要检查的财产的描述。法院在其权力范围内且根据取证规则，可命令将证据直接提交给仲裁庭以执行取证请求。未能按照该程序参加仲裁程序的个人，或存在其他过错，或拒绝交出其证据，或在仲裁程序中蔑视仲裁庭的，应承担诸如不利益、罚款或处罚等责任。

二、临时措施

临时措施是为了促进仲裁程序的顺利、有效进行，保证仲裁裁决得到有效执行而采取的必要的、临时性保护措施。其涉及的主要问题包括：1. 有权决定采取临时措施的主体，也即法院和仲裁庭的权限及权限划分问题；2. 临时措施的种类；3. 申请临时措施的时间要求；4. 在缺乏公权力的强制力保障或者司法辖区具有地域限制的情况下，临时措施的执行力如何，该怎样得到落实。

《纽约公约》规定的承认和执行的范围仅包括仲裁协议和仲裁裁决，无任何与临时措施有关的规定。《示范法》第9条"仲裁协议和法院的临时措施"规定"在仲裁程序进行前或进行期间内，当事一方请求法院采取临时保护措施、法院准予采取这种措施的，均与仲裁协议不相抵触。"第17条"仲裁庭命令采取临时措施的权力"规定"除非当事各方另有协议，仲裁庭经一方当事人请求，可以命令任何一方当事人就争议的标的采取仲裁庭可能认为有必要的任何临时性保护措施。仲裁庭可以要求当事任何一方当事人提供有关此种措施的适当的担保。"该两条仅原则性规定了法院和仲裁庭命令采取临时措施的权力。《仲裁规则》第26条规定了仲裁庭决定采取的临时措施的种类包括但不限于：(1) 争议未决之前维持或恢复现状；(2) 采取行动防止，或者避免采取行动造成：a. 当前或即将发生的损害，或 b. 对仲裁过程本身的妨碍；c. 为其后使用资产执行仲裁裁决提供一种资产保全手段；或者 d. 保全与解决争议可能有关的实质性证据。同时，仲裁庭可经申请或主动修改、中止或终结其准予的临时措施。

印度有关仲裁程序中的临时措施规定在《仲裁和调解法》第 9 条、第 17 条之中，当事人可依据该两条的规定分别向法院或仲裁庭提出临时措施申请。2015 年法律修改前，仲裁庭发布临时措施的权力极其有限，修改后的立法原则上统一了法院和仲裁庭发布临时措施的权力，同时为保障仲裁庭发布的临时措施的执行力，立法规定仲裁庭发布临时措施的决定应被视为法院作出的决定并按照 1908 年《民事诉讼法典》的规定执行。

《仲裁和调解法》第 9 条规定，任何一方可在仲裁程序开始前或进行中，或在裁决作出后根据第 36 条执行前的任何时间向法院申请——

（1）为仲裁程序目的，为未成年人或精神不健全者指定监护人。

（2）与下列事项有关的任何保护性临时措施：a. 保存、临时监管或销售作为仲裁协议标的的任何货物；b. 确保仲裁中的争议数额；c. 对属于仲裁争议的标的或其他存在问题的任何财产或物品进行扣押、保存或检查，为前述目的授权任何人进入属于任何一方所有的任何土地或建筑物，或为获得足够的信息或证据所必要或有利目的，授权任何取样或观测或进行试验。d. 临时禁令或指定接收人；e. 其他法院认为公正和便利的保护性临时措施。

如仲裁程序开始前法院采取了临时性保护措施，仲裁程序应于法院发布临时措施命令起 90 日内或法院确定的时间内启动。原则上，仲裁庭组成后法院便无权发布第 9 条规定的临时措施。除非法院认为根据第 17 条规定当事人无法得到有效的救济。

《仲裁和调解法》第 17 条规定了仲裁庭发布临时措施的时间、种类、执行力等内容。一方在仲裁程序中或根据第 36 条执行仲裁裁决前的任何时间，可向仲裁庭申请采取的临时措施与向法院申请采取的临时措施相同。立法强调了仲裁庭发布命令的权限与法院相同，只是在某些特殊情形下，一方只能请求法院发布临时措施决定，如银行保函兑现的禁止令。①

第七节　仲裁裁决的执行

《纽约公约》或 1996 年仲裁法等均未对"执行"（Enforcement）概念作出规定。印度最高法院在 S. M. D. Kiran Pasha vs Government of Andhra Pradesh②一案中指出，"执行"涉及主体的生存权和自由权，但宪法亦仅有"执行"一词而未界定"执行"的概念内涵。因此最高法院在该案裁判中结合柯林斯英语词典对"执行"概念的界定，将"执行"解释为强制遵守法律、强制行为、遵从自然或道义力量。此章节语境下的"执行"概指商事仲裁裁决作出后，败诉一方未主动履行仲裁裁决裁定的义务，胜诉一方求助一国司法机关实现裁决确认之权利的过程及结果。另外，作为《纽约公约》缔约方，印度并未完全采纳《纽约公约》"承认"（Recognition）与"执行"两项概念。虽然印度 1996 年仲裁法及 2015 年修正案正文均未提及"承认"这一概念，③ 但不论何种制度设计，毋庸置疑的是仲裁裁决"执行"概念事实上都包含着处理仲

---

① Nishith Desai Associates: International Commercial Arbitration: Law and Recent Developments in India, 2016, P8.
② (1990) S. C. C (1) 328. http://judis. nic. in/supremecourt/imgst. aspx? filename=7756. 2016 年 10 月 15 日访问。
③ 一般认为其原因在于："承认"一词包含对裁决的司法审查，是独立的法律程序；而印度立法为了避免司法对仲裁的过度干预，防止已经之前的仲裁程序审理并作出裁决的事项再一次被法院判决。因此立法适用"执行"这一法律概念。

裁裁决执行效力、执行条件等"承认"范围内的事项。

一、"印度公共政策"问题

印度加入的国际条约与印度国内立法是其仲裁裁决执行的主要成文法依据,而受英国普通法制度影响,《印度宪法》第141条明确规定,最高法院所作判决与国家立法具有同等法律效力,故印度最高法院判例同样为印度执行仲裁裁决的重要法律渊源。印度最高法院判例作为最高法院及下级法院处理相同或相似案例应遵循的先例,在解释法律条文、正确适用法律规定及规范法院判决方面具有不可替代的作用。但判例不能架空成文法律制度,也不应违反或超越现行成文法律框架。有学者指出,由于当前越来越多的印度最高法院判决忽视了相关先例,甚至判决的理由并不是基于案件当事人在法庭上主张的事实和法律,判决结果往往让人感到诧异。[1] 印度有关仲裁裁决执行的司法判例中最具争议的事项莫过于法院基于1996年仲裁法第34条及"公共政策"条款对仲裁裁决可执行性的审查是否符合法律规定的问题。由于《纽约公约》或1996年仲裁法均未详尽界定撤销/不予执行仲裁裁决之"公共政策"概念的内涵和外延,尤其在仲裁裁决与印度法律规定不一致时是否违反印度"公共政策"的司法认定问题上,"公共政策"成为一个弹性极大且被法院经常适用甚至被指责为滥用的条款。为说明印度判例在仲裁裁决执行中因"公共政策"引发的争议,以下援引两个印度最高法院判例予以阐释。

(一)Oil and Natural Gas Corporation Ltd vs Saw Pipes Ltd[2] 案

本案是法院执行内国仲裁裁决适用"公共政策"的典型案例。

---

[1] Matthew L. M. Fletcher, Supreme Court and the Rule of Law: Case Studies in India Law, The Federal Lawyer, Vol. 55, No. 3, 2008, p26.

[2] A. I. R. 2003 S. C. 2629. http://judis.nic.in/supremecourt/imgst.aspx?filename=19058. 2016年11月3日访问。

本案中，仲裁裁决败诉一方以仲裁庭错误适用印度有关违约赔偿金的法律规定为由，向法院提出撤销仲裁裁决，案件最终进入到印度最高法院审理程序。印度最高法院判决文书一改传统先讨论案件事实、再决定案件法律适用的通常模式，独立于案件事实先确定了法律问题。[①] 判决文书开篇即阐述了对 1996 年仲裁法第 34 条中"印度公共政策"含义应作广义理解，即有关公共福利和公共利益的事项，而由于仲裁裁决表面上明显违反法律规定对法院司法职能的实现具有不利影响（不符合公共利益），因此应被认为违反"印度公共利益"。最终印度最高法院以仲裁裁决错误适用法律为由予以撤销。

本案的主要争议在于，印度最高法院以仲裁裁决"明显违反法律"为由撤销仲裁裁决是否违反"法院最低程度干预"原则，任意扩大法院对仲裁裁决的司法审查权。该判决与印度最高法院先前在 RenuSagar Power Co. Ltd vs General Electrical Corp.[②] 一案中对"公共政策"持狭义观点的做法相悖。在 RenuSagar Power Co. Ltd vs General Electrical Corp. 一案中，最高法院认为法院仅在仲裁裁决违反下列三项内容之一时才有权撤销：（1）印度法律的基本政策；（2）印度的利益；（3）正义或道德。相反，最高法院在本案中强加了第（4）项撤销仲裁裁决事由，即"明显违反法律"。该案判决招致三个方面的严重批评："遵循先例"原则未得到遵守；判决是对 1996 年仲裁法的蔑视，使法制倒退到了 1940 年《仲裁法》时代；仲裁是在为败诉方以仲裁裁决违反印度法律为由向法院起诉

[①] Sidharth Sharma, Public Policy Under India Arbitration Act in Defense of the Indian Supreme Court's Judgment in ONGC vs Saw Pipes, Journal of Arbitration, Vol. 26, No. 1, 2009, p134.

[②] (1994) Spp. (1) S. C. C. 644. http://judis.nic.in/supremecourt/imgst.aspx?filename=11863. 2017 年 1 月 11 日访问。

铺路，使 1996 年仲裁法意图消除的无限制司法审查权死灰复燃。[1]

（二）Venture Global Engineering vs Satyam computer Services Ltd 案[2]

该案要解决的是仲裁地在伦敦、适用美国密歇根州法律、须在印度申请执行的外国仲裁裁决的司法审查问题。在本案中，印度最高法院创造出了挑战外国仲裁裁决的新程序和新事由。[3] 该仲裁裁决执行案件涉及两项争议，一是能否适用 1996 年仲裁法第 34 条"公共政策"规定以撤销外国仲裁裁决，二是适用该条规定时应对"公共政策"范围作何理解。

由于不予执行外国仲裁裁决的影响仅限于一国国内，而撤销外国仲裁裁决则具有国际影响，可导致该仲裁裁决在全部《纽约公约》缔约方得不到执行。[4] 因此，一般认为 1996 年仲裁法未赋予印度国内法院撤销外国仲裁裁决的权力。本案中一审法院及高等法院均以外国仲裁裁决不能依据 1996 年仲裁法提出异议（撤销仲裁裁决申请）为由驳回异议方诉讼请求。但案件上诉到最高法院后，最高法院却认为本案可适用并应当适用 1996 年仲裁法第 34 条撤销仲裁裁决。另外，在对第 34 条"公共政策"范围的理解方面，最高法院进一步认为，在法律对"公共政策"没有明确规定的情况下，因股权转让协议的标的位于印度境内，因此仲裁裁决及转让行为应适用并应符合印度法律。最终，最高法院参照上述内国仲裁裁决执行案件 Oil and Natural Gas Corporation Ltd vs Saw Pipes Ltd

---

[1] Rendeiro Amelia C, India Arbitration and "Public Policy", Texas Law Review, Vol. 89, No. 3, 2011, p710.

[2] (2003) 5 S. C. C. 705, 727. http://judis.nic.in/supremecourt/imgst.aspx?filename=36650. 2016 年 11 月 5 日访问。

[3] Sumeet Kachwaha, Enforcement of Arbitration Awards in India, Asia International Arbitration Journal, Vol. 4, 2008, p78.

[4] Raghav Sharma, Bhatia International vs Bulk Trading S. A.: Ambushing International Commercial Arbitration Outside India? Journal of International Arbitration, Vol. 26, 2009, p357.

一案中的观点，对"公共政策"作出扩大解释，以仲裁裁决不符合印度有关股权转让法律规定为由支持仲裁败诉方的主张。

该案批评者指出，最高法院判决实际上是在1996年仲裁法第48条和第57条规定的不予执行外国仲裁裁决法定事由外，附加了审查外国仲裁裁决的程序和事由。按照一直以来对1996年仲裁法之理解，国内仲裁裁决可依据第34条规定予以撤销，而审查外国仲裁裁决应适用第二部分规定，印度法院无权增加对外国仲裁裁决的审查条件，更无权撤销外国仲裁裁决。另一方面，该案中法院对第34条规定的"公共政策"含义作广义理解，任意扩大了印度法律的域外适用。[①]

（三）"公共政策"制度的发展与完善

修订前的1996年仲裁法规定一项内国仲裁裁决是在"欺诈或贪腐诱导之下或违反本法第75条和第78条情形下"[②]，或者一项外国仲裁裁决是在"欺诈或贪腐诱导情形下"[③] 作出时，该仲裁裁决应被视为违反"印度公共政策"，由法院撤销/不予执行。为消除类似于上述案例中法院对"公共政策"概念解释和适用上的不确定、不一致，印度2015年修正案对"公共政策"有更为细致的界定，"解释1——为消除疑惑，特明确违反印度公共政策的仲裁裁决须是：（i）一项仲裁裁决是在欺诈或贪腐诱导之下或违反本法第75条和第78条情形下作出的；或（ii）违反了印度法律的基本政策；或（iii）违反了基本道德或正义"。"解释2——为消除疑惑，认定仲裁裁决是否违反印度法律基本政策不需要对案件实体问题进

[①] 2003年印度《仲裁和调解修正案》（The Arbitration and Conciliation (Amendment) Bill of 2003），草案规定法院不得基于裁决表面明显的法律错误决定不予执行，实际上是对两案件判决的否定，但遗憾的是该草案最终未获通过。

[②] The Arbitration and Conciliation Act, 1996, sec. 34 (2) (b).

[③] The Arbitration and Conciliation Act, 1996, sec. 48 (2) (b).

行审查"。① 该修订试图厘清长期以来司法判例中备受争议的"公共政策"与印度法律规定之间的关系，明确仅在仲裁裁决违反印度法律基本政策或违反基本道德或正义时，法院才有权以违反"公共政策"为由撤销/不予执行仲裁裁决。同时，修改后，印度内国仲裁裁决执行制度和外国仲裁裁决执行制度中的"公共政策"认定标准统一，1996年仲裁法第75条有关仲裁保密事项的规定与第81条有关仲裁证据采信的规定均适用于两类仲裁裁决执行程序中法院对仲裁裁决的"公共政策"审查。

二、仲裁裁决的执行效力

仲裁裁决执行效力是指有效仲裁裁决在一国所具有的强制执行力，是仲裁裁决权利内容得以实现的基础。仲裁裁决执行效力主要涉及一国法律对仲裁裁决的身份定位、仲裁裁决执行的阻断事由以及司法撤销/不予执行仲裁裁决条件等方面的制度规范。

（一）仲裁裁决的"身份"定位：合同之债、仲裁裁决、法院裁判

裁决的"身份"是指仲裁裁决在一国法律中的地位。一国法院凭借公权力强制执行本国法院生效判决乃一国司法制度应有之意，但仲裁裁决执行尤其是外国仲裁裁决执行需法律的特别规定，以确定仲裁裁决在法院执行程序中的"身份"，解决一国法院执行仲裁裁决的义务性与正当性基础以及所应遵守的程序规则问题。仲裁裁决的"身份"定位大致有三类，即将仲裁裁决视为合同之债、将仲裁裁决视为法院判决、将仲裁裁决视为仲裁裁决本身。也有学者在研究国际商事仲裁裁决执行研究时直接将仲裁裁决"身份"视为当事人申请承认和执行仲裁裁决应遵守的"程序规则"，并指出执行外国仲裁裁决的程序规则包括将外国仲裁裁决作为合同之债的程序

---

① The Arbitration and Conciliation (Amendment) Bill, 2015. Article 18/article 54.

规则、视外国仲裁裁决为外国法院判决的程序规则和将外国仲裁裁决作为本国仲裁裁决的程序规则。①

在1940年《仲裁法》框架内，一项仲裁裁决必须得到法院裁判（decree）的另行确认才可被视为法院文书执行。② 而1996年仲裁法将符合条件的内国仲裁裁决和具有可执行性的外国仲裁裁决直接视为法院裁判并遵照印度1908年《民事诉讼法典》③（简称"1908年法典"）规定执行。即仲裁裁决满足特定条件后取得与印度法院裁判相同的"身份"。1996年仲裁法第36条④第（1）项规定，如根据第34条申请撤销仲裁裁决的期间已经过，且满足本条下（2）之规定，那么这个仲裁裁决应当根据1908年法典且被视为法院裁判，采用同样方式执行。第49条、第58条规定，如法院认为根据本章规定外国仲裁裁决是具有执行效力的，该仲裁裁决应当被视为法院裁判。相应地印度1908年法典第二部分"执行"（execution）对印度内国及外国法院裁判的执行条件、管辖权、期间等执行问题作了具体规定。事实上，因1908年法典原则上仅适用于法院裁判而非仲裁裁决的执行，前述1996年仲裁法有关仲裁裁决"身份"及程序的规定也可视为适用"1908年法典"执行仲裁裁决的前置条件。

（二）*仲裁裁决执行的阻断：对仲裁裁决执行效力异议的法律效果*

关于仲裁裁决效力（撤销/不予执行仲裁裁决）提出的异议申请是否影响内国仲裁裁决（主要是仲裁裁决确定的金钱给付义务）继续执行的问题，1996年仲裁法规定，仲裁进入1908年法典执行

---

① 黄进：《国际商事争议解决机制研究》，武汉：武汉大学出版社，2010年，第126—127页。
② The Arbitration Act, 1940. sec. 29.
③ The Code of Civil Procedure, 1908.
④ The Arbitration and Conciliation (Amendment) Bill, 2015. 修订后规定。

程序的前提是撤销仲裁裁决申请时效经过或申请被驳回,① 其言下之意即一旦仲裁裁决败诉一方在时效内向法院提出撤销仲裁裁决申请,该仲裁裁决即中止执行,直至该撤销申请被法院最终裁定驳回。为促进仲裁裁决得到迅速、有效执行,2015 年修正案作了重大修改,② 规定中止执行内国仲裁裁决须由败诉方在申请撤销仲裁裁决程序中提出独立的中止执行申请后,法院依据 1908 年法典允许中止执行法院金钱判决的条款决定是否中止执行一项仲裁裁决确定的金钱给付义务。对外国仲裁裁决提出异议是否具有妨碍仲裁裁决执行的效力,1996 年仲裁法未作明确规定,但考虑到法院对外国仲裁裁决的主动审查权,③ 可认为中止执行外国仲裁裁决与当事人不予执行外国仲裁裁决申请并无实质关联。

(三)法院对仲裁裁决执行效力的否定:司法权对仲裁裁决的监督

仲裁裁决具有执行效力的必要前提是满足可予执行的条件,尽管法律往往从仲裁协议有效、主体自愿等方面对仲裁裁决执行效力作肯定性规定,但决定一项仲裁裁决能否被执行仍主要取决于有关法院对仲裁裁决执行效力予以否定的事由规定(有关撤销/不予执行仲裁裁决条件),本质上是司法权对仲裁裁决的监督范围问题。

印度仲裁立法限制司法权对仲裁的干预,"即使存在其他现有有效法律,对于本部分规定事项,司法权力(对仲裁/仲裁裁决)的干涉必须根据本部分条款规定行使"。④ 印度撤销/不予执行各类仲裁裁决的启动程序并不相同。根据 1996 年仲裁法第 34 条规定,当事人一方主动提出证据证明仲裁裁决存在当事人行为能力缺失、仲裁协议无效、仲裁程序违法或违反约定、仲裁范围超出协议约定

---

① The Arbitration and Conciliation Act, 1996. sec. 38.
② The Arbitration and Conciliation (Amendment) Bill, art. 19.
③ The Arbitration and Conciliation Act, 1996. sec. 49, sec. 58. 两条均规定法院认为外国仲裁裁决具有执行效力时,仲裁裁决才得予以执行。
④ The Arbitration and Conciliation Act , 1996. sec. 5.

或仲裁请求、仲裁机关组成不符合约定等情形时,该内国仲裁裁决应被撤销,因此败诉方有权启动撤销内国仲裁裁决的司法程序。第48条不予执行《纽约公约》范围内外国仲裁裁决的条款规定,申请法院不予执行仲裁裁决应在仲裁裁决执行程序启动后的执行程序中附带提出,即败诉方无权在执行程序外独立启动不予执行外国仲裁裁决程序。不过第34条和第48条均将"依照印度法律当事人争议事项不能诉诸仲裁"和"仲裁裁决违背印度公共政策"作为法院依职权主动行使审查权的事由。另外,1996年仲裁法第57条对《日内瓦公约》范围内外国仲裁裁决执行应当满足的条件中,未对当事人提出申请和法院依职权主动审查进行区分。

三、法院管辖权与审级制度

有印度学者指出,由于印度法律体系中存在的大量制度内程序及制度外程序,导致当事人在处理涉印仲裁纠纷中必须有足够的耐心,一方当事人可能面临着另一方当事人试图脱离仲裁程序(仲裁中以及仲裁程序结束后)以及申请撤销或不予执行仲裁裁决等风险,由此构成其通过仲裁实现权利的阻碍。[①]一个典型的案例即是Renusager Power Co. vs General Electric Co. 一案,虽然在积极方面,该案通过对1961年《外国仲裁裁决(承认和执行)法》现实有效地解释以支持外国仲裁裁决的执行,但该案从1986年仲裁庭作出仲裁裁决,当事人向印度法院提出仲裁裁决执行效力异议申请,直到1993年最高法院作出裁定后才终有定论。漫长、复杂的仲裁裁决执行程序成为在印度申请仲裁裁决执行的重要妨碍之一,而仲裁执行程序拖延的成因往往是多方面的,除刚性的时效等程序立法外,法院构建制度方面的缺陷以及对法院执行程序监督不足,尤其是法院管辖权制度和审级制度,成为影响仲裁裁决执行效率的

---

① Nariman Fali S., India and International Arbitration, The George Washington International Law Review, vol. 41, No. 2, 2009, p367.

关键。

(一) 管辖权制度:"假定"方式下的管辖权确定模式

法院管辖权制度主要包括级别管辖、地域管辖和专属管辖。执行仲裁裁决的管辖法院是指对撤销/执行/不予执行仲裁裁决具有级别管辖权和地域管辖权的法院。简明清晰的法院管辖权制度,可有效避免选择管辖法院困难、法院间推诿和重复管辖等问题,确保并加速仲裁裁决有效执行。

具体而言,印度对执行仲裁裁决的管辖法院乃通过"假定"确定,即假定当事方将仲裁标的争议诉诸法院解决,则对该标的享有管辖权之法院即为有权管辖仲裁裁决执行事宜之法院。为使有关商事的仲裁纠纷进一步被快捷、有效地处理,2015 年修正案在综合考虑法院的审判资源、办案效率等因素基础上,修改完善对"法院"(court) 的界定,① 提高执行国际商事仲裁裁决和外国仲裁裁决管辖法院级别,据此,各类仲裁争议中所涉"法院"为:1. 国内仲裁裁决的执行,假设相同争议为诉讼标的,则在区域范围内、有权决定该争议标的、具有初审权的主要民事法院,包括行使其一般初审民事管辖权的高等法院为管辖法院。2. 国际商事仲裁裁决的执行,假设仲裁标的为诉讼标的,则有权决定该争议标的、行使其一般初审民事管辖权的高等法院为管辖法院。3. 外国仲裁裁决管辖法院与国际商事仲裁管辖法院基本一致。修改后,执行国内仲裁裁决的管辖法院为一般地区法院,而执行国际商事仲裁裁决与外国仲裁裁决的管辖"法院"被明确为高等法院。

(二) 审级制度:上诉权的公正性与非效率性

仲裁裁决的"一裁终局"制度体现了解决争端的效率性。但是,在法院仲裁裁决执行程序上也可有不同的立法选择,这需要权衡"一审终审"制度体现的效率性与多审级制度体现的公正性。

---

① The Arbitration and Conciliation (Amendment) Bill, art. 2.

印度法院仲裁裁决执行的审级制度与一般民事案件审级制度相同，实行"两审终审"制，且"两审终审"制度不得妨碍当事人向印度最高法院提出最后上诉的权利。[①] 当事人对印度法院作出的撤销/执行/不予执行仲裁裁决的裁判不服的，可申请上诉及再审（实为三审制度）。此种公开、透明的上诉制度和再审制度可为当事人提供充分的权利救济渠道，尽可能实现程序上和事实上的公正，但繁复的制度设计也可导致仲裁裁决执行在时间上的拖延、程序的非正义性。在未来制度构建上，仍须充分考量到公正与效率间的均衡。

本章小结

在国际商事仲裁中，发展中国家确实面临着立法水平不高、法律制度不健全、法官业务和知识水平较低等无法回避的现实问题，难以实现减少、消除仲裁裁决执行不合理障碍这一国际社会所普遍追求的目标。不过，值得肯定的是，印度在国际社会驱使下与自我内省中不断探索仲裁裁决制度的完善，充分借鉴国际仲裁裁决制度中的先进理念与立法技术，限制法院对仲裁程序的干预，减少不必要的司法审查和监督，提高仲裁以及裁决执行的效率。我国商事主体与印度经济交往过程中，必须正视其法律制度的现实缺憾，全面分析印度相关法律问题，以充分的准备防控和应对法律风险。

---

① The Arbitration and Conciliation Act，1996. sec. 37, sec. 50, sec. 59.

第六章 市场准入制度研究
——以印度的应对为视角

2007年,世界卫生组织与联合国粮农组织曾发出警告,"食品污染是对人类健康的巨大威胁之一"。随着贸易自由化与经济全球化的推进,产品贸易的全球性发展与流通,特别是农产品与食品的贸易往来,给人类与动植物的生存造成了巨大的挑战,如口蹄疫、疯牛病,还有近期频频发生的禽流感等在许多国家和地区发生和流行,使得农产品与食品质量安全问题蔓延整个世界。因此,世界人民对健康、环保、卫生等问题表现出强烈的关注和担忧。

联合国在北京召开的第39届食品法典农药残留委员会议公布了上百种农药在各种商品中的最高残留量和指导性残留量,据此各个国家制定了相关法律法规来限制外来产品的进入,特别是针对来自发展中国家的产品,更是采用了严格苛刻的标准。于是,这样一场"绿色革命与反革命"正在世界范围内开展。作为发展中国家的代表之一,印度在加入世界贸易组织(简称为WTO)后,由于农产品安全问题,与西方发达国家的贸易摩擦日渐增多,某些国家出台的动植物卫生检疫措施、技术标准以及标签要求等,甚至直接对准了来自印度的产品,造成了印度传统出口优势项目如海产品、皮革、花卉、纺织品等产品经常因为病虫害、药物残留含量过高等被扣押、退货甚至销毁,造成印度在国际贸易上频频遭受损失。印度所面临的市场准入困境及其应对策略,对我国而言具有重要的借鉴意义。

第六章 市场准入制度研究

第一节 WTO体制下的市场准入

市场准入,是世界贸易法律体系中经常使用的专业术语,在世界贸易中使用甚为普遍。但是,世界贸易组织相关的法律文件中并没有准确地对它进行界定。有人认为,从国际贸易法律关系的角度来看,市场准入可以被简单地界定成为潜在的外国产品提供进入WTO成员方并开展销售的机会;有人认为,它所阐述的是一种产品在另一个市场上可与当地产品竞争的程度;也有人认为,从《服务贸易总协定》(GATS)的法律框架来看,市场准入可以解释为成员国以其所承诺的贸易种类及其准入条件和限制为准,对其他成员国开放本国市场。① 因此,从这里看来,市场准入是一种经过协商而相互承担的义务,它的对象既包括出口方也包括进口方。

通常而言,市场准入可以理解为是对市场主体的资格审查,是指市场主体可以进入某一特定市场并从事相关市场活动的机制,通过机制的运转达到保护国内市场以及国民健康的目的。其实单从市场准入的正面含义对它进行解读比较抽象,为便于理解市场准入,我们可以从不同角度来进行剖析。WTO各成员国为了保护国内市场,限制外来进口产品的进入,一般会采取两种手段:第一,关税化措施,即传统的贸易壁垒,通过关税的设定与实施来限制产品的进口;第二,非关税化措施,又叫新型贸易壁垒。它是由传统的贸易壁垒演变而来,表现形式丰富多样,主要包括技术性贸易壁垒以及环境性贸易壁垒。因此,市场准入可以被理解为WTO成员方允许或者限制某些产品进出口所设定的特殊"门槛"。

---

① 李金泽:《跨国银行市场准入法律制度》,北京:法律出版社,2003年,第5页。

一、WTO 规则下市场准入的基本原则

（一）市场经济和自由竞争原则

WTO 成立于 1995 年，是当今规范国际经济贸易规则的多边经济组织，它主张 143 个成员国开放市场，提高市场准入程度，从而促进成员国之间的贸易自由化，实现成员国之间的经济优势互补。但是 WTO 的最基本原则是各成员国必须实行市场经济，排除一切带有行政干预的计划经济，达到国与国之间自由贸易、平等贸易的终极目的。因此，市场经济和自由竞争原则是 WTO 众多原则中的首要原则。

（二）非歧视性原则

该原则又称为无差别原则或平等原则。它要求各成员国在采取任何限制措施和实施某种优惠之时，不能只针对个别成员国，应该一视同仁，消除歧视待遇。非歧视原则是 WTO 的核心原则，主要包括最惠国待遇、国民待遇和互惠待遇原则。这三个原则在 WTO 贸易中各司其职，共同保证 WTO 各成员国在贸易往来中的地位平等。

（三）关税约束和关税减让

关税约束和关税减让，是指 WTO 各成员国不得征收超过关税减让表中规定的税率的关税或费用，各成员国在此基础上，本着共赢的精神不断减让、降低关税。关税减让通常通过协商进行。

（四）透明度原则

透明度是指各成员国海关对产品的有效估价或分类，关于税率或相关费用的征收，以及对于影响货物的销售、分配、运输、保险、检验、仓储、展览、加工等各方面的规定或者法规都应该在第一时间公布，以便于各出口国的生产商能有足够时间调整其产品的生产标准，以适应进口国的要求，最大限度地减少出口国因对进口国相关标准的不熟悉而造成的经济损失。

（五）公平贸易原则

公平贸易原则，顾名思义，要求 WTO 成员方在相互贸易往来时秉承公平交易、地位平等、权利相当的基本理念。该原则要求出口贸易国有依照合法、合理的手段开发其他国家市场的权利。反之，进口国也有权利采取一定的贸易壁垒限制出口国不正当的贸易手段。比如，倾销与反倾销、补贴与反补贴措施。

（六）取消一般性数量限制原则[①]

该原则是指各成员国除了征收正常税率以外，不得以任何形式限制进出口配额、进出口许可证或其他措施来限制产品的输入和输出，阻碍国际贸易市场的自由流动。当然，该原则允许例外情况存在，当例外情况消失时，应立即取消数量限制，保证贸易的正常运转。

二、WTO 规则中市场准入监管的意义

（一）WTO 市场准入监管符合世界发展趋势

21 世纪以来，生物农药技术迅猛发展，食品安全问题越来越值得世界人民关注。各国由此推动了技术性标准和法规的快速发展，试图创造一个相对安全的国际贸易环境。从客观方面来看，虽然会对发展中国家产品的出口造成不良影响，但因其以保护人类、动植物健康安全为宗旨，顺应了时代的潮流，从而得到了广泛的支持。当然，世界各国在制定技术性标准时应该在 WTO 原则的指导下进行，不得借口限制国际贸易，歧视发展中国家。

（二）WTO 规则下市场准入监管有利于促进全球食品安全

WTO 规则允许下的技术性贸易壁垒和环保性贸易壁垒通常能

[①] 蔡贤恩：《农产品贸易学》，厦门：鹭江出版社，2003 年，第 253 页。

促进食品安全和环保领域采用更为先进的生产技术。这些先进的技术使得相对落后的出口商在世界贸易中受到损失，与此同时，使那些采用相对先进技术的出口商在世界贸易中获得利益。从而，促使落后的生产商不断改进生存技术，避免了国际市场上低劣产品对安全优质产品的逆淘汰，用法规和技术相互结合的手段推动了世界食品健康安全理念的传播。由此看来，WTO规则允许下的技术标准和措施可以激励人类不断取得进步，对人类、动植物健康安全起到积极的作用。

（三）WTO规则下的市场准入监管有利于协调各国的食品安全监管水平

WTO相关规则与食品健康安全相关的技术标准与认证制度如果被主要的贸易大国采纳后，通常会发展演变成相应的国际标准，逐渐在世界贸易中被广泛使用，进而被各大贸易国转化为国内标准加以运用。长此以往，消费者健康安全意识和环境意识会不断增强，食品安全标准实行国际通用标准自然也是大势所趋。因此，合理的技术性贸易壁垒不仅促进了全球食品安全，还促进了各国健康安全、环保标准的交流。

（四）WTO规则下市场准入监管给发展中国家提供了学习的平台

欧盟、美国、日本等发达国家和地区一直是国际产品安全标准的先驱者，他们不断推陈出新，对保护人类、动植物安全起到了带头作用。同时，合理的技术性标准信息在WTO框架中是十分透明和公开的，便于发展中国家学习和借鉴，为发展中国家相关技术的进步和产业升级提供了基础，促进发展中国家形成规范的食品安全法律体系。

因此，不能简单地把国际贸易中的市场准入监管理解为是一种贸易保护，甚至是一种贸易障碍，应该更多地看到其给世界贸易带来的积极影响。WTO各成员国在参与世界贸易的同时，要不断取其精华、为己所用，共同为人类健康安全问题做出贡献。

第二节 发达国家市场准入制度

众所周知，随着WTO的不断深入，各成员国必须逐年降低商品进口关税，以促成国际市场的流动。但是，关税的降低意味着发展中国家的产品可以进一步冲击发达国家的市场，造成欧盟、美国、日本等众多发达国家和地区在国际贸易上赤字频现，对本土产品形成严重威胁。为了保护国内市场，调节贸易逆差，欧盟、日本、美国这样的发达国家除了在既有的关税化措施继续大做文章之外，又利用WTO规则的不完整性，依靠自己强势的贸易地位另辟了新径——非关税化措施（NTM），也叫新贸易壁垒，主要表现形式有包装要求、标签要求以及对发展中国家影响最大的环保性贸易壁垒（ETB）和技术性贸易壁垒（TBT）。作为世界上新贸易壁垒的研发代表同时也是印度的三大主要出口地区和国家：欧盟、美国、日本，这三个地区和国家的任何一项进口政策调整都将对印度造成巨大的影响，因此，本文特别选取这三个地区和国家进行相关的分析，以使所得结论更具说服力。

一、欧盟的市场准入制度

（一）欧盟市场准入限制之环境性贸易壁垒

1. 对进口农产品的限制

欧盟是世界上最大的贸易经济体之一，2012年欧盟对其他经济体的27国出口大约为23万亿美元，欧盟从外部进口大约为24万亿美元。[①] 在过去的几年间，欧盟频频制定和实施的食品安全法

---

① 中国经济时报社：《欧盟经济现状与前景》。http：//lib. cet. com. cn/paper/szb_con/156382. html. 2013年2月12日访问。

规和相关技术标准,已经形成了一套繁杂的食品安全保障体系,对进入欧盟的外国食品,特别是像印度这样的发展中国家的食品,进行了严格的监控。对于这些出口到欧盟的食品,欧盟不仅要求达到欧盟的生产技术标准,也要求出口国企业在生产的每一道工序都符合相应的卫生标准。在1997年与2003年,欧盟对食品生产先后提出了各种标准。例如,针对农产品中的花生、坚果和牛奶等这些产品出台了特别的卫生标准,严格控制了其中的黄曲霉素的最高含量标准。然而他们所提出的这个标准完全高于国际"食品安全委员会"所推荐的标准。最近,西班牙就扣留了来自印度的辣椒,因为其认为辣椒中的黄曲霉素含量超标,正是这些黄曲霉素含量超标的食品造成了欧盟人民近年来居高不下的癌症患病率。但欧盟的这种论断尚需有效的科学证据加以证明。

此外,在如此繁杂的标准中,欧盟甚至对动物饲料的生产、加工、销售都做出了相应的规定,以确保肉制品的安全。为了限制来自南亚的茶叶,欧盟同样规定了不合理的农药残留限量标准。例如,对于进口的茶叶,农药残留量从原来的每千克10毫克降低到每千克仅为0.1毫克。如此严格苛刻的要求,实际上是完全禁止茶叶进口了,而不仅仅是限制进口总量。事实上,不仅食品标准如此复杂繁琐,甚至在食品进入欧盟的流程监管上,欧盟仍采取了特定边境检测、扣留及销毁产品等严格措施。

2. 对进口纺织品的限制

相比农产品的标准,欧盟诸国对于进口的纺织品作出的规定更为严格,其中影响最为深远的当属《欧盟生态纺织品标准》。印度的纺织品主要出口目的国即是欧盟,占到出口市场的40%。然而,随着欧盟市场相关标准的实施,印度的纺织品贸易受到了重创。1993年,德国纺织业协会引进了两个生态标签:其中一个叫MST,是用来规范纺织品中的污染物最低含量;另一个叫MUT,是用来规范纺织类产品生产过程的相关技术标准,它是通过对纺织品生产过程所带来的对空气、土壤、水体的污染监测来确定整个生产过程的环保标准。如此严格的标准，对于纺织品的进口限制可想而知。同时，欧洲其他国家或者行业组织也已经自行确立了很多相关法规。例如，OTFO 标签是用来检测原材料和成品的一种标签。还有德国 ETS-100 标准，这种标准是用来评价纺织类产品是否达到"生态友好型"标准。

除此之外，欧盟于 2002 年颁布的指令对纺织产品的染料做出了严格限制。如对偶氮染料的限制，规定纺织品中使用的偶氮染料中，如果其中的有害芳香胺含量超过了 30ppm（毫克/升），该类产品即被禁止进入欧盟市场。而在其他众多染料当中，目前发展中国家仍然通用的钴蓝和硫化黑染料已被完全禁止进入欧盟市场。一旦发现纺织品中含有这些有害物质，进口国有权利就地销毁并向出口商提出赔偿请求。

（二）欧盟市场准入限制之技术性贸易壁垒

欧盟是世界贸易参与国中最先采用技术性贸易壁垒的，其各个成员国也是对技术贸易壁垒最有研究的国家。技术性贸易壁垒针对的主要产品包括了汽车、电视，主要行为如制药和大型机械等高科技行业。由于欧盟各成员国的经济、技术水平普遍较高，因此他们制定的技术法规、技术标准往往也较为先进。另外，欧盟所制定的技术法规、技术标准既有欧盟的统一标准，又有各个成员国独自实施的技术标准，这样的双重标准构成了一套复杂又严密的技术性贸易壁垒体系，对来自外国的产品形成了一道无形的屏障。

1. 技术法规

欧盟的技术性贸易法规由欧盟委员会提出法规草案，再由欧盟理事会和欧洲议会审议批准。近年来，欧盟先后制定了一系列先进的技术法规，其中对来自发展中国家的产品影响较大的有：2002年颁布的《关于禁止使用部分芳胺族偶氮染料的规定》，主要规定了纺织品和皮革制品中禁止使用 22 种芳胺族偶氮染料，对于未达到该规定的皮革产品不得进入欧盟市场。2003 年，欧盟又对这个法规进行了修正，将禁止使用的芳胺族偶氮染料种类进一步扩大，并要求各成员国将该规定转为国内立法并实施,这样的规定使得来自各大发展中国家的皮革制品受到了新的阻力。要知道,类似于印度这样的国家,它出口至欧盟的皮革制品占到了国内皮革制品总出口量的 40%。

除了对皮革制品的一番限制之外,欧盟对于医药产品也制定了较为先进的指令——2002 年颁布的《欧洲传统植物药注册程序指令》。该指令规定,传统植物药绝对不允许含有非植物药成分,在标识上还需注明"该植物药未经临床证明;传统植物药必须在欧盟境内使用 30 年,或者在欧盟境内使用 15 年但必须在欧盟以外国家使用超 30 年等"。[①] 据悉,随着这类规定的出台,原本享誉盛外的印度中药制品受到了前所未有的打击。

2. 技术标准

虽然欧盟的技术法规繁杂且精细。据统计,欧盟针对来自各个国家的产品制定的技术标准多达十几万个,又再次限制了外国产品的进入。ISO14000 环境管理体系,这个著名的标准正是来自欧盟,它要求进入欧盟市场的产品从原材料到生产到制造到销售再到使用都必须达到规定的技术标准。不可否认,这样的技术标准有其合理性。但是,目前某些欧盟成员国除了要求进口产品要满足技术标准之外,还对进口产品生产的社会标准进行了一番规定。例如,德国制定的《社会行为准则》对纺织品出口企业在生产过程中的工人劳动条件和工人福利进行严格规定。众所周知,欧盟发达国家往往将名牌产品的加工分配到劳动力便宜的国家,如中国、印度、越南这样的世界工厂。

总之,欧盟的技术法规与技术标准目标明确、重点突出、层次复杂,在其他发达国家也并不多见。

[①] 管燕:《中药国际化中的技术壁垒及其法律对策研究》,重庆:西南政法大学,2007 年,第 12 页。

二、美国的市场准入制度

（一）美国市场准入限制之环境性贸易壁垒

为了保护国内经济，保障国民安全，平衡贸易总量，美国在采取传统的关税化措施之外，也采取了诸多非关税化措施，并掀起了一场"绿色保护主义"。

1. 绿色环境标志

所谓绿色环境标志，指的是一种环保图案，它是经过美国当局指定机构进行合格认定后，将该环保图案加贴在产品或者产品包装上，以表明该产品不但质量技术标准符合要求，同时在生产、加工、运输、销售等环节也都达到绿色标准，对人类健康和生态环境均无损害。1995年，美国FDA就出台相关规定："凡是出口到美国的海产品及其制品，必须加贴有美方认证的环保标志。"1996年，美国针对来自印度的虾及其虾制品出台了特别的单边规定，要求印度的渔民在进行海虾捕捞时，必须使用带有排龟的装置且必须采用无害的方法，否则不允许进入美国领域。美国的高标准虽然最终在WTO的裁决之下被撤销，但是，印度的海虾产业受到重创。美国是印度虾及其虾制品的主要出口国之一，占到市场份额的23%。美国对于进口海产品都要求加贴环保标签的要求，无形间加大了出口企业的销售成本。事实上，像印度这样的发展中国家正处于工业化初步探索阶段，其国内的技术标准、国民环保意识远远不如发达国家，但是为了满足发达国家的要求，不得不更新生产设备、引进高级技术人才，这样的高成本使得印度的海产品失去国际竞争力。

2. 绿色卫生检疫制度

《实施卫生和植物卫生措施协定》（SPS）试图通过制定食品安全法规和动植物健康标准法来确保消费者的安全。当前，发达国家已经对各类进口产品采取了多种SPS规定的措施，对动物与植物性产品的安全指标非常敏感。早在1975年，美国就已经制定并实施了国家药物残留计划，规定所有动物在屠杀之前必须检测其中的激素、抗生素残留含量和重金属含量。此外，对于像虾这样的环保敏感类产品而言，要求更是严格。一旦发现农药检测中含有恶喹酸物质，美国当地检测机构有权立即销毁并向出口国进行索赔。近些年，美国对于新鲜蔬菜的农药残留限量标准进一步提高，从原来的98种农药的620个限量标准上升到现在的135种820个限量标准。这样的高标准一般是建立在对传统农药和化肥的检测之上，对于普遍使用传统农药和化肥的发展中国家而言，往往难以达到这样的标准。

虽然SPS规则已经普遍存在于发达国家的现有法律体制中，但由于发展中国家一般很难达到这样的标准，因此，SPS规则在很大程度上阻碍了世界贸易的自由化进程。在发达国家现行的食品安全体制中，来自发展中国家的大部分农产品和食品往往因为缺乏先进的技术水平达不到发达国家的标准。仅从近年来美国利用SPS措施限制中国蜂蜜和限制印度水产品的几个案例就可见一斑。不仅如此，美国对于进口产品和本土产品采用的SPS措施往往是两套标准。在WTO规则大力倡导平等互易、公正对待的原则之下，美国的举措似乎与之相背离。显然，SPS成了美国损害竞争对手的法律武器。

（二）美国市场准入限制之技术性贸易壁垒

美国是世界第一贸易大国，同时也是立法最为先进的国家，也是技术法规、技术标准最为繁多的国家之一。美国制定的众多技术法规、标准和合格评定程序，有许多公然违反了WTO规则。

1. 技术法规、技术标准

美国的技术法规绝大多数都是为了保障国民消费安全及维护国内市场秩序、国家安全，范围辐射到美国公众生产、生活的方方面面。同时，这些技术法规大部分已经被美国国会吸收并制定成相关法律，与其他部门法共同组成美国现有的法律体系。从1980年以来，美国制定的技术法规多达2300个。

美国联邦政府的所有部门及独立机构均有权制定技术法规，其中著名的有食品药品管理局（FDA）、食品安全检验局（FSIS）、联邦贸易委员会（FTC）和消费者产品安全委员会（CPSC）等。此外，美国各州、各市地方政府也有权制定地方性技术法规。因此，从联邦政府到地方政府，美国制定并颁布实施的技术法规有《安全包装和标签法》《联邦食品、药物和化妆品法》《冷冻设备安全法》《联邦有害物质法》等。当然，最为著名和先进的一次立法是1973年美国FDA首次将"危害分析关键控制点（HACCP）"应用于罐头食品生产中，旨在确保罐头食品从生产到食用整个过程的安全卫生。罐头食品一直是美国国民的主要食物之一，其中的低酸问题成为最关键性的问题。据统计，美国多次利用"危害分析关键控制点"（HACCP）对进口的罐头食品进行分析，之后实施"自动扣押"措施。一旦采取自动扣押，意味着来自外国的产品要进行批批检验，其间造成的检验费、仓储费等费用给出口商造成了巨大的损失。

美国也是一个技术标准强国，其由各级政府制定的技术标准达5万多个，由民间机构、协会组织制定的标准也有4万多个。这些标准几乎覆盖各类产品，同时还在不断地更新，可以说，美国的技术法规和技术标准已经形成了一道坚固的贸易壁垒，有力地限制了外来产品。

2. 合格评定程序

提到美国的技术性贸易壁垒，不得不对其中的合格评定程序进行一番论述。美国的合格评定程序体系也是绝对的复杂。它要求外来产品特别是来自发展中国家的产品必须获得美国质量权威机构的认证或者是获得由美国政府授权的特定实验室进行合格评定。在这样繁杂的认证体系之中，存在几个具有一定影响力的认证机构。

（1）FDA认证，它要求对进入美国市场的食品、药品、添加剂、化妆品、洗涤用品和医疗设备等，从原材料的采购到生产、运输、销售等环节都必须通过FDA认证，否则该产品不予以放行。

（2）FTC认证，它要求进入到美国的所有产品必须标有成分组成标签，FTC同时对产品的成分进行检测，查看是否与所标识的成分一致。对于成分检测结果与成分标识不一致的产品不允许进入美国市场。

（3）CPSC认证，它所认证的产品多达一万五千种。这些产品主要针对日常消费品，例如毛巾、牙刷、香皂等。国外的生产商只有通过了CPSC的认证，并将该认证标签加贴于产品，才被允许进入美国市场。[1]

在合格评定方面，比较出名的还有美国的汽车安全认证、HACCP分析法等，在此不再一一列举。当然，随着科技的进步，贸易进程的加快，为了保护国内市场，须经美国认证的标准越来越多。相反，众多发展中国家，受制于落后的生产技术和检测技术，所生产的产品检测标准通常达不到美国检测的标准，在出口时往往因标识的标准不一致而被海关扣留，难以进入美国市场。

三、日本的市场准入制度

（一）日本的市场准入限制之环境性贸易壁垒

日本独特的地理位置，狭小的国土面积以及匮乏的物质资源使其成为一个进口大国。为了保障进口食品的安全，保护国民的健康，日本也跟其他经济强国一样，从各个方面入手，紧抓食品品质。甚至，日本的环境贸易壁垒比起欧盟、美国更具特色。一方面，日本更重视研究农产品加工业的SPS措施，是目前制定并实施SPS措施最多的国家之一，远超欧盟和美国；另一方面，日本通过先进的立法技术，制定出更为严格的生产技术法规、标签标志要求、包装制度等以限制外来进口产品。

1. 苛刻的卫生检疫措施

与美国不同的是，日本对于进口的农产品和食品的卫生检疫措

---

[1] 郭波：《新贸易壁垒论》，北京：中国经济出版社，2008年，第143页。

施十分复杂，例如，在检测程序方面，不仅要求通过农林水产省的初次检查，还要由内阁府食品安全委员会联同厚生省进行最后把关；对于检测过程而言，不仅要求农林水产省从动植物病虫害的角度进行检测，对于某些食品还要求由厚生省从食品安全角度进行卫生检查。一旦发现进口农产品和食品有安全隐患，所采取的措施便是零容忍态度——禁止进口。这样复杂的程序、严格的标准使得多数贸易伙伴苦不堪言。例如，日本曾禁止进口来自印度的葡萄，来自欧洲的一切生鲜果蔬。不仅如此，日本对海产品的卫生指标要求更是严格。1991年，日本规定对进口海产品实施厂商注册制度以及大米身份认证制度。随后，还将身份认证制度推广到了果蔬领域。一旦发生食品安全问题，能迅速向出口国的企业提起诉讼及索取赔偿。当然，严格的安全卫生标准总是离不开对农药残留、重金属含量等的最高残留限量。日本规定的农药残留限量标准均大大高于国际食品法典和欧美发达国家的标准，与欧盟、美国相比，日本在保护国内市场上使用的武器更胜一筹。

2. 标签制度与包装要求

除了采取苛刻的卫生检疫措施，日本与其他发达国家一样，在2000年前后先继颁布了大量技术法规，其中比较著名的有《家畜传染病防治法》《食品卫生安全法》《农林物资规格化和质量表示标准法》等。但是，最具日本特色的当属1991年颁布的《包装物回收条例》和1992年颁布的《废弃物清除条例》。[①] 随着这些法规的有效实施，在日本，"绿色包装"理念作为新兴包装制度渐渐深入人心，获得日本国民一致好评。"绿色包装"理念不但要求产品的包装要节约能源，尽量减少不必要的废弃物，而且包装物要易于回收、易于分解、做到可循环利用。日本甚至对包装物的原材料采取了一定的限制，要求包装物所采用的原材料必须符合国内标准，而不单是满足国际通用标准，更不用说落后的发展中国家标准。这对

---

① 郭波：《新贸易壁垒论》，北京：中国经济出版社，2008年，第159页。

尚处于初步工业化的发展中国家而言，无疑是再次加大了出口产品的生产成本。

日本还利用标签制度对进口产品进行限制。2000年，日本又颁布相关规定，要求向日本出口的各类新鲜水产品、新鲜水果、新鲜蔬菜以及肉制品等必须实行严格的标签制度，并对于每个标签的内容作了详细规定，涵盖产品名称、原产地国名、生产者公司名称、详细地址、制作原材料、包装物的容量、流通期限以及保存方法等内容。值得注意的是，这些标签制度实际上是针对印度、中国等发展中国家的，构成了贸易上的地位失衡，违背了WTO规则中的非歧视性原则。毋庸置疑，这样的规定其实是通过增加出口国企业的成本，削弱出口国产品的竞争力，从而限制外来产品的进口。

（二）日本的市场准入限制之技术性贸易壁垒

相比美国与欧盟，日本设置的技术性贸易壁垒体现了更强的国内市场保护主义。作为亚洲发达国家的代表，日本展示了其高超的立法水平，制定出了一系列技术法规与技术标准，这些技术法规与技术标准在亚洲乃至世界都起到了模范作用，开创了许多立法先例。但是，这些先进的立法绝大多数也是与WTO规则背道而驰的，使得原本就备受质疑的发展中国家的产品进入日本市场时显得更为艰难。

1. 技术法规

为了控制进口产品不断冲击日本经济，日本制定了许多技术法规，如《蚕丝法》《药品法》《食品卫生法》《电器使用与材料控制法》等。但是正如上文所说那样，日本多数的技术法规都有违国际标准或者WTO规则，其中备受指责的便是《食品卫生法》。在制定初期，《食品卫生法》便规定，进口农产品中的农药残留量不得高于0.01ppm，否则不允许进口，并对出口商采取6个月以下有期徒刑或者30万日元以下罚款。该标准远远低于欧盟、美国的残留标准0.05ppm。2002年日本在对《食品卫生法》进行修改时，直接删除农药残留最低限量标准，不管农药残留多少，一律不准进入日本市场。事实上，这样的法规直接限制了众多农产品的进口。

2. 技术标准

技术法规限制之多，几乎让所有出口商望而却步。除了技术法规是一道厚厚的贸易屏障之外，技术标准的设置十分严格。日本至今出台的所有技术标准多达 10000 个，其中关于农产品标准的有 500 多个，关于工业品标准的有 9000 多个。如此之多的工业标准，涉猎范围极为广泛，涵盖了食品加工业、化妆品制造业、汽车制造业以及纺织业等。这些技术标准的设定机构既包括了政府机构也包括了民间机构和行业组织等。值得一提的是，由于日本诸多企业的技术力量较为先进且管理水平较高，民间机构设定的标准往往高于政府机构的标准，借此保护企业的竞争力。例如，日本对于化妆品技术标准的研究也较为深入，日本将化妆品的技术标准划分为：化妆品成分标准、添加剂标准以及药理标准等三大标准。任何想要进入日本领域的化妆品必须同时符合这三大标准，否则该产品不被允许通关。

此外，与其他国家不同的是，日本对商品的规格要求相当严格，不仅针对产品的形状、规格进行了严格限制，还对产品的成分、包装、标签规格作出限制。由于这些规格限制早已在日本得到落实，因此外来产品如若不能达到这些规格标准，也很难进入日本市场。

第三节　国际市场准入制度对印度的影响及其原因

经济全球化意味着各国在经济、金融、贸易等领域的联系和依赖程度进一步加深。20 世纪 80 年代以来，这一过程明显地向广度和深度发展，以至于当今世界上除了极个别国家以外，都与其他国家保持了不同程度的贸易关系，其社会经济的发展与这一关系的联系越来越紧密。自从加入 WTO 以来，印度在世界贸易中的地位连年攀升，其在世界贸易中占据了极其重要的一席。与此同时，印度与一些贸易大国之间的贸易摩擦也在所难免。随着关税化措施在调节世界贸易市场中的作用逐渐恶化，新的贸易壁垒正一步步地限制印度的出口贸易市场。

一、印度出口贸易现状

长期以来印度的出口贸易呈现出了一个较大的增长趋势。根据印度政府财政部经济数据，1990—1991年间，印度的出口贸易额约为185亿美元，到了2001-2002年间，出口贸易额攀升到了245亿美元。在这十年间，如此迅猛的增长额几乎涵盖了所有重要的产品品种。其中，在1998年到2001年期间，农产品及农产品加工品大概增长了4亿美元。但是，出口利润却从1998-1999年间的18%下降到2000-2001年间的14%。在出口的这些农产品中，海产品占了其中的一大部分，约为农产品出口量的40%、总出口量的3%。另外，其他一些迅速增长的出口产品中，工业制成品的比例占到78%。在这78%的占有量中，纺织面料占到工业制成品总量的31%，而其余的工业制成品里面有4%的皮革和接近11%的化学类物品及化学相关产品。然而，也正是如此迅速的贸易增长，引发了世界各国对印度产品的抵制潮，接踵而来的便是贸易利润的不断下滑。

（一）农产品出口贸易

众所周知，印度是个农业生产大国，农产品出口贸易占了印度出口贸易市场的很大一部分，但是出口的农产品多数属于初级产品或者原产品。因此，尽管农产品的出口量不断增长，农产品的出口利润却从1990-1991年间的30%下降到2001-2002年间的22%。其主要原因便是许多农产品受到了SPS标准的困扰。

农产品，作为一国国民的最基本食物来源，其牵涉世界人民的安全与健康，一直以来都受到了非常严格的监督和检测。例如，欧盟于2010年发布的（EU）No165/2010指令规定农产品中的花生、坚果、辣椒和牛奶等，必须严格检测并控制其中的黄曲霉素的最高含量。① 尽管标准严苛,但为了能够进军欧盟市场,印度的出口商们不得不自我改变生产技术以符合欧盟市场的要求。为此,印度的出口商们普遍进行了广泛的尝试,试图在生产过程中尽量降低黄曲霉素含量。为了达到 SPS 规定的标准,有时候生产过程的合规成本要高于农产品的价值。

印度农产品不仅遭受欧盟地区农产品检测标准的歧视,也遭受其他一些国家的不合理歧视。日本《食品卫生法》在没有任何公正考察的情况下,就明文规定,禁止从印度进口柑橘。此外,印度的花卉产品在进入日本时,面临的又是一套完全区别于欧盟标准的检测标准。日本曾出台单边规定,声明一旦来自印度的花卉产品中存在着某种昆虫,那么对于印度的所有花卉产品将采取零容忍的态度,而这种昆虫却早已在日本大范围存在了。其实,不单单是检疫标准问题,印度花卉产品在日本面临的另一个问题是检测的时间选择。当一批来自印度的花卉产品到达日本进行检测时,日本检测机构往往要花上 5—9 小时对这些花朵进行一个仔细的排查,但花卉产品一般都是极易腐烂的产品,这种做法大大降低了花卉的价值。更为不公平的是,同样的花卉产品由于来自不同的地区却有着不同的待遇,来自南美洲的花卉产品是可以在装船前进行病虫害检测的。还有,日本国内拍卖行规定,对来自不同国家的玫瑰花进行拍卖的时候,先行拍卖本土产品,接着是南美国家,最后才轮到印度的玫瑰花。这样的规定也严重影响了印度玫瑰花的价值。

综上,正是由于印度的农产品在进入世界贸易市场时遭受的种种歧视待遇,才会导致连年攀升的出口贸易量背后是逐渐下滑的贸易利润。

(二) 海产品出口贸易

在国际贸易市场上,海产品是公认的环保类敏感性产品。直到

---

① http://news.foodmate.net/2010/03/158418.html. 2013 年 6 月 17 日访问。

20 世纪 70 年代,印度所出口的海产品中主要是由一些干货组成,包括鱼干、虾干、鱼翅和鱼肚等。在晚些年代,海鲜干货在海产品出口总量中的比率有所下降,取而代之的是一些海产品加工品,这样一来海产品的出口在总量上还是保持了以往的水平,只是品种数量有所变化。刚开始,印度的海产品只能出口到一些周边国家,像新加坡、斯里兰卡、缅甸、越南等。后来,随着冷冻技术和罐装技术的兴起与逐渐成熟,美国、法国、加拿大、日本和澳大利亚等一些国家也成为印度海产品的主要出口对象。于是,印度的海产品出口规模空前巨大。80 年代,罐装食品在印度海产品出口贸易中比重不断下降,冷冻食品成为最主要的出口产品。其中,美国成为印度冷冻虾的最大消费国,其次是日本和西欧的一些国家。在所有的虾类产品中,日本市场需求的主要是无头带壳虾,美国需要的是带头去壳虾,而欧洲地区却倾向于速冻虾和速食虾。1998－1999 年间,日本持续成为印度海产品的最大消费国,进口总量达到印度海产品出口总量的 22.21%,进口额达到了印度海产品出口总额的 49.61%;美国在进口总量上占到了印度海产品出口总量的 11.38%,进口额占到了印度海产品出口总额的 13.34%。随着贸易自由化的推进,东南亚各国也成为印度海产品的消费大国,总量占到了印度海产品出口的 56.67%,总额达到了印度海产品出口的 24.25%。与此同时,欧盟各国的进口总量占到了印度海产品出口总量的 17.91%,总额达到了印度海产品出口总额的 14.80%。至此,海产品出口贸易逐渐发展为印度出口贸易市场上最重要的产品之一。海产品贸易总额自然也从 60 年代初的几百万美元上升到 90 年代末的几十亿美元,出口额几乎占到了印度总出口额的 4%(US,2001)。

随着贸易市场竞争的加剧,各大海产品进口国不断抬高了海产品的进口标准。印度的海产品出口贸易市场不断受到冲击。在相继出台的众多检测标准中,虾的农药和抗生素含量成为最重要的一个检测对象,而虾是印度出口的海产品中最主要产品。欧盟出台相关指令，规定了一系列的卫生标准，这些标准涵盖了从海产品加工、处理、运输到储存的整个过程。甚至，美国对来自印度的虾出台了不平等的单边规定，专门用于限制印度虾及虾制品的进口。1996年，美国的单边规定中写道："除非是装有排除海龟装置的工具捕捞到的虾或者是通过无害方法捕捞的虾，否则不允许进口。"印度立即将美国上告WTO，虽然最终判美国败诉，但自从1996年的这次诉讼纠纷之后，印度的虾及虾制品在出口到美国市场时受到了重创。有了美国市场的"带头作用"，印度的海产品出口贸易在其他国际市场中也不断受挫。

（三）纺织品出口贸易

在印度，纺织品出口贸易额可以占到印度出口贸易总收入的45%。成衣服装类是所有纺织品中最主要的产品，它的出口贸易量在整个纺织品出口贸易总量中所占的比重一直在12%左右徘徊。1999-2000年间，成衣服装类在整个纺织品出口贸易总量中所占的比重是12.9%。到了2000-2001年初期，这个比重曾轻微上涨到接近14%，不过在2000-2001年的后期，这个比重却又回落至12.5%，紧接着在2001-2002年间又降低到11%。虽然说成衣服装类相对于其他主要的纺织类产品来讲，其出口贸易收入仅占所有纺织类产品的一小部分，但是，这一部分却也占到了印度当时工业总产值的4%左右。同时，由于纺织业属于劳动密集型的企业，它给印度创造了大约1500万个就业岗位，消化了当地一大部分农村劳动力。因此，印度的纺织业被形象地比喻为动力织机，这部巨大的动力织机主要来自中小企业的贡献。据统计，在所有的成衣服装类生产企业中，中小企业占据了63%的市场份额。

印度拥有如此庞大的纺织品生产能力，离不开欧盟市场的支持。据统计，所有的纺织品出口贸易中，有40%直接销往欧盟地区。但是，随着欧盟发达国家相继颁布的一系列严格的环保法规，印度纺织品在欧盟市场与其他产品一样，遭受了重大的打击，市场占有率一降再降。1993年，德国纺织业协会引进了两个所谓的生态标签，其中一个叫 MST（Markenzeich Schadstoffgeprutte Textilien），它是用来规范消费品中污染物的最低限量，将消费品的污染物含量限制在一个极低的标准范围；而另一个是 MUT（Markenzeichen Umweltchonende Textilen），它是用来规范纺织类产品的整个生产过程，包括原材料采购、生产、加工、包装等。随着这两个生态标签的引进，也意味着纺织品行业的环保监控已从当初简单的对成品进行污染物检测发展到如今要对整个生产过程中企业对大气、水、土壤的污染程度来确定。

事实上，在整个欧洲，不仅德国对于纺织品提出了生态标签的要求，其他国家或者个人也已经制定出了一些比较严格的标准。例如，意大利引进的 ETS-100 标准，这种标准是用来评价纺织类产品是否达到"生态友好型"标准。随后，ETS-100 标准也已经被"国际生态纺织研究所"引进并在原来的基础上进行改革。如果纺织品厂商要把产品卖到欧洲市场就被强制要求利用这个标准来检测自己的产品是否已经达到"生态友好型"标准。为了继续保有欧洲市场的占有率，印度的生产企业不得不进行生产流水线的更新以及引进先进的排污设备，这给印度企业造成了巨大的负担，在一定程度上加速了印度纺织业大规模倒闭潮的到来。作为一个发展中国家，在探索初步工业化的道路上，由于缺乏先进的生产技术及污染治理技术，既要求产品的环保标准又要求企业承担环保责任，难免有些力不从心。同时，一系列环保制度，显然违背了 WTO 规则中关于发展中国家的区别对待原则。

（四）皮革及皮革制品出口贸易

印度的皮革制造业也是出口贸易的重点领域，对印度的工业生产总值贡献颇大。如今，印度的皮革制品出口量在印度的出口总量中达到了 4.3%。在过去十年中，印度的皮革制品出口量迅速扩张，皮革出口总额自然也从 1991-1992 年间的 3036 亿卢比迅速攀升到了 1998-1999 年间的 6436 亿卢比。印度在当今世界的皮革市场之所以具有举足轻重的地位，是因为印度规模庞大的牲畜储有量。皮革制造业散布在印度的每个角落,大概有 2000 家大大小小的皮革制造厂,与纺织品一样,印度的皮革制造主要来自中小企业,中小企业的市场占有量达到印度皮革出口总量的 75% 左右。以前,受制于落后的生产技术,印度的皮革制造业多数以传统制造为主,主要生产鞣制皮革。如今,随着生产水平的提高及高新技术的引进,皮鞋、皮衣、鞋垫及其他高档皮革制品正在迅速崛起,占据了印度皮革制品出口贸易的大部分份额,而当中的皮鞋已经是公认的最主要的产品。欧盟再次成为印度皮革制品的最大消费地,其中的德国是印度皮革制品最大的出口国,其他重要的出口国有法国、英国、意大利等国家。

在经历了皮革制品的发展快潮之后,随之而来的焦点仍然是环保标准问题。发达国家与发展中国家的不同环保标准,始终是制约发展中国家产品出口的最大障碍。皮革制造业在生产过程中面临着国内与国外双重标准的考验。钴蓝、硫化黑染料在发达国家已经被明令禁止使用,染料的限制及其他强制性法规也给印度皮革制造业制造了不小的难题。如今,德国及其他一些欧洲国家已经以法律形式限制进口含有联苯胺染料和甲醛的皮革制品,德国还明令禁止进口含有 PCP 防腐剂的皮革制品,因为他们始终认为 PCP 防腐剂会增加患癌的风险。但是,PCP 作为防止皮革腐烂的防腐剂与甲醛在皮革生产制造中被广泛使用。值得注意的是,法国自己就拥有一家 PCP 防腐剂的生产企业。在德国及其他发达国家,只有那些使用环保型化学药品的产品才能被他们接受。就像 EC 制定的标准中规定:"每千克皮革制品中的 PCP 含量不得多于 10 毫克。"如此严格的环保标准,不仅限制了印度这样的发展中国家,就连欧洲其他发达国家如意大利、法国等国的产品也受到了巨大的影响。因此,针对发展中国家面临的环保双重标准最合理的解释就是,欧盟的禁令实则是在保护他们自己地区的皮革制造业,因为欧洲本土也有大型的皮革生产企业。

总之,由于生产技术水平较为落后、对生态环境的忽视,加上发达国家的严苛标准，印度的几大出口产业在近些年普遍遭遇滑铁卢现象，造成原本处于迅速崛起的印度皮革出口贸易又陷入了困境。

二、印度出口贸易现状的根源

通过对印度出口贸易现状的阐述，我们不难发现印度已经成为世界上非关税贸易壁垒的几大受害国之一。不仅给印度的出口贸易造成了巨大影响，还危及了印度整体发展。为此，笔者认为有必要对印度深受市场准入制度之害的原因作进一步分析。事实上，印度在世界市场准入问题上遇到的技术性贸易壁垒或环境性贸易壁垒，既有印度自身因素，又可归因于WTO规则的漏洞，二者互相作用，给印度造成这种困境。

（一）内部因素：印度产业结构与生产技术困境

自从加入WTO以来，印度的出口贸易规模发展迅速，但是其外贸增长方式表现过于单一，多数依靠初级加工品或者农产品这些低级的产品，主要是茶叶、黄麻、矿石、皮革等，以庞大的出口数量拉动出口额的增长，通常属于数量扩张型增长。由于印度已经成为贸易大国之一，迅速增长的贸易规模加上过分单一的贸易种类，势必引起印度对外贸易的摩擦增多。

1. 依赖低价出口产品，遭受贸易壁垒之苦

如今，随着中国劳动力优势下降，世界工厂慢慢转向印度等一些南亚国家，印度在国际上的分工地位较为低下，出口产品主要是劳动密集型产品，处于国际分工产业链的最底端。例如，纺织品产业给印度创造了许多就业机会，同时也恰恰说明了印度在国际分工上的低下地位。纺织业产业链一般分为原料、纺纱、织布、印染、成衣、销售六大环节，这六大环节中主要有生产制造、产品设计、品牌管理、渠道销售、设备研发等五种分工，而印度在劳动密集的"生产制造"环节占据绝大份额。其实，纺织业只是印度制造业的缩影，放眼整个印度，制造业参与的环节都是产品的组装环节，缺

乏技术含量。因此，印度出口产品的附加值非常低，为了占有国际市场，唯有低价竞争。这样，印度的出口产业极容易被误以为是倾销产业，才会造成贸易摩擦不断。

2. 出口产品以量制胜，忽视质量与环保

如果说处于国际分工的底端是受限于先进的技术水平，似乎有点被动，那么忽视产品质量标准、环保标准、安全标准则应该归咎于印度本身。非关税壁垒，准确地说，是各国国内政策、环保标准衍生出来的副产品。世界各大贸易国为此产生摩擦的根本原因是因为已经从产品竞争转化为了标准的竞争。而印度的标准化较为落后，一方面是自身标准总体水平太低，另一方面是印度转化国际标准的能力尚缺，许多企业实行的标准仍然是低于国际标准的水平，甚至低于行业标准。印度国内的标准体系不健全，现行标准多是生产型标准，忽略了产品的安全、环保指标，许多有毒有害物质的限量标准仅仅针对某类产品含量中的少数几种而非全部。例如1986年的《环境保护法》中仅规定了几种农药限量标准，而这一标准在日本却多达几十种，在欧盟更是高达上百种。可见，印度的出口产品由于环保标准的落后，安全意识的缺失，管理经验的欠缺，必然导致印度出口产品在国际市场上屡屡遭斥，成为发达国家实施非贸易壁垒的受害者。

（二）外部因素：WTO规则漏洞成为制约印度出口贸易的重要因素

自1991年印度实行经济改革以来，印度对外贸易增长速度加快，2003年以来，印度对外贸易实现了更高、更快的增长。1990年，印度的出口额为181.4亿美元；2000－2001年，印度出口额为445.6亿美元；2008－2009年，出口额高达1852.9亿美元。[1]然而，正是迅速增长的出口贸易为频频发生的贸易摩擦埋下了伏

---

[1] 殷永林：《近年来印度对外贸易发展的特点》，《南亚研究季刊》，2011年第3期，第35页。

笔。按照 GATS 第 16 条的规定，各成员国对于承诺市场准入的产品，除了承诺表（如关税减让表）上所载明的条件与限制外，不得采取其他限制措施：如限制产品贸易总金额、限制产品贸易总数量、限制产品贸易的其他标准。但是，紧接着出台的《SPS 协议》却规定："成员国政府有权采取动植物卫生检疫措施，以避免动植物疫病、病虫害的传播，保护人类与动植物的健康安全，确保人畜事物免遭污染物、毒物、添加剂的影响，免遭进口动植物携带疾病所造成的伤害。"[①] 这一规定中"有权"二字给发达国家留下了制定苛刻的卫生标准的余地。而且，该协议第 12 条第 4 款又规定："缔约方可以采用高于国际标准的措施，只要在科学上证明是合理的，或是以适当的危险性评估为基础。"这个规定更是成为发达国家限制外来产品的法律利器。例如，日本明令禁止来自印度的花卉，原因是印度的花卉中含有某种昆虫，而这样的昆虫是被允许存在的；意大利，以保护人类健康为由，禁止进口来自印度的皮鞋因其含有 PCP 防腐剂；还有欧盟不合理的农药残留标准，2001 年 7 月起，将每公斤茶叶中农药甲氰菊酯的残留量限制在 0.02 毫克，氰戊菊酯的残留量由原来的 10 毫克每公斤改为 0.1 毫克。总之，WTO 规则漏洞的存在，加上落后的生产技术，印度在国际贸易市场上的优势不断减弱。

三、国际市场准入制度对印度的影响

随着印度对外贸易规模的不断扩张，所面临的市场准入标准也越来越高。而这些不断提高的市场准入标准对印度产生了巨大的影响。主要表现在两个方面：一方面是对出口贸易的直接影响，另一方面是对国内产品质量规范、技术标准的制定产生的积极影响。

---

① 封延会：《WTO 与绿色贸易壁垒》，《甘肃行政学院学报》，2002 年第 3 期，第 41—42 页。

（一）对印度出口贸易的直接影响

由于 WTO 规则赋予各成员国实施贸易壁垒的权利，因此，各成员国所制定并实施的非贸易性壁垒一般具有强制性，对印度产品构成一种市场准入的门槛。印度的出口优势产品，如纺织品、农产品等，往往因为各成员国实施技术性贸易壁垒和环境性贸易壁垒而无法进入国际市场，或者是在进入国际市场之后面临着不断更新、不断提高的环保、安全标准而被动退出。因此，市场准入制度给印度造成的影响主要表现为以下两点：

一是各大进口国为了保护国内市场，利用 WTO 规则的立法漏洞随意提高检疫标准和环保标准，导致出口国的企业无法达到高标准而被动退出国际市场。值得注意的是，欧盟、日本、美国针对印度的出口产品通常是施以歧视性的技术标准及复杂的合格评价程序，使得印度产品难以进入。例如，美国禁止进口印度未采取排除海龟装置捕捞的虾；日本在鲜花拍卖时总是最后一个拍卖印度鲜花；欧盟在规定印度纺织品不得含有 PCP 的同时意大利却有一家 PCP 的生产商。WTO 成员方中其他发达国家也根据国内先进的生产技术和环保水平，打着保护生态环境的幌子，制定了严格的强制性环境技术标准，如防污标准、包装标准、辐射标准等。这些貌似合理的标准，在印度这样的发展中国家，短时间内根本无法达到。所以，这些歧视性的标准，在与 WTO 规则中的原则背道而驰的同时，给印度的出口贸易造成沉重的打击。

二是各大成员国筑起的技术性贸易壁垒和环保性贸易壁垒有意无意地增加了印度出口企业的生产成本，限制了原本属于印度出口的优势产品。首先，出口企业为了达到发达国家的标准，不得不增加人才、设备、技术的投入，直接增加了生产成本；其次，出口企业为了符合国外指定机构的认证，投入的符合成本再次增加了企业成本；最后，面对进口国的多重检验检疫程序，出口商的销售成本也不得不大幅提升。

1. 生产成本的增加

印度出口企业为了达到发达国家的市场准入标准,必须引进人才、更新设备、改进工艺、研发新技术,势必大大增加企业的生产成本,削弱了印度出口产品的价格竞争优势,导致出口规模自动减少。例如,欧盟针对服装提出的无公害处理,要求进口服装不得含有甲醛等有害物质。这就要求企业要建立无污染的环保体系。从原材料的采购到生产加工再到包装都必须建立在环保的管理体系之上,无疑加大了服装行业的生产成本。

2. 符合成本的增加

各发达国家对印度国内检测机构、认证机构普遍不信任。在产品出口时,进口国要求印度的产品必须满足其指定的国外检验机构的检测和认证机构的认证,而这些费用对于主要由中小企业构成的印度出口企业而言,确实难以承受。例如,美国要求,来自印度的茶叶、大米等农产品只能通过美国指定的机构——瑞士通用公证行(SGS)进行检测和认证,检测费用大约为进口商品价值的千分之八。甚至各个国家之间的认证机构还互不相认,出口产品所面临的符合成本之高,着实令发展中国家难以承受。

3. 销售成本的增加

某些发达国家在商品流通和市场销售环节通过制定不合理的规定,大大增加了印度出口产品的销售成本。例如,日本对来自印度的农产品和新鲜果蔬的检验检疫措施不断增强。原本实行随机抽查的产品,被改成了强制检查、批批检查。产生多余的检测费用增加了企业的销售成本,对于本就薄利的农副产品而言,简直就是毁灭性的打击。当然,欧盟在这方面的做法也很突出,其出台的《关于限制在电气、电子设备中使用某些有害物质的指令》间接地把废弃物质的回收成本转嫁到出口企业的销售成本中去。

需要说明的是,印度出口产品面临的技术性贸易壁垒和环保性贸易壁垒可谓是因人而异、因时而变。如此往复,印度产品要想继续占有市场就要不断更新,从而与之相适应,这期间产生的一系列费用进一步增加了企业的销售成本和适应性成本。

（二）对构建安全卫生法律体系的积极影响

市场准入制度虽然在一定程度上给印度带来了负面影响，但从长远出发印度也从中受益。毋庸置疑，屡屡遭挫的出口贸易给印度的经济发展造成了威胁。因为面对不断上升的出口成本，印度多数中小企业经济效益下滑，甚至破产。随之而来的便是一波又一波的失业潮。但是，正是一次次的贸易摩擦才能促使印度当地企业甚至印度政府的反思。一方面，对于那些大型出口企业，在经历了多次新贸易壁垒后，他们会自我改良，积极主动迎合国际市场的技术标准和环保标准。与此同时，抓住国际竞争的机遇，通过合并、收购那些倒闭、破产的中小企业来壮大自身，从而反过来制约国际标准的制定。另一方面，印度政府通过参与每次贸易摩擦的解决，能够把握国际市场食品标准的需要，从而在国内相关标准的制定中做到有章可循，对于改进印度落后的生产技术标准、食品安全标准等具有重大的意义。

因此，我们在看到非贸易壁垒措施给印度对外贸易造成不良影响的同时，也应该意识到该措施在推动新产品的质量和技术标准改革，构建合乎国际标准的食品安全监督管理体系所带来的积极影响。

第四节　印度应对市场准入限制的对策

既然新贸易壁垒已经形成，那么积极应对新贸易壁垒对于印度而言，似乎更有意义。通过对新贸易壁垒形成的原因及其运作机制的分析，要想战胜不断涌现的贸易壁垒，必须从三个层面来解决：一是印度政府层面；二是相关行业层面；三是出口企业自身层面。只有这三个层面各司其职、互相作用，才能在世界贸易中越走越远。

一、政府层面——国际角度

国家往往在企业进军国际市场时给予强有力的保障。从国家层面来看,其应对新贸易壁垒时应该理清思路,有针对性地解决问题。在面对外国政府时,应当主动出击,积极参与国际性或区域性的相关经济立法活动,让立法先行,捍卫国家的利益;在面对本国企业时,要承担起政府应有的角色,不时发挥政府职能,调整国内相关法律,积极应对国际市场上的变化,尽力减少或者扭转新贸易壁垒给本国企业带来的不良影响。

在面对外国政府时,笔者认为可以采取以下三种应对措施:

(一)合理利用WTO现有规则

WTO在成立之时承诺给予发展中国家较为优惠且有别于发达国家的待遇。因此,作为WTO的创始国之一,印度政府应该主动采取措施,在WTO框架内运用这种共同但有区别的规则来应对发达国家不断更新的新贸易壁垒所带来的贸易摩擦。一方面,印度应该充分利用WTO的争端解决机制,以事实为根据,以WTO规则为准绳,力求公正解决每次发生的具有较大影响的贸易摩擦。另一方面,积极主动参与到WTO多边贸易谈判和相关规则的制定,同广大发展中国家成员国一同争取达成相对有利于发展中国家的WTO条款,灵活运用WTO规则中对发展中国家成员国的差别待遇或优惠待遇,以此减少或者避免可能引发的贸易摩擦。据了解,大多数发展中国家由于立法技术的不成熟以及立法意识的欠缺,造成在国际条例制定中的参与度较低,导致发展中国家的诉求难以实现。因此,发展中国家成员方应积极地参与到国际大会,并制定各种国际标准,以强势的态度对发达国家施加一定的影响。

(二)转移贸易伙伴,加强贸易制度改革

近年来,几次经济危机影响颇为广泛。以美国为首的美洲国家和欧洲各国出现严重的经济衰退,相反,亚洲各国却实现了较快的

增长。特别是印度，在全球经济不景气的情况下，仍然保持GDP年增长率在6%左右。这主要归功于印度积极参与国际性或区域性经济合作，先后参与东盟贸易自由区、亚太经济合作组织、金砖四国等。正是印度扩大了与亚洲各国的贸易往来，特别是与中、日、韩等周边国家的往来，减少了对欧盟、美国等西方国家的依赖，实现了贸易伙伴的战略性转移，使得印度产品的国际市场占有率稳步提升。

然而，在应对各种新型贸易壁垒，印度不仅要实现贸易伙伴的战略性转移，还应当深入改革对外贸易制度。《补贴与反补贴措施》协议规定，对发展中国家的出口补贴政策允许存在差别待遇和优惠待遇。如此一来，印度可以充分利用该规定，对一些出口导向型的企业提供优惠待遇。《印度2009贸易政策》规定："对于蔬菜、鲜花、水果和一些林木产品的出口，允许享受相当于其FOB出口价格的5%的免税抵扣。"有了农副产品补贴政策的先例，印度就可以效仿该政策，继续研究适用于工业产品、能源产品等的出口补贴政策，包括生产补贴、税收减免、高新技术扶持资金补贴等。当然，印度所制定的优惠政策必须在WTO规则允许的范围内进行，才能保证政策的长期有效性。

（三）主动通报SPS标准，加强国与国之间各类标准的沟通

WTO各成员国中已经有很多国家意识到了新贸易壁垒是一把双刃剑，在国际贸易上具有两面性，既可能招惹贸易摩擦，也可能保护本国利益。据统计，WTO许多成员国关于SPS的通报数呈不断上升的趋势。1995年全球SPS通报数为198件，到了2009年，通报数达到914件，其中74%与农产品有关。美国作为世界上最为重要的科技大国和农业大国，SPS通报数总量居于世界榜首。

2006年和2007年美国通报的 SPS 分别达到 396 件和 400 件。[①] 此外，欧盟、日本、加拿大、巴西等国家和地区也是 SPS 通报主要来源地，其中发展中国家的代表——巴西，在 2009 年通报了 135 件，这个数据甚至超越了发达国家。而印度的通报数少之又少。因此，印度可以效仿巴西充分利用 SPS 通报制度。尽管 SPS 通报可能招致其他国家的不满，但却有利于构建与国际接轨的国内食品安全标准体系，从根本上改变印度产品的环保标准，从而在每次的贸易摩擦协调中对发达国家施压，起到一定的震慑和牵制作用。从长远来看，通过 SPS 的通报，加强与世界发达国家产品质量标准的沟通与协调，能给印度产品塑造良好的国际形象。

二、政府层面——国内角度

在面向国内企业制定贸易政策时，笔者认为可以采取以下三种措施：

（一）调整进出口贸易策略

21 世纪重点强调经济全球化和可持续发展，印度应该紧紧围绕这两个主题制定对外贸易战略，放弃以往的以出口带动进口的贸易政策并转向实行战略性贸易政策，做到出口贸易和进口贸易两面大旗并举，把国内外市场有机地结合起来，加快出口增长方式的转变，逐渐由以量为主的粗放型增长方式向以质与量并重的集约型转变。具体可以从以下三个方面展开：一是大力优化出口产品结构，推动印度优势产品的出口，如珠宝、机械设备、金属制品和矿物产品等。据统计，2001 年，珠宝出口额 73.84 亿美元，占出口贸易总额的 14.57%；金属制品 69.76 亿美元，占 15.68%；矿物产品仅为 9.07 亿美元，占 2.03%，而农产品为 162.56 亿美元，占到 30.06%。可见，推动技术密集型产品的出口，减少农副产品、初

---

① 资料来源：http://www.tbt-sps.gov.cn.

级产品的出口有助于优化出口产品的结构。二是对纺织业等具有传统优势的劳动密集型产业,要加大技术改造和自主创新,提高产品的质量和技术含量,努力研发自主品牌,依靠品牌研发增加产品价值。三是重视软件、通讯等第三产业的出口贸易。实施经济改革以前,印度的服务贸易主要以旅游和运输为主,且多数呈现逆差状态。尤其是进入 21 世纪以来,印度的服务贸易呈现出了高速增长和结构变化巨大的特点。以软件、金融、通信为主的服务业迅速成为印度对外贸易的代表,而传统的运输业和旅游业重要性不断下降。在 2000 年到 2009 年期间,旅游业出口年均综合增长 18.3%,运输业增长 15.5%,而软件业出口年均增长达到 45.7%,商务出口达到 75.8%。当然,由于印度的发展区域性明显,高新技术的发展主要集中在少数区域,各地区的资源也不尽相同。因此,转变出口增长方式也要根据区域特点,有差别的推进。

倘若出口策略得到一定的转变,那么必须有与之相匹配的进口策略。现阶段,为了保护国内产品,进口产品仍以适度增加为宜。增加进口强调适度的同时,不能盲目进口。进口的产品中一方面以外国先进生产技术、机器设备为主;另一方面增加进口国内稀缺的原材料。只有这样,才能提高印度的经济效益,优化产业结构并形成新的出口产业链,保证印度经济的可持续发展。

(二)调整并完善产业政策

与战略性外贸政策相匹配的是产业政策。印度的战略性贸易政策必须争取与世界关联产业对照发展,追求可持续化发展的产业前景。具体可以尝试以下三种途径:第一,在传统行业的对外贸易中,引进先进的生产技术和管理人才,力争创造本土品牌,并以卓越的技术增加产品附加值;第二,大力推进加工产业的升级转型,以优惠的政策吸引外资投入更多先进的技术和技术密集型加工产品,与此同时,提高印度本土企业的产业配套能力,拉伸产业链,实现可持续性发展战略;第三,扶持并巩固印度优势出口产品,开发新的经济增长领域,制定有区别性、有针对性的产业扶持政策。

对于处于迅速成长期的软件、商务、金属制成品、石油产品等行业，可以设立专项研发补贴，鼓励人才创新的扶持政策；对于处于衰退期的夕阳行业，如化工品、农副产品等，可以实施出口补贴政策，鼓励企业大胆走向国际市场，争取创造外汇收入，尽量缩小印度持续不断的贸易逆差。当然，在产业政策制定方面，可以学习中国对那些"高消耗、高污染、低产出"的落后产业实施的限制措施。如此一来，在进行产业扶持，升级产业结构的同时，又不违背WTO规则中的可持续发展精神。

（三）逐步建立贸易政策快速预警系统

目前，印度产品在出口到国际市场时，产品被扣押、销毁的情况时有发生。最主要的原因是印度国内缺乏相应的预警系统，往往失去最佳的应诉时机而处于被动局面。例如，印度的纺织品在出口到欧盟时，其中某一批产品因为没有达到SPS标准而遭受扣押。之后，由于缺乏快速预警系统，国内出口企业并不能及时地了解扣押缘由，继续出口纺织品，造成一批又一批的扣押。倘若，印度能够有效利用WTO规则中有利于发展中国家的相关原则，尽快建立一套完整、高效的快速预警系统，时时跟踪主要贸易往来国家和地区，及时了解国际上新贸易壁垒的动态，定期给国内企业发布相关信息，提醒国内企业做好准备。此外，印度政府要成立专业应诉队伍，当进口国对来自印度的产品进行检测并发现污染时，印度的专业应诉人员应该主动采取应对措施，抽取样品带回国内让国内主管机关进行检测，通过发挥应诉队伍的作用将印度出口损失降到最小。

三、行业层面

应对国际市场的限制，需要各方共同努力。政府制定的政策都是基于国家层面的宏观政策。要把国家制定的相对抽象的政策转化为企业切实可行的方法，责任必须落到行业协会、行业组织身上。从行业角度出发，最为主要的思路是围绕企业之间的协调机制展开。在国际贸易市场上,印度各行各业之间或者说同行之间的每个企业肯定是共同进退。但是,回到国内,每个企业为了自身企业的经济利益,不可避免地存在竞争,甚至是相互排挤。因此,行业协会、行业组织应该起到协调作用,笔者认为可以从以下四个方面展开:

(一) 出口秩序的协调

正如其他新兴的贸易大国一样,印度也逐渐放开外贸经营权。这就意味着越来越多的企业可以参与到国际市场中,出口企业之间为了经济利益引发恶性竞争在所难免。为了获得出口价格的优势地位,许多企业采用非常手段降低生产成本,在国际市场上往往因质量问题引发贸易摩擦,损害了印度产品的国际形象。因此,行业协会建立相关的出口秩序显得尤为重要。这一方面,笔者认为印度可以借鉴日本经验,日本的各行业组织曾经在考察国内对外贸易秩序的基础上,从出口企业的产品种类、产品价格、生产材料、市场范围等几个方面进行协调,从而避免了国内企业的恶性竞争。印度应该借鉴这些发达国家的成功经验,充分发挥行业组织的协调作用,对出口价格进行严格把控,使国内企业能够相互促进、有序出口。

(二) 出口信息的协调

行业组织在协调企业出口秩序之外,对于出口信息的协调也十分重要。出口信息一般分为两个方面的内容:其一是出口对象的市场信息,包括需求偏好、市场容量、市场价格等;其二是国际市场新型贸易壁垒信息,包括主要出口国家和地区的反倾销动向、技术性贸易壁垒和环境性贸易壁垒等的变化情况。例如,对于虾产品中的氯霉素,国际通用检测方法是高效液相色谱技术(HPLC),这个方法所检测的氯霉素是以百万为单位,检测每百万单位中相关元素的含量。然而,欧盟各国采取的测试方法是质谱技术(MS),这个方法是以十亿为单位,测试的是每十亿单位中相关元素的含量。测试方法不同会导致结果的不同。欧盟作为印度海产品的重要出口地区,印度海产品行业组织就应该主动收集这些方面的信息,以最快速度通告印度国内出口企业。总之,印度行业协会应该利用各种资源,积极参与国际同行业协会的技术、信息交流会,并根据本国企业的特点制定专业指导意见,防止国内出口产品与国际市场的脱节。

(三) 产业规划的协调

为了印度出口贸易能够走可持续发展的道路,印度各行业协会还应当进行协调各产业的规模。印度许多产品争相出口、相互竞争的重要原因是国内市场的饱和。因此,在政府制定产业政策时,各行业组织应与印度政府紧密配合,从整个行业的发展视角出发,根据各行业的技术水平、国际市场潜力、发展前景、生产元素的供求关系等方面,给予政府最切实际的建议和意见。例如HACCP是国际食品安全委员会研发的一种食品安全管理分析方法,该方法现在已经列入食品安全委员会制定的最新《食品安全法》中,它用于海产品、肉制品及其他产品的安全检测,受到了美国、澳大利亚、加拿大以及欧盟许多国家的青睐。如果印度海产品及肉制品协会能引进这种先进的检测技术,将有助于印度国内相关产业的自我调整,实现整个行业的升级和优化以及与世界食品安全标准的接轨。

(四) 对外应诉机制的协调

构建一个贸易快速预警系统似乎是印度当局的义务,但是考虑到在对外国实施的各种贸易措施进行应诉是一项专业又复杂的工作,为了能使应诉工作能够更为有效,发挥更大的作用,各行业的专业人员应该积极参与进来。经验表明,由于现有的应诉队伍并不是由国内出口企业和生产商自发形成的机构,缺乏各行业的专业人才,他们在参与诉讼时往往不能保障各出口企业的切实利益。再者,这样一支队伍明显缺乏专业素养,有时候面对专业问题难免有些力不从心。例如,WTO相关规则规定,WTO各成员国提供的SPS标准参照《食品安全法典》的规定,本应该与国际标准保持一致。纵使 SPS 协议允许各成员国制定的标准严于《食品安全法典》的标准，然而这些标准的实施也务必基于一定的科学依据。但是，很多成员国在制定严于指定标准时缺乏科学依据。

因此，倘若印度的行业组织能参与到个案的解决，针对每个案例，收集相关数据建立数据库，根据数据制定出严谨又有效的工作目标和策略，包括争取与外国同行业和组织对话，发动国内政府力量对世界其他大国施以压力等，使得印度的出口企业在面对贸易摩擦甚至遭受贸易歧视时不再是孤军奋战。当然，行业组织的设立并不是简单地为了解决已发生的贸易摩擦，而是要做到防范新的贸易摩擦于未然。

四、企业层面

除了政府的宏观政策支持和行业组织专业人员的支持，要想应对各种新兴的贸易壁垒，最关键的层面还是企业本身。从企业层面上看，最主要的应对策略应该紧紧围绕转变企业模式和经营策略等，笔者认为，主要包括以下几个方面：

（一）转变企业模式

据统计，在过去几年里，印度的出口总量始终保持着稳定的增长，但是增长率却不高。主要原因在于印度的出口总量大部分是来自印度的中小企业的贡献，最具代表性的行业有农产品、海产品、纺织品和皮革制造。印度的皮革制造业总数接近 2000 家，其中有 75% 是中小企业。而这些中小企业面对日新月异的国际市场时，由于应变能力不足，往往损失惨重甚至面临倒闭。国际市场上，像美国这样的贸易大国，行业集中度较高，较易形成大规模产业链，从而在国际市场形成价格优势。据了解，美国政府为了鼓励猪肉的出口，对年产猪一万头以上的规模养殖场进行养殖技术支持和养殖补贴，包括病死猪补贴、沼气补贴等。正因为有了规模化生产模式，直接形成了美国生猪的优势竞争地位，造就了强大的贸易国。因此，为了实现出口贸易的较快增长，扭转长期处于贸易逆差的局势，印度应该重点致力于做大做强各个企业，实现规模化生产经营方式，加紧实行集团化。唯有自身企业实力壮大，才有条件进行技术革新和品牌推广，实现绿色经营产业链，从而在国际市场占据一席之地。

（二）转变经营策略

既然印度选择了战略化发展模式，就要求国内企业配合执行，转变以往落后的经营战略。印度的出口企业长期以来也是实行以量取胜的经营策略，以量取胜容易忽视产品质量，往往遭受各国的技术壁垒。因此，印度企业应加快转变这一落后的生产经营策略，把重心转移到提高产品质量和产品附加值的战略上。当前，印度制药业在这一方面取得了较大的成就。鉴于在大部分治疗领域的药品研发过程中缺少有效的新分子药物，印度的药企增长速度普遍较预期放缓。为此，印度药企试图寻找战略合作伙伴，将药企中的非核心业务剥离，增加生物仿制药投资，打造高附加值的生物药品。有了药企的先例，印度的各行业应该效仿，致力于提高产品更新换代的能力，以先进技术赢得市场，对处于衰退期的产品，可采取转移生产的战略，从而实现企业价值最大化。

（三）升级产品生产、包装方法

印度是传统的农业大国，要想占据国际农产品市场，必须实现中小企业生产、包装模式的转变。目前，印度当地的农产品生产企业大多是遍布在印度各个地区的中小企业，生产经营较为分散，难以达到统一的卫生、环保标准以及统一的包装要求。因此，必须转变企业的生产方式，形成规模化生产，有利于实现产品质量的国际标准化，获得国际环保组织的认证。为此，印度可以引进国际先进的理念，实行对农产品的可追溯制度。该制度是从产品的健康认证角度出发，要求企业生产的产品必须加贴带有二维码的标签，便于消费者知悉产品的来源以及在发生产品质量纠纷时便于消费者维权。正是通过这种可具体问责的方式，迫使生产企业严把质量关，进而树立产品良好的口碑。当然,对于其他行业,也可以采取类似的方法。

综上,作为一个新兴贸易大国,为了能够获得国际市场的信任,需要协调并加强从政府到行业再到企业自身的多方共同努力。唯有严格把控质量,时时不忘寻求自我突破,印度才能进一步拓宽国际市场。

本章小结

市场准入制度的重要价值早已被世界上大多数国家所认同并坚守。市场准入制度并不会限制贸易全球化的进程,但是如果个别国家使用不当就会引起不必要的贸易争端。诚然,任何新事物的产生都必将伴随着一系列的争议,因此,不能片面地看待市场准入制度。该制度的实施需要以当今社会普遍的生产技术为前提,与今天的贸易规则相互磨合,才能真正为世界各国所用。

不可否认的是,当前市场准入制度的使用多少有点偏颇,特别是发达国家,为了限制外来产品,保护国内市场,对于该制度的使用甚至在某种程度上背离其初衷。印度需要在发现问题的基础之上,克服自己的不足,以积极的态度应对。WTO各成员国必须积极采取行动,解决那些伴随着该制度衍生出来的各类贸易壁垒问题。唯有多方共同努力,市场准入制度才不至于演变为发展中国家进入国际市场的绊脚石。

参考文献

[美] Arthur R. Miller，Michael H. Davis，2004. 知识产权法——专利、商标和版权（第二版）[M]. 北京：中国人民大学出版社.

Balakrishnan Rajagopal，许玫，2006. 移民社会运动及利用法律武器反抗：印度纳尔默达水坝工程的教训 [J]. 国外城市规划（21）：69.

P·N·伯格瓦蒂，仁堪，2003. 司法能动主义与公众利益诉讼 [J]. 环球法律评论（1）：35-41.

蔡贤恩，2003. 农产品贸易学 [M]. 厦门：鹭江出版社.

曹明德，王凤远，2009. 美国和印度 ENGO 环境公益诉讼制度及其借鉴意义 [J]. 河北法学（9）：138-142.

陈磊，2012. 电力产业管制改革的国际比较研究 [D]. 福州：福建师范大学.

戴维·M. 沃克，1988. 牛津法律大辞典 [M]. 北京：光明日报出版社.

丁丽瑛，2009. 传统知识保护的权利设计与制度构建——以知识产权为中心 [M]. 北京：法律出版社.

董义红，2013. 拉奥改革与印度经济发展 [D]. 太原：山西大学.

段雨薇，2013. 印度工业政策演变与经济发展（1947-1996）[D]. 太原：山西大学.

方匡，2011. 印度的能源政策与能源安全 [J]. 国际关系学院学报

(3): 36.

方匡, 2011. 印度的能源政策与能源安全 [J]. 国际关系学院学报 (3): 36.

封延会, 2002. WTO 与绿色贸易壁垒 [J]. 甘肃行政学院学报 (3): 41-42.

冯寿波, 2008. 论地理标志的国际法律保护: 以 TRIPS 协议为视角 [M], 北京: 北京大学出版社.

管燕, 2007. 中药国际化中的技术壁垒及其法律对策研究 [D]. 重庆: 西南政法大学.

郭波, 2008. 新贸易壁垒论 [M]. 北京: 中国经济出版社.

韩德培, 2007. 国际私法 [M]. 北京: 高等教育出版社、北京大学出版社.

何苗, 2012. 论印度能源法制转型及其对我国的启示 [J]. 求索 (3) 140-142.

何晓平, 2007. 论我国地理标志专门法保护制度 [J]. 法学杂志 (6): 15, 18.

黄进, 2010. 国际商事争议解决机制研究 [M]. 武汉: 武汉大学出版社.

黄振中, 谭柏平, 2013. 试论能源法的义务性规范 [J]. 中国青年政治学院学报 (1): 96-100.

贾昭华, 李宝珠, 韩冰, 2007. 浅析国外电力监管经验及其对我国的启示 [J]. 中国电力教育 (12): 71-73.

蒋菡, 2013. 生物质发电企业为电力消纳烦恼 [N]. 工人日报.

蒋小红, 2006. 通过公益诉讼推动社会变革——印度公益诉讼制度考察 [J]. 环球法律评论 (3): 372-377.

蒋晓妍, 2011. 国外电力行业改革及其法律规制对我国的启示 [J]. 郑州航空工业管理学院学报 (社会科学版) (5): 163-167.

鞠芬花, 2012. 我国电价改革法律制度研究 [D]. 重庆: 西南政法大学.

李建勋,蔡守秋,2013.印度《绿色法庭法》及其对中国的启示[J].河南财经政法大学学报(2):149-156.

李金泽,2003.跨国银行市场准入法律制度[M].北京:法律出版社.

李兴源,2010.高压直流输电系统[M].北京:科学出版社.

廖健,2007.绿色贸易壁垒下我国纺织品国际竞争力问题研究[D].青岛:中国海洋大学.

刘洁,2006.我国电力监管法律体系研究[D].北京:北京工商大学.

刘伟,2006.印度的能源政策对我国的启示[J].国土资源情报(10):43-46.

栾志苙,2006.印度公益诉讼制度的特点及其启示[J].北京交通大学学报(社会科学版)(1):59-63.

吕国强、吴登楼,2006.我国地理标志法律制度的完善[J].法学(1):160.

牛建英,2009.印度能源消费与经济发展关系[J].资源与产业(5):136-145.

潘大庆,Y. Prasa,S. K. Mittal,G. Kumar,2004.第三届世界水论坛国家报告—印度[J].小水电(2):8-17.

彭源长,2013.我国新能源发电装机突破1亿千瓦[N].中国电力报.

齐放,张粒子,2008.印度电力市场化改革的新进展[J].电力需求侧管理(2):63-65.

秦天宝,2007.遗传资源获取与惠益分享的立法典范——印度2002年《生物多样性法》评介[J].生态经济(学术版)(2):9-12,26.

邱影,2011.我国能源法律体系研究[D].重庆:重庆大学.

时宏远,2011.试析印度的能源政策[J].国际论坛(1):65-

72、81.

谭亲跃，王少荣，程时杰，2005. 电力需求侧管理（PDSM）综述［J］. 继电器：79－84.

汤涌，卜广全，易俊，2012. 印度"7.30"、"7.31"大停电事故分析及启示［J］. 中国电机工程学报（25）：71－73.

田力普，2011. 发展知识产权事业，促进经济社会发展［J］. 求是（1）：49.

王明远，2003. 美国妨害法在环境侵权救济中的运用和发展［J］. 中国政法大学学报（5）：34－40.

王祥薇，2007. 我国电力行业规制与竞争的法律问题研究［D］. 合肥：安徽大学.

王笑冰，2004. 印度对地理标志的保护［J］. 中华商标（4）：43.

王娅丽，2012. 印度补贴与反补贴法律制度研究［D］. 北京：中国社会科学院.

吴汉东，2005. 后 TRIPS 时代知识产权制度的变革与中国的应对方略［J］. 法商研究（5）：6.

吴汉东，2009. 知识产权基本问题研究（分论）（第二版）［M］. 北京：中国人民大学出版社.

吴志红，2012. 公用事业规制法研究［D］. 苏州：苏州大学.

向元钧，2002. 印度农业应对 WTO：对策、成效及存在的问题［J］. 南亚研究季刊（2）：14.

肖国兴，2008. 论能源法律制度结构的功能与成因［J］. 中州学刊（4）：66－68.

肖国兴，2013. 论民营资本规制与能源发展转型的法律契机［J］. 法学（12）：13－24.

肖国兴. 论能源法律制度结构的形成与形态［J］. 郑州大学学报（哲学社会科学版）：36－40.

熊敏瑞，2014. 论我国能源结构调整与能源法的应对策略［J］. 生态经济（3）：103－108.

严泽民,2011. 中国电力价格规制改革研究[D]. 沈阳:辽宁大学.

杨波,2011. 适应 WTO 规则的食品安全体系建设研究[J]. 农业经济问题(9):35.

杨翠柏,2008. 印度能源政策分析[J]. 南亚研究(2):55-58.

叶玉,刘宗义,2010. 中印能源政策比较研究[J]. 南亚研究(3)63-74.

殷永林,罗锋,2011. 近年来印度对外贸易发展的特点[J]. 南亚研究季刊(3):35.

尹盛澜,2012. 中国火电厂排污监管研究[D]. 北京:华北电力大学.

于海华,2011. 电力需求侧管理法律制度研究[D]. 重庆:重庆大学.

臧小丽,2006. 传统知识的法律保护问题研究[D],北京:中央民族大学.

张耕,2007. 民间文学艺术的知识产权保护研究[M],北京:法律出版社.

张华敏、唐丹丽、高红杰,2008. 印度传统知识保护现状及其启示[J]. 中国医药导报(32):52.

张乃根,2005. TRIPS 协定:理论与实践[M]. 上海:上海人民出版社.

赵夏乙,2013. 印度能源安全战略评析[D]. 南京:南京大学.

赵晓丽,李春杰,2002. 中国电力产业的规制及其法律问题[J]. 法学杂志(2):30-32.

赵月高,2007. 电力行业市场化法律问题研究[D]. 太原:山西大学.

郑成思,2001. WTO 知识产权协议逐条讲解[M],北京:中国方正出版社.

郑佳宁,2012. 能源市场准入许可制度法律规制刍议[J]. 河北法学（8）：133-138.

郑岩，2007. 对电力用户安全和节能管理的思考 [J]. 农电管理（4）48-49.

周方，2010. 传统知识法律保护研究 [M]. 北京：知识产权出版社.

周小明，2013. 印度宪法及其晚近变迁 [D]. 上海：华东政法大学.

朱洪云，2011. 印度的生物遗传资源立法 [J]. 世界农业（5）：47-50.

朱敏，2010. 煤电行业和谐发展法律问题研究 [D]. 太原：山西大学.

朱晓艳，2005. 我国电力产业管制治理结构理论与实证研究 [D]. 杭州：浙江大学.

D. Rautray, 2008. Master Guide to Arbitration in India, New Delhi: Wolters Kluwer (India) Pvt Ltd.

G. K. Kwatra, 2008. Arbitration and Conciliation Law of India [M]. New Delhi: Universal Law Publishing.

J. F. Stephen, 2010. Digest of the Criminal Law, Charleston: Nabu Press.

John Murph, 2010. The Law of Nuisance [M]. Oxford: Oxford University Press.

Jona Razzaque, 2004. Public Interest Environmental Litigation in India, Pakistan and Bangladesh [M]. London: Kluwer Law International.

Matthew L. M. Fletcher, 2008. Supreme Court and the Rule of Law: Case Studies in India Law [J]. The Federal Lawyer (3): 26.

Mohammad Naseem, 2006. Energy Law of India [M]. London: Kluwer Law International.

Mohammad Naseem, Saman Naseem, 2014. Environmental Law in India [M]. London: Kluwer Law International.

Nariman Fali S, 2009. India and International Arbitration [J]. The George Washington International Law Review (2): 367.

Raghav Sharma, 2009. Bhatia International vs Bulk Trading S. A.: Ambushing International Commercial Arbitration Outside India? [J]. Journal of International Arbitration (26): 357.

Ramaswamy R. Lyer, 2009. Water and the Laws in India [M]. New Delhi: SAGE Publications India Pvt Ltd.

Rendeiro Amelia C, 2011. "India Arbitration and 'Public Policy'", Texas Law Review (3): 710.

Sidharth Shaema, 2006. The Chief Justice's Power to Appoint Arbitrators Under the Indian Arbitration Act: The Paradigm Shift in Judicial Opinion and the Result Implications [J]. Journal of International Arbitration (5): 135.

Sidharth Sharma, 2009. Public Policy Under India Arbitration Act in Defense of the Indian Supreme Court's Judgment in ONGC vs Saw Pipes [J]. Journal of Arbitration (1): 134.

Sumeet Kachwaha, 2005. The Arbitration Law of India: A Critical Analysis [J]. Asia International Arbitrational Journal (2): 120.

Sumeet Kachwaha, 2008. Enforcement of Arbitration Awards in India [J]. Asia International Arbitration Journal (4): 123.

Tony Khindria, 1995. Enforcement of Arbitration Award in India, International Business Lawyer (1): 256.

Tushar Kanti Saha, Nalin Bharti, 2006. Beyond Wines and Spirits: Development Countries' GI Products and their Potential in WTO Regime with Special Reference to India [J]. Journal of Intellectual Property Rights (1): 90.

Vaidyanathan and Bharath Jairaj, 2009. Legal Aspects of Water Resource Management, Water and the Laws in India [M]. New Delhi: SAGE Publications India Pvt Ltd.